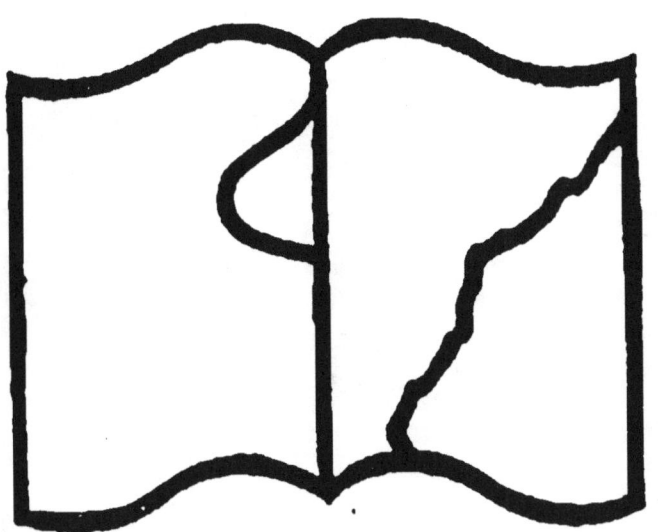

Texte détérioré — reliure défectueuse
NF Z 43-120-11

ESSAI SUR LA FORMATION
DE LA
PHILOSOPHIE PRATIQUE DE KANT

THÈSE
pour le Doctorat ès lettres
présentée à la Faculté des lettres de l'Université de Paris

PAR

Victor DELBOS
Ancien élève de l'École normale supérieure
Professeur de philosophie au Lycée Henri IV

PARIS
FÉLIX ALCAN, ÉDITEUR
ANCIENNE LIBRAIRIE GERMER BAILLIÈRE ET Cie
108, BOULEVARD SAINT-GERMAIN, 108

1903
Tous droits réservés.

ESSAI SUR LA FORMATION

DE

LA PHILOSOPHIE PRATIQUE DE KANT

DU MÊME AUTEUR :

Le problème moral dans la philosophie de Spinoza et dans l'histoire du Spinozisme, 1 vol. in 8º de la *Bibliothèque de Philosophie conemporaine*, 1893, Félix Alcan, éditeur, *(épuisé)*.

ESSAI SUR LA FORMATION

DE LA

PHILOSOPHIE PRATIQUE DE KANT

THÈSE

pour le Doctorat ès lettres
présentée à la Faculté des lettres de l'Université de Paris

PAR

Victor DELBOS

Ancien élève de l'École normale supérieure
Professeur de philosophie au Lycée Henri IV

PARIS
FÉLIX ALCAN, ÉDITEUR
ANCIENNE LIBRAIRIE GERMER BAILLIÈRE ET Cie
108, BOULEVARD SAINT-GERMAIN, 108

1903
Tous droits réservés.

AVANT-PROPOS

Je ne crois pas avoir besoin de dire longuement les raisons pour lesquelles, amené à étudier la philosophie pratique de Kant, j'ai essayé d'en retracer analytiquement la formation. Ces raisons sont d'abord d'ordre général, et valent, semble-t-il, pour l'étude historique de toute doctrine. On est moins tenté d'incliner un système dans le sens où l'on se plairait à le contempler, quand on a tâché de suivre de près le travail d'esprit par lequel se sont peu à peu définies et enchaînées les pensées qui le composent; on se défie certainement davantage de ces jeux de réflexion qui, sous prétexte de découvrir la signification profonde d'une philosophie, commencent par en négliger la signification exacte. Pour ce qui est en particulier de la doctrine de Kant, elle a mis trop de temps à se constituer, et elle s'est constituée avec des idées de provenances et d'époques trop diverses, pour qu'il n'y ait pas un intérêt majeur à se détacher tout d'abord de la forme systématique qu'elle a tardivement revêtue. L'histoire des démarches successives qui l'ont engendrée apparaît de plus en plus comme un facteur essentiel de l'interprétation qu'on en peut tenter [1]. Il est même permis de supposer que le kantisme, dans les

---

[1]. V. l'Avant-Propos de Dilthey en tête du premier volume de l'édition de Kant, entreprise par l'Académie royale de Prusse.

controverses doctrinales qu'il ne cesse de susciter, ferait souvent meilleure figure devant ses adversaires, s'il n'avait été enfermé par beaucoup de ses partisans dans des expressions schématiques courantes, simplifiées à l'excès. On le préserve de ces simplifications en sachant comment il a évolué.

Il est naturel que j'aie dû m'appliquer avant tout à exposer et à analyser dans leur ordre chronologique les œuvres de Kant, selon qu'elles se rapportent à la philosophie pratique. Mais je ne pouvais omettre non plus les travaux de toute sorte qui ont paru sur Kant avec une si prodigieuse abondance. Assurément, à considérer l'ensemble de ces travaux, ces gros volumes et ces petites dissertations, ces articles de toute étendue publiés dans les plus diverses revues, tout ce qui forme à l'heure actuelle la bibliographie kantienne, on ne peut que trouver de saison, plus que jamais, l'épigramme dirigée déjà par Schiller contre les interprètes de Kant :

Wie doch ein einziger Reicher so viele Bettler in Nahrung
Setzt ! Wenn die Könige baun, haben die Kärrner zu thun.

« Que de mendiants tout de même un seul riche nourrit ! Quand les rois bâtissent, les charretiers ont à faire. » Parmi les auteurs de ces travaux, il en est en effet plus d'un qui a dû se faire manœuvre par indigence d'esprit, et qui a cru sa besogne importante, uniquement parce qu'elle touchait à un grand édifice. Ce n'est pas une raison pour comdamner sommairement en pareille matière l'érudition de détail : le tout est de faire le départ entre la minutie vaine, qui perd dans des discussions verbales tout sentiment philosophique de la pensée d'un philosophe, et la rigueur d'analyse qui peut, sinon faire naître, du moins entretenir et fortifier un tel sentiment : par quoi pourrait-on mesurer l'originalité et la valeur d'un système mieux que par la multitude détaillée des conceptions soumises, selon un développement plus ou moins régulier, à sa force organisatrice ? Malgré les railleries qu'on lui a prodiguées, la *Kantphilologie* n'est pas une dégénérescence pitoyable de l'esprit qui doit s'attacher à l'interprétation du kantisme [1] ; quand elle est représentée par des historiens et des critiques tels que Benno Erdmann, Vaihinger, Heinze, on ne saurait contester qu'en insistant sur des questions très particulières, elle n'ait servi à mieux faire saisir le rapport des éléments ainsi que le sens général de la philosophie kantienne ; même chez de moindres auteurs, en rapprochant d'autre façon les textes, en multipliant les petits problèmes, elle prémunit contre la tentation de juger toutes simples et comme spontanément opérées des liaisons d'idées que la connaissance commune de la doctrine nous a rendues familières. Par là elle rachète amplement une bonne part des défauts qu'on lui impute. Pour mon compte, j'ai essayé de discerner le mieux que j'ai pu, par les mentions que j'en ai faites, les publications utiles et sérieuses des publications sans portée ; je les ai indiquées, suivant la marche de mon exposé, aux places où elles avaient surtout lieu d'être consultées ; j'ai eu moins le souci, du reste, d'établir par là leur degré de contribution à mon ouvrage que de marquer l'intérêt qu'elles pourraient avoir pour le compléter et le contrôler.

En tout cas, j'aurais très insuffisamment reconnu, par quelques références ou citations, ce que je dois à mon maître, M. Émile Boutroux. Avec son étude sur Kant,

---

1. Cf. Kuno Fischer, *Geschichte der neuern Philosophie* (édition du jubilé), IV, 1, p. 326-330, p. 590. — V. contre Kuno Fischer l'article justificatif de Vaihinger, *Ueber eine Entdeckung nach der alle neuen Kommentare zu Kants Kritik der reinen Vernunft und insbesondere mein eigener durch ein älteres Werk entbehrlich gemacht werden sollen*, Kantstudien, III, p. 334-343.

écrite pour la *Grande Encyclopédie* [1], ses leçons sur la philosophie kantienne, — ses leçons d'autrefois à l'École Normale, ses leçons d'hier à la Sorbonne, — d'un si scrupuleux attachement aux textes en même temps que d'une force de concentration si admirable, m'ont été constamment présentes.

J'adresse mes vifs remerciements à MM. les Professeurs Max Heinze, de Leipzig, et Oswald Külpe, de Würzburg, qui chargés de préparer pour une part la publication des *Vorlesungen* dans l'édition nouvelle de Kant m'ont fourni avec la plus aimable complaisance les renseignements que je leur avais demandés.

Les renvois faits au cours de l'ouvrage se rapportent à l'édition Hartenstein de 1867-1868. — Pour les *Lettres* seulement, ils se rapportent à l'édition si considérablement enrichie de la *Correspondance* que Reicke a récemment terminée, et qui fait partie de la publication de l'Académie royale de Prusse : les numéros des tomes indiqués sont les numéros particuliers à cette section des Œuvres complètes.

1. Reproduite dans ses *Études d'Histoire de la Philosophie*, Paris, Alcan, 1897, p. 317-411.

A MONSIEUR

ÉMILE BOUTROUX

Membre de l'Institut,
Professeur à la Faculté des Lettres de l'Université de Paris,
Directeur de la *Fondation Thiers*,

HOMMAGE

DE RESPECTUEUSE RECONNAISSANCE ET DE DÉVOUEMENT

INTRODUCTION

CHAPITRE PREMIER

LES ANTÉCÉDENTS DE LA PHILOSOPHIE PRATIQUE DE KANT
LE PIÉTISME ET LE RATIONALISME

Les préoccupations spirituelles et les questions philosophiques auxquelles la morale kantienne est venue répondre ne peuvent être mises en pleine lumière, si l'on se borne à en dégager le sens universel, hors du milieu et du moment, ou si l'on en réduit la portée à l'expression de simples tendances personnelles. Il n'est du reste pas possible de découvrir l'action du génie et du caractère propres de Kant dans son œuvre, sans remarquer que les deux grandes influences qui ont contribué à former son caractère et préparé l'éclosion de son génie sont celles-là mêmes qui ont le plus profondément renouvelé la conscience et la pensée de l'Allemagne pendant la plus grande partie du xviiie siècle, à savoir l'influence du piétisme et celle du rationalisme. Si Kant a été l'initiateur d'une des plus hardies réformes qui aient été tentées pour la solution des problèmes pratiques aussi bien que des problèmes théoriques, ce n'est pas pour n'avoir point reçu les leçons de son temps, c'est pour les avoir reçues d'un esprit plus ferme, plus pénétrant et plus libre. Par là il s'est assigné une tâche infiniment plus haute que celle de constater des conflits extérieurs ou de poursuivre des conciliations factices d'idées ; il a employé toute sa puissance de réflexion, de critique et d'organisation à démêler les causes permanentes dont découlent, avouées ou dissimulées, d'essentielles contradictions, à justifier les principes dont l'usage défini permet de comprendre dans leur réalité spécifique les objets à expliquer et de rétablir l'accord de la raison avec elle-même. En approfondissant les notions et les croyances qui s'étaient imposées à son examen, il les a dépassées et transformées, au point de créer, pour l'intelligence de ce qu'elles prétendaient représenter, une méthode et une discipline toutes nouvelles.

*
* *

Issus de motifs très divers, le piétisme et le rationalisme s'étaient trouvés unis à l'origine dans une lutte commune contre l'orthodoxie régnante. Ce qu'ils combattaient ensemble, c'était l'enseignement étroit, les vaines discussions et subtilités de la théologie, c'était l'abus de la foi et de la pratique littérales, la corruption des idées et des actes uniquement suscités par le respect d'une autorité extérieure. Ce que par là même ils tentaient ensemble de produire, c'était un rajeunissement de la vie spirituelle. Mais tandis que le piétisme tâchait d'aviver ce besoin de rénovation par un appel à la conscience et par un réveil du sentiment religieux, le rationalisme l'exprimait comme un droit de l'intelligence émancipée par la culture scientifique et réclamait pour le satisfaire le plein et libre développement de la pensée.

Le piétisme avait eu Spener pour promoteur[1]. L'œuvre de Spener était-elle nouvelle en son principe, ou bien traduisait-elle simplement en une forme appropriée aux carac-

---

[1]. Heinrich Schmid, *Die Geschichte des Pietismus*, 1863. — Albrecht Ritschl, *Geschichte des Pietismus*, 3 vol., 1880-1886. V. particulièrement t. I, p. 3-98; t. II, p. 97-584. — A. Tholuck, *Geschichte des Rationalismus*, I, 1865, p. 9-91. — Julian Schmidt, *Geschichte des geistigen Lebens in Deutschland von Leibniz bis auf Lessing's Tod*, 1862-1864, t. I, pp. 76-93, 152-156, 223-232, 240-251, 257-261, 320-324, 340-349. — Biedermann, *Deutschland im achtzehnten Jahrhundert*, II, 2ᵉ éd., 1880, p. 303-345. — Hermann Hettner, *Literaturgeschichte des achtzehnten Jahrhunderts*, 2ᵉ éd., III, 1, 1872, p. 53-71. — L. Lévy-Bruhl, *L'Allemagne depuis Leibniz*, 1890, p. 28-34.

tères de l'époque l'aspiration vivace de certaines âmes de tous les temps à une religion plus intime et d'apparence plus pure? Était-elle ou non compatible avec la constitution de l'Eglise luthérienne? Avait-elle été précédée de tentatives essentiellement pareilles au sein de l'Eglise réformée? Il n'importe ici. Quelque difficulté qu'il y ait à marquer les origines réelles et à définir l'extension exacte du mouvement piétiste, c'est bien de Spener qu'il reçut dans l'Eglise luthérienne sa puissance de propagation en même temps que sa direction précise. Spener ne met pas en doute la doctrine de l'Eglise luthérienne; il respecte le dogme fondamental de la justification par la foi; seulement c'est dans la volonté, non dans l'entendement, qu'il découvre la source de la religion, et ainsi il est conduit à n'admettre comme foi véritable que celle dont les œuvres, sans en être la condition, portent cependant témoignage[1]. Le christianisme est dans son fond tendance à la piété, amour de Dieu; il perd toute vertu efficace à n'être pris que comme un objet d'enseignement extérieur et de connaissance; il demande à être réalisé dans une expérience et une vie personnelles. Ce n'est donc plus à la polémique, ni à la dog-

---

[1]. Voici ce que disait Leibniz au sujet de Spener et du problème de la justification, dans une lettre au Landgrave Ernest, 1680 : « Monsieur Spener estait de mes amis particuliers lorsque j'étais dans le voisinage de Francfort; mais depuis que j'en suis parti, le commerce de lettres que nous avions ensemble a été interrompu. Cependant V. A. S. a eu raison de l'estimer; je croy même qu'elle se serait accordée avec luy en matière de justification, si on estait entré dans le détail. Je me suis entretenu autres fois des heures entières sur ce chapitre avec feu Monsieur Pierre de Walenburg, Suffragain de Mayence, et il nous parut qu'il n'y avait gueres de différence qui se rapporte à la practique. Je sçais bien qu'il y en a dans la théorie, mais à cet égard les sentiments de quelques catholiques me semblent plus raisonnables que ceux de quelques Protestants. *Car la charité met plus tost un homme en estat de grace que la foy*, excepté ce qui est nécessaire au salut, necessitate medii; un erreur de foy, ou hérésie non damnée peut estre que parce qu'elle blesse la charité et l'union. En effet ceux qui demandent *la foy* non seulement *dans la creance*, qui est un acte d'entendement, mais encor *in fiducia*, qui est un acte de volonté, font à mon avis un mélange de la foy et de la charité, car cette confiance bien prise est le véritable amour de Dieu. C'est pourquoy je ne m'étonne pas, s'ils disent qu'une telle foy est justifiante. » Chr. von Rommel, *Leibniz und Landgraf Ernst von Hessen-Rheinfels*, 2 vol., 1847, t. I, p. 277-278.

matique que doit appartenir le rôle principal. Spener estimait qu'il ne fallait pas prodiguer les accusations d'hérésie ; il ne partageait pas la sévérité de ses coreligionnaires pour Jacob Bœhme et les autres mystiques ; il mettait si peu les réformés hors de la vraie foi qu'il se sentait plutôt porté, lui et ses disciples, à s'unir avec eux. Il avait une science théologique suffisante pour que sa critique de la théologie ordinaire ne fût pas soupçonnée d'incompétence ; mais il croyait que le développement de la vie intérieure relève d'une autre compétence que celle qui s'acquiert par la lecture des livres savants ; il recommandait avant tout la lecture des livres saints, l'étude directe de la Bible : d'où la création de ces *Collegia philobiblica* destinés d'abord à bien marquer la suprématie de l'Écriture sur les livres symboliques que l'Église luthérienne avait mis au même rang, ensuite à rapprocher autant que possible les fidèles et les théologiens d'école. A toute construction théologique Spener préférait l'édification d'un christianisme agissant, étranger aux complications artificielles de doctrines, d'un christianisme dont chacun pouvait légitimement s'instituer le docteur, du seul droit de sa piété. Il pensait que la réforme de Luther, en ce qui concerne les mœurs et la vie, était restée incomplète, que l'idéal était de conformer l'Église au modèle de la primitive communauté chrétienne. Mais caractère calme et avisé autant qu'esprit ardent, il sentait le danger de prêter à sa tentative l'apparence d'une révolution ; il voulait moins toucher à l'Église luthérienne que créer en elle des foyers de foi dont la lumière et la chaleur ranimeraient graduellement les parties languissantes du grand corps. En fondant les *Collegia pietatis*, qui étaient comme de petites églises dans l'Église, il portait avec beaucoup de mesure une atteinte grave à l'autorité des théologiens enseignants, contre lesquels il restaurait le principe luthérien du sacerdoce universel. Dans ces collèges se réunissaient, sans distinction d'âge, de savoir, de condition sociale, des personnes animées d'une même ferveur, pour se commu-

niquer leurs expériences religieuses, se porter les unes les
autres, par la prière, par des entretiens spirituels, par des commentaires de la Bible, à la sanctification de leurs âmes. Ainsi
le pouvoir de prononcer les paroles de vie n'était plus un
privilège et ne résultait plus d'une investiture extérieure ; il
revenait à quiconque avait senti la régénération s'opérer en
lui. La fonction de l'enseignement religieux devait surtout
s'accomplir en toute simplicité, avec une familiarité cordiale,
dépouillée de tout apparat. Spener essayait par là de réaliser
ce qui avait été le vœu de Calixte : « Qu'à la façon dont
Socrate avait fait descendre la philosophie du ciel sur la
terre, la théologie fût, elle aussi, ramenée des spéculations
et des subtilités inutiles pour montrer dans les doctrines
nécessaires au salut la voie de l'esprit et de la sanctification[1]. » Il ne séparait pas d'ailleurs en l'homme la rénovation morale de la rénovation religieuse ; en même temps
qu'il affirmait l'égalité de la loi morale pour tous, il en étendait l'autorité à bon nombre d'actes que l'Église considérait
comme indifférents ; il condamnait le théâtre, la danse, la
musique, les réunions mondaines ; il interprétait les obligations pratiques dans un sens rigoriste, afin d'égaler l'une
à l'autre l'intériorité de la foi et la pureté du cœur. En relâchant les liens qu'avait la croyance religieuse avec la théologie dogmatique, il consolidait d'autant ou il renouait ceux
qui la rattachaient à l'activité morale ; il fournissait pour
l'estimation de la conduite des critères plus directs, plus
proches de ceux auxquels a recours, lorsqu'elle juge en
toute spontanéité et en toute indépendance, la conscience
commune ; sous la garantie de la foi et de la loi chrétiennes,
il développait le sentiment de la personnalité ; mais il prévenait d'autre part le pur individualisme en matière morale
et religieuse par le soin qu'il mettait à faire de la notion du
péché une pensée toujours présente, à rappeler constam-

---

[1]. *Einleitung zu den Acten des Thorner Religionsgesprächs*, dans
Biedermann, *op. cit.*, II, p. 316.

ment l'urgence de la lutte à soutenir contre le mal. Il tentait de toutes ses forces à réaliser une plus complète immédiation du christianisme et de la vie.

Cette réforme de Spener, malgré la prudence avec laquelle elle était entreprise, ne pouvait que se heurter à des résistances violentes, en raison même de son succès. Les orthodoxes ne manquèrent pas d'invoquer contre elle, avec mainte hérésie, le danger de dissolution qu'elle présentait pour l'Église. Cependant le piétisme donnait en divers endroits des signes de robuste vitalité. A Leipzig en particulier, trois théologiens, Francke, Anton et Schade avaient fait de leur société d'études bibliques un puissant instrument de propagande piétiste. Les orthodoxes, comme suprême ressource, réussirent à les faire expulser, et avec eux le philosophe Christian Thomasius, qui par esprit de tolérance et pour faire face à de communs adversaires, les avait énergiquement soutenus. Mais le gouvernement prussien, qui croyait pouvoir compter sur le piétisme dans son effort pour unir les deux Églises, leur offrit un asile; bien mieux, quand fut fondée en 1694 l'Université de Halle, il prit l'avis de Spener pour la constitution de la Faculté de théologie et pour le choix des professeurs. Halle devint ainsi le grand centre de l'activité du piétisme, son champ d'application pour toutes les réformes conçues selon son esprit, spécialement pour les réformes pédagogiques. Au reste, en s'y implantant, la pensée de Spener ne fut pas sans s'y altérer ; elle tendit à y apparaître plus exclusive, plus concentrée vers un objet unique : il s'agit, non de travailler à la science, mais d'éveiller la conscience ; un grand détachement se produit de plus en plus à l'égard de la culture intellectuelle; au nom du caractère pratique que doit revêtir la théologie, on en vient à faire de la puissance d'édification la mesure de toutes les disciplines. En même temps se développe pour l'éducation de la piété un méthodisme de plus en plus rigide. Avec de hautes vertus, Francke n'a que des capacités scientifiques et dialectiques assez restreintes, et il va droit contre tout ce qui lui paraît une menace pour la foi. Plus instruit, plus habile à discuter, plus passionné aussi, Joachim Lange a contracté dans la lutte contre la tyrannie orthodoxe une vigueur militante qui, de défensive, ne demande qu'à devenir offensive contre de nouveaux ennemis. Le rationalisme était là, qui, par son autorité grandissante, semblait confondre l'indifférence soupçonneuse du piétisme à l'égard de tout ce qui était l'expansion de la vie naturelle et de la simple intelligence humaine : plus que les malentendus et les rivalités des personnes, la logique de leurs principes respectifs devait mettre le piétisme et le rationalisme aux prises.

*
* *

C'est de Leibniz que dérive le rationalisme allemand[1] ; c'est la pensée leibnizienne qui a mis fin à l'empire exercé dans les universités de l'Allemagne par cet aristotélisme très voisin encore de la scolastique, que Mélanchthon avait accommodé à la Réforme et qui était devenu le fondement de la dogmatique protestante. Pourtant l'action personnelle de Leibniz ne fut pas très étendue. N'appartenant à aucune université, il ne disposait pas de ce moyen de propagande que peut être l'enseignement public ; il produisait ses idées surtout par occasion, préoccupé de les faire approuver principalement de ceux qui, en quelque pays que ce fût, possédaient une autorité soit intellectuelle, soit religieuse, soit politique. Il aimait à faire entrevoir la richesse de sa philosophie ; il ne la livra

---

1. J.-E. Erdmann, *Versuch einer wissenschaftlichen Darstellung der Geschichte der neuern Philosophie*, II, 2, 1842, pp. 11-173; 249-393; *Grundriss der Geschichte der Philosophie*, II, 1866, pp. 145-212, 243-269. — Ed. Zeller, *Geschichte der deutschen Philosophie seit Leibniz*, 2e éd., 1875, p. 69-314. — Tholuck, *op. cit.*, I, p. 92-147. — Julian Schmidt, *op. cit.*, passim. — Biedermann, *op. cit.*, II, pp. 207-268, 346-478. — Hettner, *op. cit.*, III, p. 217-260, IV, pp. 3-66, 176-262, 585-617. — Chr. Bartholmèss, *Histoire philosophique de l'académie de Prusse depuis Leibniz jusqu'à Schelling*, 2 vol., 1850-1851, t. I, p. 99-118. — Lévy-Bruhl, *op. cit.*, p. 34-70.

jamais toute, méthodiquement et explicitement. Au surplus, ses contemporains ne furent guère en état de s'assimiler toute sa pensée : ils n'en accueillirent pas aisément les expressions les plus spéculatives. C'est ainsi que la doctrine des monades, en son sens authentique, ne rencontra pas beaucoup de partisans. En revanche, certaines idées générales incluses dans son système, dès qu'elles commencèrent à se répandre, eurent une grande fortune; en se resserrant et se limitant, elles entrèrent pour une large part dans la composition de l'esprit du xviiie siècle : telle, l'idée d'une science formée de concepts clairs et bien liés, capable de trouver à tout une raison suffisante, d'assurer aussi par l'extension des connaissances un accroissement continu de perfection et de bonheur dans la nature humaine; telle, l'idée d'un ordre providentiel qui, en se réalisant dans le monde donné, en fait le meilleur des mondes possibles, et selon lequel la finalité même de la nature aboutit par un progrès certain à l'accomplissement des fins morales. Une conception optimiste de la raison et de la science permettait d'accorder immédiatement la moralité, d'une part avec l'intérêt général aussi bien qu'avec le contentement de chacun, d'autre part avec la piété et la foi en ce qu'elles ont de conforme à la pratique et à la vérité salutaires[1]. « La véritable piété, et même la véritable félicité, consiste dans l'amour de Dieu, mais dans un amour éclairé, dont l'ardeur soit accompagnée de lumière. Cette espèce d'amour fait naître ce plaisir dans les bonnes actions qui donne du relief à la vertu, et rapportant tout à Dieu, comme au centre, transporte l'humain au divin. Car en faisant son devoir, en obéissant à la raison, on remplit les ordres de la Suprême Raison. On dirige toutes ses intentions au bien commun, qui n'est point différent de la gloire de Dieu; l'on trouve qu'il n'y a point de plus grand intérêt particulier que

---

1. Sur le mélange des intentions scientifiques, philanthropiques et religieuses dans les projets les plus importants de Leibniz, cf. L. Couturat, *La Logique de Leibniz*, 1901, p. 135-138.

d'épouser celui du général, et on se satisfait à soi-même en se plaisant à procurer les vrais avantages des hommes.[1] » « Il faut joindre, aime-t-il à redire, la lumière à l'ardeur, il faut que les perfections de l'entendement donnent l'accomplissement à celles de la volonté. » Ce qui revient à toute occasion, c'est que la vertu doit être « fondée en connaissance », c'est que la solide piété est à la fois « la lumière et la vertu », c'est qu'on est également dans l'erreur, quand on croit « de pouvoir aimer son prochain sans le servir et de pouvoir aimer Dieu sans le connaître[2] ». De nos perceptions claires et distinctes, dans la mesure où elles le sont, résulte, avec la puissance de notre liberté, la juste direction de nos sentiments et de nos actes.

Par là Leibniz fut bien l'instigateur de la philosophie dite en Allemagne « philosophie des lumières », de l'*Aufklärung*. Avant même de lui fournir l'essentiel de la doctrine, il lui fournit l'idée qui l'instituait. Il ne put naturellement faire pénétrer en elle ce qui était incommunicable, à savoir la spontanéité inventive de son esprit, l'art merveilleux de définir les pensées sans les restreindre, d'en développer la logique interne sans en figer la puissance d'expression. Son activité encyclopédique qui s'entretenait aux sources d'inspiration les plus profondes, qui lui avait révélé entre toutes choses des harmonies imprévues et cependant bien fondées, fut soumise après lui à un travail en règle d'arrangement méthodique ; elle dut se plier aux formes précises, mais bornées, de l'entendement abstrait, du *Verstand*. Il se produisit ainsi une transposition de son œuvre, qui la rendit capable de répondre aux besoins nouveaux des intelligences. Vers la fin du xviie siècle, en effet, avaient commencé à surgir de divers côtés en Allemagne le désir et l'idée d'une libre philosophie, assez forte pour ébranler l'autorité dont se prévalait, en même temps que l'orthodoxie

---

1. *Essais de Théodicée*, Préface, *Ph. Schr.*, éd. Gerhardt, VI, p. 27.
2. *Ibid.*, p. 25.

luthérienne, l'ignorance érudite ou superstitieuse des scolastiques, des médecins et des juristes, assez claire pour n'avoir pas à respecter le privilège d'une caste savante et pour pouvoir appeler à elle un public beaucoup plus étendu, animée enfin du seul souci de la vérité et du bien commun. On essayait de se satisfaire un peu au hasard par la lecture et le commentaire de Descartes, de Locke, de Bayle. Dans la lutte qu'il engagea si vivement contre le pédantisme des professeurs d'Université et contre la tyrannie des théologiens, Christian Thomasius n'alla guère au delà d'un tel éclectisme; s'il put préparer ou annoncer la science nouvelle et l'enseignement nouveau, il resta par cela même incapable de les organiser. Il fallait en effet une doctrine d'ensemble pour détacher des idées anciennes, en les fixant sur d'autres idées, les intelligences habituées à affirmer et à croire; il fallait aussi que la pensée libre, pour ne pas être considérée comme un principe de thèses arbitraires ou négatives, pût prouver sa vertu en s'exprimant et se soutenant par de longues chaînes de raisons, qu'elle vint, autrement dit, opposer scolastique à scolastique. Le leibnizianisme était là maintenant, auquel il était possible d'emprunter le fond de la doctrine; quant à la mise en forme rigoureuse et minutieuse, qui pouvait le convertir en philosophie d'école, ce fut la tâche qu'assuma Christian Wolff.

L'homme convenait admirablement à la tâche. Esprit sérieux et patient, sans originalité créatrice, il avait fortifié par plusieurs années d'application aux mathématiques le goût qu'il avait, on peut même dire la passion, de définir et de démontrer. Il excellait à distribuer selon des plans réguliers les connaissances qu'il avait amassées, poussant à l'extrême scrupule le soin de procéder par ordre, de marquer exactement le sens des termes et l'enchaînement des propositions. Il aimait les idées claires, mais plus encore sans doute le formalisme logique par lequel la clarté des idées peut s'obtenir. De bonne heure il fut convaincu que le progrès de la culture et le bien de l'humanité dépendent moins de découvertes nouvelles que de l'agencement bien entendu des notions acquises, et il eut l'ambition de présenter dans un vaste système, selon une méthode absolument démonstrative, tout le savoir humain. Des questions les plus hautes de la théologie naturelle et de la métaphysique aux questions les plus particulières, parfois même les plus insignifiantes de la morale pratique et de la physique empirique, rien n'échappe aux prises de son investigation sévère et de sa discipline : de là ces œuvres considérables, par lesquelles il voulait remédier aux deux grands vices dont, selon lui, souffrait la philosophie : le manque d'évidence et le manque d'utilité. A dire vrai, il ne réforma pas la philosophie en philosophe, il la réforma en pédagogue ; il fut, selon Hegel, l'instituteur de l'Allemagne[1]. Dans la *Préface* de l'un de ses premiers écrits, il annonçait le programme qu'il s'était tracé : « La raison, la vertu et le bonheur sont les trois principales choses auxquelles l'homme doit tendre en ce monde. Et quiconque se rend attentif aux calamités du temps présent voit comment elles résultent du défaut de lumière et de vertu. Des gens qui sont des enfants par l'intelligence, mais des hommes par la perversité, tombent en foule dans une grande misère et une grande corruption... Ayant observé en moi dès la jeunesse une grande inclination pour le bien de l'humanité, au point de désirer rendre tous les hommes heureux si cela était en mon pouvoir, je n'ai jamais rien eu plus à cœur que d'employer mes forces à une œuvre telle que la raison et la vertu pussent croître parmi les hommes[2]. »

Cette conception d'un accord essentiel entre la science, la vertu, le bonheur et l'utilité sociale avait été déjà, comme on l'a vu, exprimée par Leibniz ; mais elle est manifestement énoncée ici dans un sens plus dogmatique, plus littéral, plus immédiatement tourné vers l'application pratique.

1. *Werke*, XV, p. 477.
2. *Vernünftige Gedanken von Gott, der Welt und der Seele des Menschen*, 3e éd., 1725, *Vorrede*.

On y reconnaît cette rigidité stricte de l'entendement logique qui lie les idées par voie de conséquence directe, au lieu de cette large souplesse de la pensée spéculative qui, dans la philosophie leibnizienne, unit les idées en les faisant converger harmonieusement. Par là sans doute telle doctrine de Leibniz parut chez Wolff, même quand elle était à peu près fidèlement reproduite, plus offensive et plus dure. C'est ainsi que le problème qui naturellement tenait le plus en éveil les intelligences et les consciences, le problème du rapport de la raison avec la révélation religieuse, reçoit de Wolff en principe la solution même que Leibniz avait indiquée. Il y a d'abord, disait Leibniz, des vérités qui sont communes à la raison et à la foi et qui constituent le fonds de la religion naturelle; quant aux vérités que les religions positives, plus spécialement le christianisme qui est la meilleure de toutes, enseignent comme des mystères, l'assentiment qu'elles réclament n'exige pas, comme le prétend Bayle, un renoncement à la raison ; il faut maintenir l'ancienne distinction entre ce qui est contraire à la raison et ce qui est au dessus d'elle ; comme les lois de la nature relèvent finalement d'une autre nécessité que la nécessité géométrique, les considérations générales du bien et de l'ordre qui les ont fondées peuvent être vaincues dans quelques cas par des considérations d'une sagesse supérieure ; Leibniz d'ailleurs tendait à admettre que ces considérations exceptionnelles rentrent dans le plan du meilleur des mondes et qu'elles produisent une dérogation, non pas à l'ordre souverain des choses, mais simplement à l'ordre ordinaire et familier qui est donné dans l'expérience des hommes; les miracles sont une introduction plus manifeste du règne de la grâce dans le règne de la nature[1]. Cette façon d'entendre la conformité de la rai-

---

1. *Essais de Théodicée. Discours préliminaire de la conformité de la foy avec la raison. Ph. Schr.* Ed. Gerhardt, VI, p. 49 et suiv. — Cf. Em. Boutroux, *Notice sur la vie et la philosophie de Leibniz*, en tête de son édition de la *Monadologie*, 1881, p. 126-128. — A. Pichler, *Die Theologie des Leibniz*, 1869, I, p. 226-238.

son avec la foi ne paraît réserver pleinement le rôle de la foi qu'à la condition de reconnaître expressément les limites de la raison humaine. En fait, Leibniz les reconnaissait, et après lui, Wolff était tout disposé par son éducation profondément chrétienne à les reconnaître. Seulement chez Leibniz la reconnaissance de ces limites était liée à l'idée ou au sentiment de ce que l'ordre des vérités supérieures au principe de contradiction enveloppe d'infini ; chez Wolff, au contraire, la tendance à tout enfermer dans des formules logiques, qui se traduisait notamment par la réduction du principe de raison suffisante au principe de contradiction, rendait plus arbitraire sa conception du rôle de la foi et semblait exiger, sur la question des miracles et de la révélation, une application plus étroite des critères du rationalisme. Effectivement, les conditions auxquelles il soumet la vérification du surnaturel sont si strictement définies, qu'elles en restreignent singulièrement la réalité ou la possibilité. Dieu, selon Wolff, ne révèle rien de ce qui peut être connu par la raison : il faut donc établir tout d'abord que l'homme n'aurait pu par les voies naturelles arriver aux connaissances qu'il reçoit sous la forme de la révélation divine. Comme Dieu ne peut vouloir que ce qui est conforme à ses perfections, rien de ce qui leur est contraire ne peut être tenu pour révélé. Comme il est par son entendement la source de toutes les vérités et qu'il ne peut rien produire qui les démente, une révélation authentique ne doit rien contenir qui soit en opposition avec les vérités rationnelles. Même la révélation divine de la morale ne saurait enchaîner l'homme à ce qui contredit les lois de la nature où l'essence immuable de l'âme. Enfin, pour arriver jusqu'à l'homme, la révélation ne doit pas plus bouleverser les règles et les habitudes du langage que les forces naturelles ; elle doit être, comme le reconnaissent les théologiens, appropriée à l'état d'esprit et aux façons ordinaires de ceux qui la reçoivent. C'est qu'en effet, si le miracle reste possible en général, le miracle inutile est moralement impossible ; un monde où tout arriverait par miracle pourrait être l'effet de la puissance de Dieu, non de sa sagesse. L'événement miraculeux n'exige de Dieu qu'une puissance et une science en rapport avec sa singularité, tandis que l'événement qui rentre régulièrement dans le cours des choses exige une puissance et une science capables de le déterminer non seulement en lui-même, mais dans ses relations avec l'ensemble. Aussi un monde où les miracles sont rares est-il plus parfait qu'un monde où les miracles se multiplient. De toute façon, ce qu'on appelle un miracle ne peut être sans raison, et la raison du miracle doit le plus possible se coordonner, en ses moyens et ses effets, avec la raison générale qui gouverne tout[1]. Si donc Wolff ne s'opposait pas directement au supra-naturalisme des théologiens de son temps, il fournissait à coup sûr des ressources pour le combattre ; par là, comme aussi par sa disposition plus d'une fois manifeste à séparer le domaine de la raison de celui de la foi[2], à ne réclamer pour la raison que les simples affirmations de l'existence et des attributs de Dieu, de l'immortalité de l'âme, Wolff instituait en Allemagne, à la façon des déistes d'Angleterre, la religion naturelle.

Il agissait plus fortement encore dans le même sens par sa façon de traiter et de résoudre les problèmes pratiques. S'étant déjà occupé de ces problèmes avant de connaître Leibniz, il les posa même dans la suite avec une certaine indépendance à l'égard de la doctrine leibnizienne. En particulier, il était moins porté à admettre que les principes moraux dussent chercher un appui dans les vérités métaphysiques et dans le christianisme. Déjà Thomasius, suivant l'exemple des libres penseurs anglais, avait tenté de détacher la morale de la théologie et de la fonder sur les lois intérieures de la nature humaine : lois, disait-il, qui ne sauraient trom-

---

1. *Vernünftige Gedanken von Gott*, etc., I, § 633-§ 642, § 1010-§ 1019, § 1039-§ 1043, pp. 386-392, 623-629, 638-642.
2. *Vernünftige Gedanken von der Menschen Thun und Lassen*, 1720, § 47, p. 31-32.

per puisqu'elles ont été inculquées dans nos âmes par Dieu même. Wolff affirme plus résolument encore le droit de la morale à s'émanciper. « Les actions libres des hommes sont bonnes ou mauvaises, en elles-mêmes et pour elles-mêmes ; ce n'est pas de la volonté de Dieu qu'elles reçoivent d'abord ce caractère. S'il était possible qu'il n'y eût aucun Dieu et que l'enchaînement actuel des choses pût subsister sans lui, les actions libres des hommes n'en resteraient pas moins tout aussi bonnes ou tout aussi mauvaises[1]. » Quand il se trouve chez un athée de la dépravation morale, ce n'est pas à son incrédulité qu'elle tient, c'est à son ignorance touchant les vraies lois du bien et du mal ; et c'est de la même source que découlent chez d'autres qui ne sont pas des athées une vie désordonnée et une mauvaise conduite. Les Chinois, bien qu'ils ne soient instruits de l'existence de Dieu par aucune religion naturelle, encore moins par la lumière de la révélation, n'en sont pas moins parvenus par la force de leur conscience à une morale si accomplie qu'ils pourraient servir de modèles aux autres peuples[2]. Au surplus, une philosophie pratique, telle que Wolff veut l'établir au nom de la raison, ne peut que faire abstraction de la diversité des croyances ; elle a pour objet de déterminer la règle universelle à laquelle nous devons conformer les actions qui sont en notre pouvoir. Cette règle est fondée dans la nature de l'âme humaine, en ce sens que l'âme humaine recherche naturellement ce qui est bon et fuit naturellement ce qui est mauvais ; si l'obligation peut donc en être rapportée à Dieu, elle n'en a pas moins son principe et son expression incontestables dans une disposition essentielle de notre être ; c'est une loi de la nature autant et même plus qu'une loi de Dieu, puisqu'elle ne cesserait pas d'être valable, même s'il n'y avait pas d'Être supérieur à nous[3]. Elle s'énonce dans cette formule : Fais ce qui te perfec-

1. *Ibid.*, § 5, p. 6.
2. *Ibid.*, § 20-§ 22, p. 15-16.
3. *Ibid.*, § 15-§ 20, p. 13-15.

tionne et ce qui perfectionne ton état ; évite ce qui te rend plus imparfait, toi ainsi que ton état[1]. En même temps qu'il emprunte à Leibniz ce concept de perfection, Wolff retient des diverses définitions qu'en avait données Leibniz surtout celle qui ne comportait qu'une détermination formelle, à savoir l'accord ou l'ordre dans la diversité. A cette sorte d'identité logique il ramène volontiers toute la finalité de l'action bonne. La conduite de l'homme, dit-il, résulte de divers actes ; lorsque ces actes sont d'accord de telle sorte que tous ensembles sont fondés dans un dessein unique, alors l'homme est parfait, de même que l'horloge est parfaite quand toutes les pièces s'en accordent pour cette fin, qui est d'indiquer l'heure. La conduite parfaite, c'est donc la conduite conséquente avec elle-même. Quand on jouit de la considération publique et que l'on accomplit une action louable, on obtient par là une considération plus grande, et ainsi l'état nouveau s'accorde pleinement avec l'état antérieur. Quand on est riche et que l'on fait de folles dépenses, on devient plus pauvre, et ainsi l'état dans lequel on se met est en désaccord avec l'état dans lequel on se trouvait[2]. Wolff reprend donc, mais en la dépouillant de sa signification spéculative, l'idée intellectualiste selon laquelle la bonne conduite est seule capable de soutenir jusqu'au bout ses principes dans le monde sans se contredire. Il ne remédie aux inconvénients de son formalisme trop extérieur et trop indéterminé que quand il fait rentrer sous la loi de la perfection le développement des facultés proprement humaines. L'homme, dit-il, par exemple, a une aptitude naturelle à connaître la vérité ; plus il connaît effectivement la vérité, plus il devient apte à la connaître. Aussi l'état de l'âme qui, grâce à ses multiples efforts, se maintient dans la connaissance de la vérité est en accord avec son état naturel et ne lui est nullement con-

---

1. *Ibid.*, § 12, p. 11.
2. *Ibid.*, § 2, § 13, pp. 4-5, 11. — Cf. Baumgarten, *Metaphysica*, § 94, 6ᵉ éd., 1768, p. 26.

traire. Au fond, ce qui constitue notre perfection, c'est ce qui est conforme à notre nature. Par là s'introduit l'eudémonisme de Wolff. Du moment que le plaisir n'est pas autre chose que la conscience d'une perfection, le plaisir durable, ou le bonheur, est assuré à quiconque s'élève constamment d'une perfection à une autre, à quiconque dans sa conduite suit la loi véritable de sa nature. En ce sens la poursuite du bonheur peut être regardée comme le mobile universel vers la vertu. Mais comme aussi personne ne peut travailler à son bonheur et à sa perfection sans le secours d'autrui, chacun doit concourir aux fins analogues de son semblable[1]. Ainsi l'idée d'obligation trouve chez Wolff un contenu matériel dans les lois de la nature humai   comme dans les nécessités naturelles qui lient les hommes entre eux. Elle suppose donc pour être bien entendue et bien pratiquée l'exacte connaissance de ces lois et de ces nécessités. La valeur de notre action se mesure à la clarté et à la distinction de nos idées. Bien que Wolff commence par mettre à part la faculté de connaître et la faculté de désirer, par suite la métaphysique et la philosophie pratique, c'est en somme la fonction théorique de l'esprit qui, selon lui, détermine et garantit le progrès de la faculté de désirer. Tout désir a dans la connaissance d'une perfection sa cause nécessaire et suffisante. Si cette connaissance est obscure ou confuse, elle peut nous tromper sur l'objet qu'elle nous représente et induire notre activité en de fausses et mauvaises démarches ; si cette connaissance est claire et distincte, elle nous assure de la valeur et de l'efficacité de son objet, alors le désir est vraiment volonté. Il y a donc une faculté de désirer inférieure et une faculté de désirer supérieure. Mais l'une et l'autre obéissent toujours à cette loi, que nous ne tendons qu'à ce qui nous est représenté comme un bien. Aussi toute liberté d'indifférence est-elle

---

1. *Philosophia practica universalis methodo scientifica pertractata*, 2ᵉ éd., 1744, § 221-§ 223, p. 176-178.

exclue ; il n'y a pas d'acte qui n'ait sa raison : la liberté véritable, c'est à son degré le plus élevé, le désir résultant de la connaissance rationnelle, ce qu'on peut appeler la volonté pure[1]. Aux lumières de l'intelligence notre volonté doit d'être bonne, comme notre conscience d'être droite. « Le moyen de décider si notre conscience est droite ou non, c'est la démonstration[2]. » Le jugement de la conscience ne peut être fondé en raison que par l'intermédiaire du savoir. La science morale détermine la moralité.

Les formules et les définitions de ce dogmatisme rationaliste introduisirent dans la philosophie pratique, à côté de distinctions laborieusement subtiles et vaines, quelques distinctions pénétrantes et fécondes. Telle fut surtout la distinction de la morale et du droit naturel, partant de la moralité et de la légalité, qui, indiquée chez Wolff, mais imparfaitement, fut reprise avec plus de précision par Baumgarten. En tout cas, ce rigorisme logique qui poursuivait autant que possible dans le détail la déduction des devoirs eut pour effet le plus apparent à cette époque un certain rigorisme moral. Il était sans doute trop dépourvu de hautes inspirations spéculatives pour empêcher de se développer en lui-même cette téléologie superficielle qui tournait aisément à l'utilitarisme pratique ; il avait du moins le mérite de maintenir contre l'indulgence extrême des mœurs du temps les significations élevées de l'individualisme et de l'eudémonisme.

Mais l'essentielle nouveauté de l'œuvre de Wolff était dans la constitution complète et méthodique d'une doctrine ne relevant que de la raison et pouvant suffire à la conduite de la vie ; et ce fut cette nouveauté qui ne pouvait manquer de paraître subversive. A Halle, où Wolff avait été appelé dès 1706 comme professeur, grâce à la protection de Leibniz, il ne tarda pas à attirer un nombre considérable d'étu-

---

1. Cf. Baumgarten, *Metaphysica*, § 692, p. 264.
2. *Vernünftige Gedanken von der Menschen Thun und Lassen*, § 94, p. 50.

diants, de plus en plus séduits par sa façon de démontrer ce qu'ailleurs on leur présentait comme objet de simple croyance. Les piétistes qui avaient précisément établi leur influence par la fondation de l'Université de Halle s'alarmèrent du succès croissant d'un enseignement purement rationaliste ; de là des conflits sourds, exaspérés encore par des froissements de personnes, et qui finirent par éclater au grand jour, lorsque Wolff en remettant le 12 juillet 1721 le prorectorat aux mains de Lange eut prononcé à cette occasion son *Discours sur la morale des Chinois* [1]. Wolff soutenait que les Chinois et en particulier Confucius avaient une morale très pure, qui pouvait sans peine se ramener aux principes et aux règles de sa philosophie propre, et il concluait de là que la raison est capable de fonder une morale en général avec ses seules ressources, et par la seule considération de la nature humaine. Ce manifeste mit les piétistes en grand émoi. Breithaupt porta la lutte en chaire dès le lendemain ; au nom de la Faculté de théologie dont il était le doyen, Francke réclama la communication du manuscrit, que Wolff, aux applaudissements des étudiants, refusa. D'ailleurs, en publiant son discours, Wolff dans une note prévint qu'il avait entendu parler de la vertu au sens philosophique, non au sens théologique ou chrétien, et qu'il réservait entièrement le surcroît d'autorité et même de vérité que la révélation pouvait apporter aux démonstrations de la raison. La querelle n'en continua pas moins avec violence pendant près de deux années, au bout desquelles la Faculté de théologie adressa au roi des remontrances : Wolff était accusé d'affaiblir les meilleures preuves de l'existence de Dieu, de nier la liberté humaine, de dénaturer le miracle, de rendre Dieu responsable du mal, d'affirmer l'impuissance de la raison à justifier un commencement du monde et de l'espèce humaine. Frédéric-Guillaume, à cause

---

1. Ed. Zeller, *Vorträge und Abhandlungen*, I, 2ᵉ éd., 1875 : *Wolff's Vertreibung aus Halle ; der Kampf des Pietismus mit der Philosophie*, p. 117-152.

des revenus que rapportait au fisc l'affluence des étudiants aux cours de Wolff, semblait peu pressé d'intervenir ; on lui représenta que le déterminisme de Wolff pouvait favoriser la désertion de ses grenadiers : c'était pour le roi-sergent le plus décisif des considérants. Un ordre du cabinet du 8 novembre 1723 destituait Wolff et lui enjoignait de quitter le territoire prussien dans les quarante-huit heures. Ainsi se résolvait, par une mesure violente, ce conflit des Facultés. C'était plus que les piétistes ne souhaitaient. Ils eussent seulement voulu que Wolff fût astreint à se confiner dans les questions de mathématiques et de physique ; ils sentaient bien, tout en continuant leur polémique, que la persécution allait accroître l'influence de leur adversaire. C'est ce qui arriva. La philosophie de Wolff, malgré la défense faite en 1727 de l'enseigner, ne cessa pas de se propager. Ludovici, dont l'*Histoire de la philosophie de Wolff* s'arrête en 1737, compte 107 philosophes ou écrivains wolffiens. Quant à Wolff, accueilli à l'Université de Marburg, sollicité par Pierre le Grand de venir en Russie, appelé en Suède, écrivant désormais non plus seulement pour l'Allemagne, mais pour l'Europe, il semblait ne souhaiter d'autre réparation que le retour à Halle. Cette réparation, il l'obtint avec éclat. Déjà Frédéric-Guillaume était peu à peu revenu de ses sentiments contre lui, avait blâmé Lange d'avoir provoqué sa décision, avait chargé une commission royale de déclarer la doctrine wolffienne inoffensive, et avait fait offrir au philosophe diverses chaires. L'avènement de Frédéric II permit à Wolff de rentrer à Halle : il y revint en triomphateur. L'Université en corps, y compris Lange et les théologiens, lui rendit visite. Mais l'heure de ses succès personnels fut brève : il ne put reconquérir ni son auditoire, ni son influence. La victoire était surtout pour l'esprit rationaliste qu'il avait défendu et qui, à la faveur du nouveau règne, allait se répandre sans obstacles et se populariser. La philosophie des lumières était désormais la philosophie officielle.

*
* *

Les lents et pénibles efforts de rénovation spirituelle, les luttes contre l'influence tyrannique de l'orthodoxie luthérienne et de la scolastique, l'action conquérante du piétisme et du rationalisme, bientôt aux prises à leur tour, tout ce qui en somme occupait les pensées et remuait les consciences du reste de l'Allemagne se reproduit en des formes presque identiques dans la ville et au sein de l'Université de Kœnigsberg [1]. Au commencement du xviiie siècle, la philosophie y était sous l'entière domination de l'aristotélisme, d'un aristotélisme dont la médiocre vigueur interne était encore énervée par des compromis éclectiques. Quelques idées de Descartes et de Thomasius n'avaient obtenu qu'une créance passagère : professeurs de logique, de métaphysique et de philosophie pratique restaient pour le fond également fidèles à la tradition. Ce fut le piétisme qui le premier vint secouer l'inertie des esprits. Il fut introduit à Kœnigsberg par le conservateur des forêts Th. Gehr. C'était spontanément, à la suite d'un retour sur lui-même, que Th. Gehr, le 21 septembre 1691, jour de la Saint-Mathieu, avait éprouvé l'impérieux besoin de rompre avec le christianisme des théologiens pour s'attacher à un christianisme plus pur et plus vivant, à un christianisme du cœur. Dès lors il s'était reconnu piétiste. En 1693, il entrait en relations personnelles avec Spener, en 1694 avec Francke ; à l'un et à l'autre, peut-être plus particulièrement au second, il dut la pensée qui aboutit finalement à la fondation du collège Frédéric. Il n'appela d'abord des maîtres piétistes que pour ses enfants ; mais peu à peu d'autres familles, animées des mêmes sentiments, demandèrent à partager le bénéfice de cette éducation, et ainsi une petite école privée se trouvait instituée en 1698 dans la maison du conservateur des

---

1. Benno Erdmann, *Martin Knutzen und seine Zeit*, 1870, p. 11-47. — Georg Hollmann, *Prolegomena zur Genesis der Religionsphilosophie Kants*, Altpreussische Monatsschrift, janvier-mars 1899, p. 1-73.

forêts. Elle ne tarda pas à apparaître aux autres établissements comme une concurrence dangereuse ; maintes fois dénoncée comme école clandestine, elle n'eût pu sans doute se soutenir par la seule supériorité de ses méthodes et de son enseignement, si une heureuse circonstance, le voyage de Frédéric III à Kœnigsberg pour son couronnement, n'avait eu pour résultat de la faire reconnaître. Il lui fallait un directeur. Gehr alla à Berlin et à Halle pour se concerter là-dessus avec les chefs du piétisme. Il découvrit, grâce à Spener, l'homme qui convenait merveilleusement. J. H. Lysius n'avait pas seulement les vertus administratives et pédagogiques qui devaient assurer le progrès de l'institution naissante ; il avait encore les qualités d'intelligence et l'étendue du savoir qui ne pouvaient qu'ajouter considérablement au prestige de sa fonction. Avant de prendre possession de son poste de directeur, il s'était familiarisé sur place avec le régime scolaire que Francke avait établi à Halle, et c'est dans le même sens que lui-même exerça son activité réformatrice. La nouvelle école, bientôt érigée en gymnase, faisait de l'instruction religieuse, approfondie et perfectionnée, l'essentiel de l'enseignement ; en même temps elle était la première, parmi les écoles de Kœnigsberg, à admettre des matières d'études telles que l'histoire, la géographie et les mathématiques. De plus en plus fréquentée, elle projetait puissamment, bien au delà du cercle des élèves, l'esprit qu'elle avait été destinée à répandre. Le zèle religieux de Lysius, son amour de la vérité, sa tolérance faisaient rayonner le piétisme sur toute la ville. L'opposition de l'orthodoxie luthérienne, comme celle de la scolastique étaient de plus en plus réduites.

Une autre opposition toutefois s'annonçait, et plus redoutable, sinon pour le présent, du moins pour l'avenir. La philosophie de Wolff était apparue à Kœnigsberg. Ceux qui les premiers la représentèrent, J.-H. Kreuschner, G.-H. Rast, C.-G. Marquardt, Chr.-Fr. Baumgarten, N.-E. Fromm, ne prirent certes pas à l'égard du piétisme une attitude hostile, et d'autre part, telle était la souveraineté de la domination piétiste que malgré leur modération aucun d'eux ne réussit à obtenir le titre de professeur ordinaire. Cependant l'antagonisme latent des deux tendances finit par se manifester. Un professeur extraordinaire de physique, Chr. Gabr. Fischer, qui était d'abord entré à l'Université en ennemi de Leibniz et de Wolff, s'était converti dans la suite à la philosophie wolffienne ; juste au moment où Wolff venait d'être exilé de Halle, où ses disciples de Kœnigsberg n'osaient ni prononcer son nom, ni rappeler le titre de ses œuvres, Fischer, avec une imprudence qui eût été plus généreuse si elle n'avait été surtout inspirée par un besoin de provocation, avait fait ouvertement profession de la doctrine et parlé sans ménagements des cercles piétistes de la ville. Un ordre du cabinet, de 1725, qui alléguait principalement contre lui son attachement aux « mauvais principes » de Wolff, lui intima l'ordre de quitter Kœnigsberg dans les 24 heures, la Prusse dans les 48 heures. Cette mesure ne rappelait que trop celle qui avait été exécutée à Halle. Elle fut suivie à Kœnigsberg d'un abaissement notable dans l'enseignement philosophique et scientifique de l'Université. Le rationalisme était en mauvaise posture : il aurait eu sans doute beaucoup de peine à se redresser contre le piétisme ; ce fut le piétisme lui-même qui vint le relever, grâce à l'action considérable d'un homme dont la riche et vigoureuse personnalité s'était développée par l'union harmonieuse des deux disciplines rivales, d'un homme qui fut pendant de longues années comme le directeur spirituel de Kœnigsberg, Franz Albert Schultz.

Schultz était arrivé comme pasteur à Kœnigsberg en 1731. Il avait alors 39 ans. A l'Université de Halle où il avait étudié la théologie, il avait fortement trempé ses convictions piétistes ; mais comme il s'intéressait aussi aux mathématiques et à la philosophie, il avait suivi en même temps avec beaucoup de zèle les leçons de Wolff, qui jusqu'alors d'ailleurs n'avait pas eu l'occasion d'éveiller les soupçons des théologiens. Des deux côtés il était fort estimé. En 1717, pour prévenir le conflit déjà menaçant, il avait ménagé chez lui une entrevue entre Lange et Wolff. Il continua à être considéré avec la même sympathie par les deux partis pendant et après la fameuse querelle. Les piétistes lui proposaient un enseignement théologique à Halle, Wolff se faisait fort de lui procurer un enseignement philosophique à Francfort sur l'Oder. S'il n'accepta pas ces ouvertures, s'il se complut dans des fonctions plus actives, comme celles d'aumônier militaire ou de premier pasteur, ce n'était pas seulement parce qu'il craignait de se jeter au milieu de disputes encore tout ardentes, c'était encore parce qu'il éprouvait le besoin de préserver de toute agitation vaine cette activité calme et persévérante qu'il sentait créée en lui pour réformer et organiser. Kœnigsberg lui offrit à souhait le milieu et les situations, où ses rares qualités d'administrateur, son esprit de prosélytisme, pouvaient se déployer à l'aise sans lui imposer le sacrifice de ses goûts pour la science et l'enseignement ; dans l'espace de quelques années, il était nommé professeur de théologie et membre du sénat de l'Université ; il était chargé, après la mort de Rogall, qui avait occupé peu de temps la succession de Lysius, de la direction du collège Frédéric ; il était élevé à la dignité de conseiller ecclésiastique et d'inspecteur général des églises, des écoles et des hospices du royaume de Prusse ; il avait enfin la confiance du roi Frédéric-Guillaume Ier.

Tous ces honneurs ne faisaient que consacrer une grande autorité morale, très légitimement acquise. Schultz devait le succès de sa prédication, de sa propagande religieuse et morale uniquement à l'ardeur de sa foi, à la noblesse de son caractère et de son intelligence, à la sévérité de sa propre vie, à sa sollicitude vigilante pour les membres de la communauté qu'il dirigeait. « Grand Dieu ! quel prédicateur c'était ! disait de lui son élève Trescho. Quand je pense à cette éloquence pleine d'onction, sans apprêt, qui eût

ébranlé des rochers ! Il vous prenait l'âme, vous pénétrait jusque dans la moelle des os. Pas plus qu'on ne peut, l'œil ouvert, échapper à l'éblouissement de l'éclair, on ne pouvait échapper à la puissance qu'il avait d'émouvoir[1]. »
Il était pleinement l'homme de son ministère. Il travaillait sans relâche à convertir les consciences égarées, à éveiller dans les consciences droites le sentiment d'une perfection toujours plus haute à poursuivre ; c'était surtout par l'autorité de la discipline morale qu'il les excitait à la pensée de leur salut. Il allait à elles, non par des formules générales et lointaines, mais de sa personne, multipliant volontiers les visites et les relations directes : de là vint l'intérêt tout particulier qu'il témoigna à la famille de Kant. Au collège Frédéric, il veilla à ce que les études fussent aussi solidement organisées que possible : il sut y attirer les maîtres les plus distingués, comme Schiffert, réputé pour sa grande valeur pédagogique, comme Heidenreich, dont Kant se rappelait plus tard avec reconnaissance l'enseignement philologique, comme Borowski, comme Herder : ce fut sous lui que le collège s'éleva à sa plus haute prospérité. Mais il s'appliquait surtout à maintenir en vigueur la règle d'après laquelle les élèves devaient être sans cesse avertis que leurs études se faisaient sous le regard de Dieu partout présent ; les instructions religieuses, les exhortations à la vie intérieure, les pratiques de dévotion occupaient une très grande place dans le programme et le régime du collège, devenu par ses soins une sorte d'établissement modèle du piétisme.

Est-ce cette tendance prédominante au gouvernement des âmes et à l'action qui l'avait porté à se ménager l'usage de toutes les ressources spirituelles que lui offraient ensemble piétisme et rationalisme ? Toujours est-il qu'au lieu de lui découvrir leur antinomie les deux conceptions s'étaient accordées en lui sans préjudice apparent pour

[1]. Dans Benno Erdmann, *op. cit.*, p. 29.

aucune d'elles. Cet accord, s'il pouvait susciter des objections théoriques, avait du moins l'intérêt de donner en exemple une conscience ouverte également aux nécessités de la pensée scientifique et à un sentiment en quelque sorte direct et populaire de la vie morale et religieuse. Schultz n'était pas sans doute le seul, ni le premier à essayer une conciliation de ce genre ; à Halle, Sigm. J. Baumgarten, le frère aîné du philosophe, en avait eu la pensée ; mais il n'était, à vrai dire, ni complètement piétiste, ni complètement wolffien. Schultz, au contraire, acceptait tout l'essentiel du piétisme, notamment l'idée du réveil des âmes et de la conversion subite, que Baumgarten repoussait, et d'autre part il adhérait entièrement à l'esprit et à la méthode de la philosophie de Wolff. Par là il ajouta de lui-même à la doctrine et aux croyances qu'il avait faites siennes, et ce qu'il contribua à propager fut original. A quel point il entrait dans le sens de la discipline wolffienne, on le voit par le propos prêté à Wolff : « Si quelqu'un m'a jamais compris, c'est Schultz de Kœnigsberg » ; et Hippel qui rapporte ce témoignage disait de lui à son tour : « Cet homme extraordinaire m'apprenait à connaître la théologie sous un tout autre aspect ; il y introduisait tant de philosophie que l'on ne pouvait s'empêcher de croire que le Christ et les Apôtres avaient tous étudié sous Wolff, à Halle [1]. » Au fait, tandis que Lysius dénonçait encore volontiers la corruption de la raison, Schultz s'appliquait à montrer que si la raison est incapable de découvrir par elle seule les vérités de l'Évangile, son impuissance là-dessus résulte non pas d'un état de perversion radicale, mais de la nature même de ces vérités qui sont hors de la portée de notre connaissance. La raison n'est l'ennemie de la foi qu'autant qu'elle repousse de parti pris ce qui ne peut pas être saisi au moyen de ses concepts ; mais comme puissance naturelle d'atteindre le vrai, elle

---

1. Dans Benno Erdmann, *op. cit.*, p. 26-27.

peut être le meilleur auxiliaire de la foi, car elle dispose l'homme à admettre ce que la révélation lui enseigne. En outre elle fournit à la théologie, considérée comme science de la religion, l'instrument dont elle doit se servir; la théologie en effet doit être traitée scientifiquement, c'est-à-dire selon une méthode mathématique ou strictement logique, et Schultz, dans sa Dogmatique, se pliait entièrement à ces exigences de rigueur formelle. Ainsi, outre que la raison est capable de constituer une théologie naturelle, là même où par ses seuls moyens elle ne peut découvrir la vérité, dans les matières de la théologie révélée, elle définit souverainement les règles de l'exposition et de l'explication ; de plus, elle garde le droit d'interdire tout recours au surnaturel, là où les ressources de la nature suffisent. De la sorte, Schultz empêchait le piétisme de céder aux tendances mystiques qui le travaillaient; il employait également son sens de la vie pratique et son goût des pensées rationnelles à extirper ces semences de dérèglement que Lysius avait trop ménagées ; il était, au témoignage de Borowski, l'ennemi déclaré de l'exaltation visionnaire et fanatique, de la *Schwärmerei*[1]. Il prétendait faire de la théologie une source de motifs pour la détermination de la volonté plutôt qu'un prétexte à la contemplation. S'il voyait dans la religion le principe suprême de la moralité, il affirmait avec insistance que la moralité est le seul signe certain de la vraie foi. Le Christ est venu nous délivrer du joug des lois extérieures pour ne nous enchaîner qu'à une loi tout intérieure, la loi morale, dont chaque commandement vaut par sa bonté intrinsèque[2]. Cette loi est d'ailleurs en elle-même pleinement conforme à la raison ; si bien que, même venue de Dieu, elle n'agit pas sur nous par une contrainte extérieure.

Tel était l'esprit que Schultz faisait prévaloir sous des

---

[1]. Dans Benno Erdmann, *op. cit.*, p. 47.
[2]. Dans Hollmann, *loc. cit.*, p. 71.

formes appropriées aux multiples fonctions qu'il occupait. Si sa grande autorité n'était pas sans causer quelque ombrage, et même sans paraître oppressive à quelques-uns, elle ne rencontra pas cependant d'opposition sérieuse jusque vers 1740. L'avènement de Frédéric le Grand, adversaire très décidé des piétistes, parut fournir aux orthodoxes l'occasion longtemps attendue d'une revanche ; un prédicateur en renom, Quandt, se mit à leur tête pour demander l'expulsion de Schultz et de ses partisans ; la sottise des griefs articulés dut contribuer à l'échec de la requête. Pourtant aux élections pour le rectorat qui suivirent, Quandt fut préféré à Schultz. Ce qui fut beaucoup plus grave que cet amoindrissement d'abord peu sensible d'influence, ce fut la lutte que Schultz eut à soutenir contre Fischer. Autorisé après bien des vicissitudes à rentrer à Kœnisberg moyennant promesse de soumission à la vérité chrétienne, Fischer n'avait pu s'empêcher, au moment qui lui avait paru propice, de rompre le pacte par la publication d'un ouvrage, où sous prétexte de développer le wolffianisme, il combattait ou dénaturait des dogmes tels que celui de chute, celui de la divinité du Christ, où il énonçait des thèses très proches du spinozisme. Schultz dut provoquer les poursuites qui aboutirent à la condamnation et à l'interdiction du livre. Ce faisant, il restait fidèle à sa manière de concevoir les rapports du rationalisme wolffien et de la religion ; mais sa victoire attestait plus la survivance de son crédit moral que la solidité durable de son œuvre intellectuelle. Le rationalisme philosophique se manifestait auprès de lui non plus comme un allié, ni comme un voisin indifférent, mais comme un ennemi de la foi. Visiblement, il allait être engagé dans l'inflexible déduction de ses conséquences par un mouvement d'opinion plus fort que les censures officielles de quelques théologiens. La rentrée en scène de Fischer était bien le signe de temps nouveaux.

Toutefois, la pensée de Schultz avait marqué de fortes

empreintes ; parmi les esprits qu'elle avait profondément pénétrés se trouvait ce Martin Knutzen qui fut à l'Université le maître préféré de Kant[1]. Ainsi que Schultz, Knutzen se proposait l'accord de la doctrine de Wolff et du piétisme ; seulement, tandis que Schultz était surtout un théologien qui inclinait vers la philosophie, Knutzen était surtout un philosophe qui inclinait vers les problèmes religieux. D'une curiosité plus libre et d'un tempérament moins porté à l'action, il considérait également le christianisme et les vérités morales qui en découlent comme pleinement compatibles avec les conclusions de la recherche spéculative. Sa dissertation *de aeternitate mundi impossibili* (1733), évidemment inspirée par Schultz, exprimait surtout les réserves du chrétien en un sujet sur lequel Wolff avait inquiété les consciences ; mais elle usait plus de l'argumentation philosophique que de l'argumentation théologique. Dans sa *Commentatio philosophica de commercio mentis et corporis per influxum physicum explicando* (1735), il abordait l'examen de cette idée leibnizienne de l'harmonie préétablie qui, mal interprétée et faiblement défendue par Wolff, avait été pourtant retournée contre lui par ses adversaires piétistes comme inconciliable avec cet enseignement de la foi par la prédication et l'audition dont parle saint Paul. Malgré l'interdit qui pesait encore sur Wolff et sa doctrine, malgré la puissance des raisons qui lui faisaient dans ce travail même préférer l'idée de l'influx physique à celle de l'harmonie préétablie, Knutzen ne s'en donnait pas moins pour un disciple de Wolff. Mais c'était en toute indépendance d'esprit qu'il s'attachait à la philosophie wolffienne ; l'étude très étendue qu'il avait faite des diverses sciences, la connaissance approfondie qu'il avait notamment de la physique newtonienne le poussaient à plus d'une dissidence, et la deuxième édition de sa *Commentatio de commercio mentis et corporis* parue en 1745

---

1. Benno Erdmann, *op. cit.*, p. 1-10, p. 48-129.

sous le titre de *Systema causarum efficientium* achevait de déterminer une notion de la causalité qui rapprochait les conceptions de Leibnitz de celles de Newton. Pour ce qui était des questions religieuses, il les traitait en se servant de Wolff à la façon de Schultz. Sa *Démonstration philosophique de la vérité de la religion chrétienne* (1740) qui vise particulièrement les déistes anglais, Toland, Tindal, est conduite selon la méthode géométrique; elle se développe par définitions, théorèmes et corollaires. Mais le contenu révèle encore plus que la forme le rôle important attribué à la raison. C'est en effet la raison qui est chargée d'établir la nécessité d'une révélation divine, et qui l'établit par la reconnaissance des caractères que doit présenter pour nous délivrer du péché une expiation salutaire; les moyens purement humains, repentir, amélioration de la conduite, pratiques rituelles, sont insuffisants. Ce qu'il faut, c'est un acte expiatoire qui soit adéquat à l'infini de la faute, qui relève par là la créature déchue, et dont la pensée, constamment renouvelée en l'homme, soit efficace pour le détourner du mal. La révélation enseigne, avec le mystère de la rédemption, ce que la raison réclame tout en étant impuissante à le concevoir. Ce n'est pas là seulement le fonds dogmatique du christianisme que Knutzen tente ainsi de justifier, c'en est aussi la signification morale, sous la forme spéciale dont le piétisme l'affectait. La réalité du péché, la nécessité d'une régénération sont deux affirmations essentielles à l'intelligence et à la direction de la vie. Mais, comme Schultz, Knutzen réprouve ces élans aveugles d'imagination et ces raffinements maladifs de conscience auxquels trop souvent le piétisme se livrait; il condamne aussi énergiquement ces pratiques de mortification qui empêchent l'homme de servir Dieu et ses semblables; il ne veut pas de contemplation quiétiste qui détourne d'agir.

Schultz et Knutzen témoignaient donc de la possibilité d'unir les deux grandes dispositions entre lesquelles s'étaient ailleurs de plus en plus partagés les esprits : d'un côté une foi religieuse susceptible de se convertir très directement en foi pratique et de s'exprimer par les actes de moralité les plus purs au regard même du jugement humain; d'autre part, une acceptation sincère des droits de la raison appelée en garantie, non seulement des disciplines scientifiques, mais encore, dans une large mesure, de ce qui, dans les vérités révélées, dépasse notre entendement. A coup sûr, leur éclectisme discernait mal les principes qui pouvaient servir à marquer à la fois les limites respectives et l'accord des connaissances théoriques et des affirmations religieuses ou morales; mais il enveloppait au moins un problème de portée considérable, dont le sens, s'il n'est pas entièrement dérivé d'eux, se rattache pour une bonne part à leur action, et dont le clair énoncé devait résoudre en le dépassant, non en la réduisant, l'opposition du piétisme et du rationalisme.

CHAPITRE II

LA PERSONNALITÉ MORALE ET INTELLECTUELLE DE KANT

Les traits de la physionomie intellectuelle et morale de Kant sont tellement empreints dans sa doctrine que, pour les fixer, la plupart de ses biographes semblent reproduire ou commenter des formules de ses œuvres. Ce n'est pas à dire que le système reflète simplement la personnalité de son auteur, car cette personnalité s'est elle-même formée par la méditation du système. Kant a imposé à sa vie la même organisation méthodique qu'à ses idées ; s'il a paru rester docile à certaines influences d'éducation et de milieu, c'est qu'à la réflexion et à l'épreuve il avait jugé bon de les accepter. Une certaine inflexibilité de son caractère, qui s'est marquée au dehors par des assertions rigides, a pu porter à croire que sa pensée, surtout en matière morale, manquait de compréhension ou d'impartialité ; et assurément il est permis d'estimer que sa conception de la moralité n'est qu'un moment abstrait, quelque important qu'il soit, dans le développement d'une philosophie pratique complète. Mais la mise en relief et l'exclusive détermination de certains concepts jusqu'alors imparfaitement compris ne sont-elles pas une exigence du progrès philosophique autant et plus que le signe d'une radicale subjectivité ? La personnalité de Kant ne s'est pas mêlée en intruse à son effort pour découvrir le vrai : elle a été avant tout la volonté et la conscience de cet effort, soumise à la même loi et tournée vers la même fin.

* * *

On sait quels exemples Kant eut d'abord sous les yeux : un père de condition modeste, d'instruction brève, mais d'intelligence droite, d'activité laborieuse, d'honnêteté sévère, ennemi de tout compromis et de tout mensonge ; une mère de grand esprit naturel et de grande noblesse de sentiment, très pénétrée de sa foi piétiste, mais sans superstition et sans fanatisme[1]. Kant reconnaissait avec émotion tout ce qu'il devait à cette éducation du foyer. « Jamais, au grand jamais, disait-il, je n'ai rien eu à entendre de mes parents qui fût contre les convenances, rien à voir qui fût contre la dignité[2] ». A sa mère surtout il fut toujours lié, non seulement par toute la tendresse et la gratitude de son cœur, mais encore par les dispositions morales profondes qu'en lui il sentait venir d'elle. Il laissait Borowski écrire que cette obligation de la raison pratique, selon laquelle nous devons travailler à notre sainteté, il en avait eu de bonne heure par sa mère la révélation typique[3]. En con-

---

1. Borowski, *Darstellung des Lebens und Charakters Immanuel Kant's*, 1804, p. 21-24. — Jachmann, *Immanuel Kant geschildert in Briefen an einen Freund*, 1804, p. 98-100. — Wasianski, *Immanuel Kant in seinen letzten Lebensjahren*, 1804, dans Hoffmann, *Immanuel Kant, Ein Lebensbild nach Darstellungen seiner Zeitgenossen*, 1902, p. 341-345. — Schubert, *Immanuel Kant's Biographie*, 1842, dans l'édition des Œuvres de Kant par Rosenkranz et Schubert, XI, 2, p. 14-17.
2. Borowski, p. 24.
3. Borowski, p. 23. — « Ma mère, se plaisait à dire Kant, était une femme affectueuse, riche de sentiment, pieuse et probe, une mère tendre qui par de pieux enseignements et l'exemple de la vertu conduisait ses enfants à la crainte de Dieu. Elle m'emmenait souvent hors de la ville, attirait mon attention sur les œuvres de Dieu, s'exprimait avec de pieux ravissements sur sa toute-puissance, sa sagesse, sa bonté, et gravait dans mon cœur un profond respect pour le Créateur de toutes choses. Je n'oublierai jamais ma mère ; car elle a déposé et fait croître le premier germe du bien en moi ; elle ouvrait mon cœur aux impressions de la nature ; elle excitait et élargissait mes idées, et ses enseignements ont eu sur ma vie une influence salutaire toujours persistante. » Jachmann, p. 99-100.

fiant à Schultz, pour qui elle avait une vénération extrême, le soin de diriger l'éducation d'Emmanuel, la mère de Kant savait bien que l'enfance et la jeunesse de son fils seraient entretenues dans le respect des choses morales et religieuses. Au fait, Kant subit avec admiration l'ascendant de Schultz, et il garda de cette influence qui s'était prolongée du collège à l'Université un tel souvenir, que maintes fois dans ses dernières années il regretta de n'avoir pas rendu à son maître quelque hommage solennel[1]. Cependant il avait peu de goût pour ces pratiques de dévotion multipliées et minutieuses dont le piétisme avait composé pour une large part le régime du collège[2]; il aurait dit plus tard à Hippel qu'« il se sentait envahi par la terreur et l'angoisse toutes les fois qu'il se mettait à se rappeler cet esclavage de jeunesse[3] ». Ce qui paraît certain, c'est qu'il fut de plus en plus enclin à dégager ses convictions religieuses et morales de tout formalisme extérieur[4]. A quel point même il fut disposé à réagir contre tout ce qui lui semblait dans les pratiques de la foi dénaturer, par surérogation illusoire ou par corruption, le pur commandement de la moralité, on peut le comprendre par la critique qu'à plusieurs reprises il a faite de la prière[5].

1. Borowski, p. 150-152. — Wasianski, *loc. cit.*, p. 340-341.
2. Borowski, p. 25-26.
3. Hippel in Schlichtegrolls *Nekrolog*, p. 238, cité par Benno Erdmann, *Martin Knutzen*, p. 133. — A rapprocher ce témoignage de celui de son condisciple Ruhnken qui lui écrivait le 10 mars 1771 : « Anni triginta sunt lapsi, cum uterque tetrica illa quidem, sed utili tamen nec poenitenda fanaticorum disciplina continebamur. » Cité d'après Rink par Schubert, p. 21.
4. Jachmann, p. 119.
5. La prière, selon la *Religion dans les limites de la simple raison*, est un acte de fétichisme dès que l'on croit par elle exercer une influence sur les desseins de Dieu. A quoi sert du reste d'exprimer des vœux à un Etre qui n'a pas besoin de ces formules pour connaître nos désirs ? La prière formelle suppose un Dieu dont on aurait une certitude sensible et qui serait capable de dévier de son plan. Ce qui est légitime et bon, c'est le véritable esprit de prière dans lequel on doit vivre sans cesse, et qui n'est que la sincère disposition intérieure à se bien conduire, en se servant, non pas de Dieu pour ses désirs, mais de l'idée de Dieu pour l'affermissement de sa résolution. A la rigueur la prière formelle peut aider à éveiller l'esprit de prière ; mais ce moyen ne vaut que par son utilité toute relative et momentanée ; il ne saurait être

Nous savons aujourd'hui que s'il écouta à l'Université la Dogmatique de Schultz, il ne fut pas un étudiant régulier en théologie [1]. Son émancipation à l'égard de tout acte de culte pouvait même faire soupçonner ses croyances intimes, s'il est vrai que Schultz un jour, avant de prendre en main sa candidature à une place vacante à l'Université, lui ait posé gravement cette question : « Craignez-vous bien Dieu du fond du cœur [2] ? » Cependant la foi en Dieu et en la Providence fut une des convictions les plus fortes et les plus constantes de sa vie. Du piétisme même Kant retint la pure inspiration morale, la conscience de la discipline obligatoire, de la loi plutôt répressive qu'impulsive, le sentiment du mal à vaincre [3]. Il ne cessa de louer chez ceux qui en faisaient sincèrement profession l'esprit de paix et de justice. Il disait à Rink : « On peut dire du piétisme ce que l'on voudra ; c'est assez que les gens pour qui il était une chose sérieuse eussent une façon de se distinguer digne de vénération. Ils possédaient le bien le plus haut que l'homme puisse posséder, ce calme, cette sérénité, cette paix intérieure qu'aucune passion ne saurait troubler. Aucune peine, aucune persécution n'altérait leur humeur, aucun différend n'était capable de les induire à la colère et à l'inimitié. En un mot, même le simple observateur eût été involontairement porté au respect [4]. » Il repoussa du

érigé en fin. L'oraison dominicale, telle qu'elle est dans l'Evangile, est l'abolition de la prière formelle; elle ne contient essentiellement que le vœu de devenir un membre toujours meilleur du royaume des cieux, VI, p. 294-297. — Dans le cinquième des *Sieben Kleine Aufsätze*, qui a pour titre *Vom Gebet*, Kant soutient que quiconque a fait de grands progrès dans le bien doit par loyauté même cesser de prier; car sa prosopopée à un Dieu qui est postulé, non démontré, serait hypocrisie. IV, p. 505-506.

1. Sur cette question, v. Benno Erdmann, *Martin Knutzen und seine Zeit*, p. 133-139, note, et Emil Arnoldt, *Kants Jugend und die fünf ersten Jahre seiner Privatdocentur*, Altpreussische Monatsschrift, XVIII, p 626-631, qui, malgré des divergences, ont contribué chacun à détruire la légende erronée dont l'origine est dans Borowski, p. 31, note, et dans Schubert, p. 25-30.
2. Borowski, p. 35.
3. Cf. E. Feuerlein, *Kant und der Pietismus*, Philosophische Monatshefte, XIX, 1883, p. 449-463.
4. Rink, *Ansichten aus J. Kant's Leben*, p. 13, cité par Schubert, p. 16.

piétisme tout ce qui, dans l'appareil des moyens et des effets de la grâce, offusquait en lui l'idée d'une liberté intérieure, principe suffisant de toute conversion, et d'une moralité autonome, critère souverain de la valeur des actes ; il condamna la tendance servile à justifier, sous le nom de piété, le renoncement à l'efficace de l'opération humaine contre le mal et l'attente passive de l'intervention surnaturelle[1] ; mais à mesure qu'il s'appliqua davantage à présenter l'interprétation religieuse de son criticisme, il fut plus disposé à ressaisir, pour l'incorporer à sa pensée philosophique, cette idée de la nécessité d'une régénération radicale, sur laquelle le piétisme avait tant insisté[2]. Ses maîtres piétistes, nous l'avons vu, tâchaient de soustraire les consciences à la fascination du mysticisme visionnaire.

1. *Die Religion innerhalb der Grenzen der blossen Vernunft*, VI, p. 284, note.
2. En pleine possession de sa doctrine morale et religieuse, Kant a dans le *Conflit des Facultés* expliqué le discrédit qui avait souvent frappé les piétistes, et marqué aussi la signification du piétisme par rapport à sa propre conception. Ce que l'on a voulu atteindre chez les piétistes, par cette appellation quelque peu méprisante dont on s'est servi pour les désigner, ce n'est pas la piété, c'est, sous une fausse apparence d'humilité, leur orgueilleuse prétention à se donner pour les enfants surnaturels du ciel, tandis que leur conduite, autant qu'il était possible d'en juger, ne révélait chez eux aucune supériorité sur les simples enfants de la terre. Quant à la doctrine même de Spener et de Francke, si elle a mal résolu le problème religieux, elle l'a du moins bien posé : le « brave » Spener a eu le mérite de soutenir, à l'indignation des orthodoxes, que l'homme n'a pas seulement à devenir meilleur, qu'il a à devenir autre, c'est-à-dire à se convertir dans son fond, et que ce n'est pas à la fidélité doctrinale pas plus qu'à la stricte observance qu'il appartient de produire cette radicale rénovation intérieure. Mais ayant à tort considéré que ce qui est suprasensible est supranaturel, il a cru que seule une mystérieuse opération de la grâce divine pouvait mettre fin à la conscience angoissante du mal, ainsi qu'à la lutte du mal et du bien dans le cœur de l'homme. Il suit de là que la crise décisive par laquelle se crée l'homme nouveau selon la volonté de Dieu n'est pas le résultat d'un acte de l'homme ; il faut un miracle pour accomplir ce qui finalement est conforme à la raison. Or comment obtenir le miracle ? Par la prière faite avec foi ? Mais celle-ci est une grâce, nécessaire par conséquent pour conquérir la grâce : on est enfermé dans un cercle sans issue. En réalité, l'action du suprasensible sur notre vie empirique ne doit pas nous être étrangère ; elle doit être, non pas mystiquement représentée comme une influence de Dieu, mais pratiquement conçue comme l'opération de notre liberté. Il n'en reste pas moins, avec ces considérables réserves, que Kant a fini par retrouver et par placer au principe de sa philosophie religieuse l'idée du mal radical et de la régénération essentielle, telle que le piétisme l'enseignait. — *Der Streit der Facultäten*, VII, p. 371-376.

Dans ce sens Kant abonda naturellement plus qu'eux encore : et s'il n'est pas impossible de découvrir l'influence d'une sorte de mysticisme sur le développement de sa pensée[1], on ne saurait nier que, pour atteindre aux sources de la spiritualité, il ait refusé de plus en plus de remonter, par des pressentiments ou des intuitions, au delà de la vérité pure constituée pour lui par l'union de ces deux principes : la liberté et la loi.

* * *

L'union de la liberté et de la loi : voilà ce qui fut, en même temps que le thème essentiel de ses spéculations morales, le trait caractéristique de sa personnalité. Pour ceux qui l'approchèrent, il était l'homme qui n'agit en tout que selon sa conviction propre, mais qui rapporte aussi sa conviction à des maximes certaines, clairement définies et solidement éprouvées. Il avait eu de bonne heure un goût de l'indépendance, qui lui faisait trouver un plaisir singulier à ne rien devoir à autrui, et qui écartait avec une défiance jalouse toute tentative d'empiétement d'une volonté étrangère sur la sienne[2]. Il ne faisait que ce qu'il voulait ; mais il voulait, autant que possible, ne rien laisser dans la vie qui ne fût réglé par des principes fermes ; pour toutes les circonstances, grandes ou petites, il estimait d'avance qu'il y avait une conduite à tenir, qui était la bonne[3]. La régularité bien connue de son existence extérieure était pleinement préméditée de sa part ; et si la faiblesse de l'âge ne laissa plus sur le tard apparaître chez lui que l'automatisme des habitudes contractées, c'était l'intelligence la plus vigoureuse, la plus maîtresse d'elle-même, qui avait tout d'abord décrété cette discipline. Dans cette minutieuse organisation de l'activité quotidienne comment

---

1. Voir plus loin, première partie, chapitre II.
2. Jachmann, p. 65-66, p. 71.
3. Borowski, p. 108-109. — Wasianski, *loc. cit.*, p. 322.

ne pas la reconnaître, puisque c'était visiblement pour le plus complet emploi de ses forces et la meilleure économie de ses ressources qu'elle avait tout disposé? Lui qui devait découvrir, en le marquant d'attributs irréductibles, ce qu'il appelait l'usage *pratique pur* de la raison, il croyait cependant que l'usage *pragmatique* de cette même raison en révèle déjà la puissance et en consacre déjà les droits. Il dut en faire au soin de sa santé une première et constante application. De constitution débile, sans cesse exposé à la souffrance, il voulut se rendre compte de l'état de son organisme, et il se proposa d'échapper, par un régime qu'il s'était lui-même fixé, à l'assistance extérieure de la médecine. Il aimait à dire que sa santé, que sa longévité était son œuvre [1]. Il ne résista pas au plaisir de se rendre publiquement ce témoignage en insérant dans le *Conflit des Facultés* la lettre qu'il avait écrite au médecin Hufeland sur la *puissance qu'a l'âme d'être par la simple volonté maîtresse de ses sentiments maladifs*. Il dissimulait mal la fierté qu'il avait à exalter, sous l'apparence ironique d'un blâme, cet art « de ne pas faire place au monde plus jeune qui s'efforce d'arriver », « d'apporter par son exemple la confusion dans les tables de mortalité où l'on fait état cependant de la fin de ceux qui sont plus faibles de tempérament et de la durée probable de leur vie [2] ». En vertu de son expérience, il jugeait donc possible de mettre sous l'empire de la volonté ce que les hommes par ignorance et par absence d'hygiène raisonnable avaient laissé sous l'empire du destin ; il concevait une « règle diététique universelle selon laquelle la raison exerce un pouvoir curatif immédiat et par laquelle les formules thérapeutiques de l'officine pourraient être un jour supplantées [3]. » Et tout en entrant dans le détail de certaines prescriptions, il insistait sur la signification nouvelle que prenait pour lui le précepte stoïcien

---

1. Borowski, p. 112-113. — Wasianski, p. 309. — Schubert. p. 178.
2. *Der Streit der Facultäten*, VII, p. 426.
3. *Ibid.*

« *sustine et abstine* », érigé ainsi en principe, non plus seulement de la morale, mais encore de la médecine rationnelle[1].

Ses biographes à l'envi ont vanté la joyeuse vivacité de son humeur[2]. Mais elle semble avoir été chez lui une acquisition de la volonté bien plus qu'un don de la nature. Il a raconté lui-même comment, prédisposé à l'hypocondrie par sa constitution organique, il avait triomphé des images obsédantes qui lui représentaient démesurément son mal et substitué peu à peu à la versatilité inquiète de ses sensations le calme indifférent et même la sérénité souriante de l'âme[3]. C'est sans doute en souvenir de la lutte victorieusement soutenue contre son tempérament que dans ses *Observations sur le sentiment du beau et du sublime*, il a glorifié, en donnant à ce mot un sens quelque peu singulier, le mélancolique, c'est-à-dire comme il l'explique, l'homme capable d'opposer avec succès aux multiples causes de variation et d'incertitude qui peuvent plus ou moins capricieusement l'affecter la constance réfléchie de son jugement et de son caractère[4]. A un tel homme, remarquait-il, l'amitié est un sentiment qui convient particulièrement. Au fait, il cultiva l'amitié avec cette fidélité inflexible qui dénonçait à ses yeux moins l'influence irrésistible d'une affection naturelle que la responsabilité directe d'un libre engagement. Il entendait que la première vertu de l'amitié fût la sincérité et que le premier effet en fût la confiance réciproque. Pourtant il n'était pas sans ajouter à cette loyauté quelque tendresse. Il participait avec une sollicitude toujours en éveil et plus d'une fois agissante aux soins, aux intérêts, aux sentiments de ses amis : la perte de l'un d'eux était pour lui le plus vif des chagrins ; seule l'exacte régularité de son

---

1. *Der Streit der Facultäten*, VII, p. 413.
2. V. surtout Jachmann, p. 47-48.
3. *Der Streit der Facultäten*, VII, p. 415-416.
4. *Beobachtungen über das Gefühl des Schönen und Erhabenen*, II, p. 242-244. V. plus loin, 1re partie, chap. II. — Cf. Vaihinger, *Kant als Melancholiker*, Kantstudien, II, p. 139-141.

travail pouvait l'arracher aux pensées tristes qui l'occupaient alors. Son petit cercle d'amis et d'invités étant sa plus chère habitude, il voulait s'épargner la douleur de le voir se restreindre par la mort, et il avait la précaution d'y introduire de nouvelles recrues. Il ne croyait pas d'ailleurs indispensable de composer sa société particulière d'esprits tournés vers les mêmes spéculations que lui ; il pratiqua une autre amitié que l'amitié purement intellectuelle du « sage » qui ne peut se lier qu'avec son pareil ; plus que les philosophes en général, il croyait aux lumières de l'esprit naturel et du bon sens, surtout pour juger des événements quotidiens et des choses de la vie [1]. Il avait donc choisi ses amis parmi d'honorables bourgeois de la ville, hommes d'affaires, fonctionnaires publics, négociants. Il les conviait fréquemment à des repas, combinés autant que possible selon cette maxime, que le nombre des invités ne doit pas être au-dessous du nombre des Grâces ni au-dessus de celui des Muses. Il se plaisait à l'extrême variété des sujets d'entretien, à laquelle la merveilleuse richesse de ses connaissances lui permettait de faire face. Il tenait à ce que la conversation fût à la fois animée et courtoise, ne pouvant souffrir les moments de calme plat ni les expositions doctorales, mais prisant fort l'aménité des manières, et s'accommodant mal de cette promptitude à disputer et à contredire qui est un commencement d'offense. S'il ne détestait pas une pointe de satire, c'était sans amertume et sans malice [2]. Il aimait mieux voir en tout le bien que le mal ; il ne manquait jamais dans le fond à cette bienveillance qu'il jugeait due à tout homme. Il se défendait énergiquement d'avoir jamais voulu causer à autrui quelque peine ou quelque dommage. « Messieurs, disait-il un jour, selon ce que rap-

---

1. Borowski, p. 127-134. — Jachmann, p. 75-92. — Schubert, p. 192. — Wasianski, p. 293-299.
2. Wald, *Gedächtnissrede auf Kant*, in Reicke, *Kantiana*, p. 14-15. — Schubert, p. 178, p. 182. — Cf. D. Minden, *Der Humor Kant's im Verkehr und in seinen Schriften*.

porte Wasianski, je ne crains pas la mort, je saurai mourir. Je vous assure devant Dieu que si je sentais cette nuit que je vais mourir, je lèverais les mains jointes et je dirais : Dieu soit loué ! Mais si un mauvais démon se plantait sur moi et me soufflait à l'oreille : Tu as rendu un homme malheureux, oh ! alors ce serait tout autre chose[1]. »

Ces vertus de politesse, de bienveillance et d'équité relevaient d'une disposition plus intime, qui était le respect et même, une fois le mot épuré de toute signification « pathologique », l'amour de l'humanité. Il s'inclinait devant la dignité qu'il y a en tout homme, de n'importe quelle condition ; il attachait un prix à toutes les aptitudes et à toutes les perfections humaines ; mais il réservait sa suprême estime pour la volonté de bien faire. Ce sentiment, si profond en lui, le ramenait des régions de la pensée abstraite au cœur même de la vie[2]. Il lui fixait également, si l'on peut dire, son attitude à l'égard de lui-même, en lui rappelant à quelles conditions se justifie la valeur éminente de l'homme. La haine du mensonge, par-dessus tout, bien entendu, du mensonge délibéré et conscient, mais la défiance également très attentive à l'égard de ces formes insinuantes du mensonge qui sont les illusions, les préjugés, les affirmations téméraires ; le devoir de sincérité poussé jusqu'à l'établissement du compte le plus exact dans l'évaluation des motifs d'affirmer et d'agir ; la conquête et la possession de soi établies sur la défaite des inclinations sensibles : voilà par où il essayait de soutenir son droit à être considéré comme une personne[3]. On sait qu'il se redisait volontiers les vers de Juvénal[4] :

> Summum crede nefas animam praeferre pudori
> Et propter vitam vivendi perdere causas.

---

1. Wasianski, p. 316.
2. Borowski, p. 156-157. — Jachmann, p. 48-55. — Cf. *Kritik der praktischen Vernunft*, V, p. 81.
3. Jachmann, p. 57, 67.
4. Wasianski, p. 317.

Et la raison de vivre, il la trouvait dans la raison même. La raison, ce n'est pas seulement pour lui le concept d'une faculté à analyser : la raison, c'est une conviction, c'est la conviction absolue. Donnant aux espérances optimistes de son siècle leur expression la plus profonde, il entend que la raison soit pratique, qu'elle soit capable à la fois de déterminer les lois du vouloir et d'établir la société des êtres raisonnables : de là l'enthousiasme avec lequel il salue dans la Révolution française le plus grand effort qui ait été tenté pour constituer l'État selon un idéal rationnel [1]. Mais comme en lui l'esprit patriotique s'unit à l'esprit cosmopolitique, l'esprit d'ordre s'unit à l'esprit de liberté. Il s'efforce de poser en principe l'inviolabilité du pouvoir établi ; avec l'apôtre, il recommande la soumission à l'autorité existante [2]. Il tempère donc sa conception idéaliste des droits de la personne par un sentiment réaliste de la puissance de l'État, qui concourut sans doute, avec des motifs de prudence avisée, à lui tracer sa conduite lors de ses démêlés avec la censure berlinoise. Il croit d'ailleurs que les réalités positives de l'histoire doivent, non pas directement peut-être, mais au moins par détour, aboutir au triomphe de la raison [3], et il réserve cette croyance intime à l'encontre des circonstances qui ont un moment troublé le cours de ses réflexions et de sa sagesse.

*
* *

Les qualités de son intelligence tiennent de très près à celles de son caractère. La règle de son silencieux et per-

---

1. Jachmann, p. 130. — Schubert, p. 128. — Cf. *Der Streit der Facultäten*, VII, p. 399-400.
2. Borowski, p. 144. — Jachmann, p. 131. — Schubert, p. 183. — Cf. *Ueber den Gemeinspruch: Das mag in Theorie richtig sein*, etc., VI, p. 329 sq.; *Metaphysische Anfangsgründe der Rechtslehre*, VII, p. 138-141.
3. Cf. *Idee zu einer allgemeinen Geschichte in weltbürgerlicher Absicht*, IV, p. 143 sq.

sévérant labeur est la sincérité. Il écrivait le 8 avril 1766 à Moïse Mendelssohn qui avait dû se plaindre de ce qu'il y avait d'équivoque dans les *Rêves d'un visionnaire* : « L'étonnement que vous me manifestez sur le ton de ce petit écrit est pour moi la preuve de la bonne opinion que vous vous êtes faite de mon caractère de sincérité, et même le vif déplaisir que vous avez à ne le voir s'exprimer ici qu'avec ambiguïté m'est précieux et agréable. En vérité, vous n'aurez jamais lieu de modifier cette opinion que vous avez sur mon compte; car quelles que soient les défaillances dont il est possible que la plus ferme résolution ne puisse pas toujours entièrement se préserver, cependant il est certain que la versatilité dans la façon de penser et la recherche de ce qui n'est que spécieux sont les défauts dans lesquels je ne tomberai jamais. Il est, en effet, une chose que j'ai jusqu'à présent consacré la plus grande partie de ma vie à apprendre, c'est de laisser de côté et de mépriser dans la plus large mesure ce qui corrompt ordinairement le caractère ; aussi perdre cette estime de soi, qui vient de la conscience d'une disposition d'âme sans mensonge, ce serait le plus grand mal qui pût m'arriver, mais qui ne m'arrivera certainement jamais. Je pense assurément avec la plus entière conviction qui soit, et à ma grande satisfaction, bien des choses que je n'aurai jamais la hardiesse de dire ; mais je ne dirai jamais rien, que je ne le pense[1]. » C'est un amour de la vérité, très simple et très fort, qui gouverne en effet les curiosités de son esprit, et cet amour de la vérité domine de très haut chez lui la joie de découvrir et d'inventer. Aucune virtuosité, aucun besoin de paradoxe, même dans l'intérêt de l'idée à répandre, aucune façon d'éluder par art les problèmes, mais un attachement direct à l'objet qu'il s'agit d'expliquer, une censure toujours prête à s'exercer sur la notion qui n'a pas fourni ses preuves, un constant souci de méthode et de définition rigoureuse,

---

1. *Briefwechsel*, I, p. 66.

une sagacité pénétrante au lieu de la divination arbitraire, une infatigable patience à attendre que la lumière se soit portée des parties au tout : ce sont là quelques-uns des plus saillants caractères de l'intelligence de Kant. Il ne supporte pas que l'on procède aux constructions d'ensemble sans une analyse préalable des concepts fondamentaux[1]. Même détaché de l'École de Wolff, il reste wolffien par l'idée qu'il se fait des procédés d'explication et de démonstration philosophiques. « Dans la construction d'un système futur de métaphysique, dit-il, il nous faudra suivre la méthode sévère de l'illustre Wolff, le plus grand de tous les philosophes dogmatiques. Wolff montra le premier par son exemple (et il créa par là cet esprit de profondeur qui n'est pas encore éteint en Allemagne) comment on peut par l'établissement régulier des principes, la claire détermination des concepts, la rigueur éprouvée des démonstrations, la façon d'empêcher les sauts téméraires dans le développement des conséquences, s'engager dans la voie sûre d'une science. Plus que tout autre, il était fait pour donner à la métaphysique ce caractère d'une science, si l'idée lui était venue de préparer d'abord le terrain par la critique de l'instrument, c'est-à-dire de la raison pure elle-même[2]. » Mais la critique même ne remplit cet office que si elle ne se contente pas de permettre et d'interdire par des décisions approximatives, que si elle établit avec une inflexible rigueur le rôle et les limites de nos facultés. La pensée comme la vie requiert une exactitude ponctuelle. Ainsi le génie chez Kant est comme la récompense d'un effort et tire ses vertus créatrices de sa probité.

Kant avait des connaissances très étendues, une mémoire capable de les rappeler au bon moment, en même temps qu'une imagination très propre à retrouver les choses à travers les notations des livres. Il aimait les poètes, il aimait les arts, avec plus de puissance d'admirer peut-être que de

---

[1]. Jachmann, p. 20-21.
[2]. *Kritik der reinen Vernunft, Vorrede zur zweiten Ausgabe*, III, p. 28.

sentir. Il était familier avec la littérature classique des anciens, surtout avec celle des Romains, dans laquelle sans doute il se plaisait à reconnaître la noblesse, la fermeté et comme la précision juridique de son propre esprit[1]. Mais sa passion intellectuelle dominante fut la science, la science de Newton que Knutzen lui révéla, et qu'il accueillit en lui avec l'assurance qu'elle ne porterait en rien atteinte à ses convictions morales et religieuses. Dans la science d'ailleurs ce qu'il apercevait éminemment, en dépit de difficultés à résoudre et de contradictions à expliquer, c'était la raison prise sur le fait de son triomphe. Initié par son éducation wolfienne à l'esprit de l'*Aufklärung*, il ne le critique que pour le dépasser ou pour le justifier autrement ; mais il ne le renie pas. Il défend cet usage public de la raison qui doit amener le règne des lumières parmi les hommes ; il souhaite que l'humanité sorte de cet état de tutelle où elle ne manifeste son intelligence que sous la direction d'une autorité extérieure. *Sapere aude*, dit-il, telle doit être la devise de l'homme éclairé. Au nom de la raison il revendique la liberté du savant, garantie certaine, selon lui, d'un meilleur état politique ; c'est de l'ascendant de la raison qu'avec son siècle il attend le progrès de la tolérance et une plus juste façon de traiter l'homme selon sa dignité[2].

C'est aussi à éveiller la raison que tend avant tout son enseignement. Penser par soi-même, chercher par soi-même, voler de ses propres ailes : ce sont des maximes qu'il aime à répéter. Il s'inquiète de voir noter sans discernement sur le papier ce qui tombe de sa bouche, et il prévient ses élèves qu'ils doivent, non pas apprendre une philosophie, mais apprendre à philosopher[3]. Il use en toute indépendance des manuels qui doivent servir de texte à ses leçons. Il se

---

[1]. Jachmann, p. 40.
[2]. Cf. *Was ist Aufklärung*, IV, p. 161-168.
[3]. Borowski, p. 184-188. — Jachmann, p. 26-38. — Cf. *Nachricht von der Einrichtung seiner Vorlesungen in Winterhalbjahr 1765-1766*, II, p. 313-315 ; *Kritik der reinen Vernunft*, III, p. 550-552.

défend de perpétuer une tradition d'école établie. Il parle avec abondance, avec verve, et ses auditeurs sont émerveillés de la variété de ses aperçus et de la nouveauté de sa pensée[1]. Il réagit contre l'égoïsme de la science spéciale, qui, non contente de prétendre se suffire à elle-même, veut tout mesurer à elle : ces spécialistes qui n'ont qu'un œil sur le monde, il les appelle des cyclopes. Le cyclope de la littérature, le philologue, est, dit-il, le plus arrogant ; mais il y a aussi des cyclopes de la théologie, du droit, de la médecine, même de la géométrie. A tous ces cyclopes ce n'est pas la force qui manque à coup sûr, c'est la puissance et

---

[1]. Il faut rappeler le portrait que Herder, élève de Kant à Kœnigsberg de 1762 à 1764, a tracé de son maître : « J'ai eu le bonheur de connaître un philosophe, qui était mon maître. Il était alors dans tout l'éclat de l'âge, et il avait une gaieté alerte de jeune homme qui l'accompagne, je crois, encore dans ses années de vieillesse. Son front découvert, taillé pour la pensée, était le siège d'une sérénité et d'une joie inaltérables ; de ses lèvres coulaient les discours les plus riches en idées ; plaisanterie, esprit, verve, tout cela était docilement à son service, et ses leçons étaient le plus intéressant des entretiens. Le même esprit qu'il employait à examiner Leibniz, Wolff, Baumgarten, Crusius, Hume, à scruter les lois de la nature chez Newton, Kepler, les physiciens, il l'appliquait à interpréter les écrits de Rousseau qui paraissaient alors, l'Emile et la Nouvelle Héloïse, au même titre que toute découverte physique qui venait à lui être connue. Il les appréciait, et il revenait toujours à une connaissance de la nature libre de toute prévention, ainsi qu'à la valeur morale de l'homme. L'histoire de l'homme, des peuples, l'histoire et la science de la nature, l'expérience, telles étaient les sources où il puisait de quoi alimenter ses leçons et ses entretiens. Rien de ce qui est digne d'être su ne lui était indifférent ; aucune intrigue, aucune secte, aucun préjugé, aucun souci de renommée ne le touchait en rien, auprès de la vérité à accroître et à éclaircir. Il excitait les esprits et les forçait doucement à penser par eux-mêmes ; le despotisme était étranger à son âme. Cet homme, que je ne nomme qu'avec la plus grande reconnaissance et le plus grand respect, est EMMANUEL KANT : son image, je l'ai toujours, pour ma joie, sous mes yeux. » *Briefe sur Beförderung der Humanität*, Lettre 79, Ed. Suphan, XVII, p. 404 (voir la rédaction primitive qui contient plusieurs variantes : Ed. Suphan, XVIII, p. 324-325). Voici ce que raconte un condisciple de Herder : « Je me souviens que Kant parla un jour, par une belle matinée, avec une animation, je pourrais dire une inspiration particulière. Il traitait un de ses sujets préférés ; il citait des passages de ses auteurs favoris, Pope et Haller ; il développait ses belles hypothèses sur l'avenir et l'éternité. Herder fut tellement saisi que, rentré chez lui, il écrivit la leçon en vers, et le lendemain il remit sa composition à Kant qui la lut devant l'auditoire. » *Herder's Lebensbild*, I, 1, p. 135. — V. l'hymne des étudiants en l'honneur de Kant publié par l'Archiv für Geschichte der Philosophie : *Ein Hymnus auf Immanuel Kant*, II, p. 246-248, reproduit, avec deux autres, à la suite de la *Correspondance : Briefwechsel*, III, p. 425-435.

l'étendue de la vision. A la philosophie, à la culture systématique de la raison de leur donner l'œil qui leur manque : c'est sur elle seule que peut se fonder « l'humanité des sciences[1] ». Indispensable par là à la juste organisation du savoir, elle ne saurait être tenue pour suspecte à cause des prétendus dangers qu'elle fait courir aux croyances de la jeunesse. La vérité n'a rien à craindre de la raison, dès que la raison a été formée par la discipline de la critique. En tout cas, rien ne serait plus malencontreux pour le maître de la jeunesse que de s'ériger en défenseur à tout prix de la bonne cause, que de chercher à imposer, comme d'une solidité à toute épreuve, des arguments dont il sent dans son for intérieur la faiblesse : où la jeunesse ainsi instruite prendrait-elle la force de résister plus tard au premier choc de l'opinion contraire[2]? Kant d'ailleurs ne croit pas manquer à ce respect de la raison dans l'enseignement en mettant quelque prudence ou quelque retard dans l'expression de ses idées critiques ; il s'arme volontiers de ses convictions intimes pour faire ressortir les intérêts pratiques de la raison en des formules plus dogmatiques que celles de ses écrits ; il vise en effet autant à l'éducation morale et religieuse qu'à l'éducation scientifique de ses élèves, et il s'efforce d'agir sur leur cœur et leur volonté en même temps que sur leur intelligence[3].

Sa façon d'entreprendre et d'accomplir son œuvre philosophique participe de la double puissance d'affirmation et de limitation critique qu'il reconnaît à la raison. Il a cette confiance en soi sans laquelle l'élan vers la vérité serait vite arrêté ou brisé : « Je m'imagine, dit-il dans la préface de son premier ouvrage, qu'il y a des moments où il n'est pas inutile de placer une certaine noble confiance en ses propres

---

1. Benno Erdmann, *Reflexionen Kants*, II, p. 60-61, n° 209. — Cf. *Anthropologie in pragmatischer Hinsicht*, VII, p. 545 ; *Logik*, VIII, p. 46.
2. Cf. *Kritik der reinen Vernunft*, Methodenlehre, III, p. 501-502.
3. Jachmann, p. 30-31. — V. Max Heinze, *Vorlesungen Kants über Metaphysik*, p. 657-658 (177-178).

forces. Une assurance de ce genre vivifie tous nos efforts et leur imprime une impulsion qui est entièrement favorable à la recherche de la vérité. Quand on est à même de pouvoir se convaincre que l'on est à ses yeux capable de quelque chose et qu'un Leibniz peut être pris en flagrant délit d'erreur, on met tout en œuvre pour vérifier cette présomption. On a beau se tromper mille fois dans une entreprise : le gain qui est revenu par là à la connaissance de la vérité n'en est pas moins beaucoup plus considérable que si l'on n'avait fait que suivre le sentier battu. C'est là dessus que je me fonde. Je me suis déjà tracé la voie où je veux marcher. Je prendrai ma course et rien ne m'empêchera de la poursuivre [1]. » Cependant cette énergique hardiesse de décision s'accompagne de scrupules infinis et d'une extrême sévérité de critique. Avant de conquérir le public, Kant veut se conquérir lui-même. Dédaigneux de l'art de cultiver sa réputation, inhabile à trahir sa pensée pour la rendre plus populaire, prenant aisément son parti, en de fières excuses, du style laborieux et surchargé qui rebute le lecteur superficiel, il donne l'exemple de la recherche de la vérité, élevée, comme il le voulait de la pratique du devoir, au-dessus de toute inclination « pathologique ».

* *
*

Tandis que Kant travaille à former sa doctrine, la philosophie wolffienne en Allemagne se révèle incapable de maintenir plus longtemps contre la disposition croissante des intelligences à un banal éclectisme l'intégrité de son ordonnance et de sa signification : l'empirisme anglais, le sensualisme et le matérialisme français la pénètrent de divers côtés. Ceux-là mêmes qui en observent le plus fidèlement les maximes essentielles ne sont plus solidement rattachés

---

1. *Gedanken von der wahren Schätzung der lebendigen Kräfte*, I, p. 8. — Cf. Borowski, p. 43.

par un lien d'école ; philosophes populaires ou philosophes académiques, ils en usent selon leurs goûts ; ils écrivent pour les étudiants de copieux manuels ou pour le public des livres engageants. Mais quelle qu'en soit la forme, leurs œuvres témoignent très visiblement d'une atonie générale de l'esprit philosophique. Le sens des hautes questions métaphysiques s'est encore affaibli. On incline de préférence à une sorte d'anthropologie morale, dans laquelle l'observation psychologique et l'établissement de règles pratiques se combinent sans aucune rigueur de méthode, mais de façon à satisfaire aux tendances eudémonistes de plus en plus prépondérantes.

Quant au rationalisme qui avait été l'essence de l'*Aufklärung*, il ne vaut plus guère que ce que valent les esprits de puissance très inégale qui le professent. Appliqué à l'examen du problème religieux, il tend à répandre, plus ou moins en accord avec le déisme anglais, la religion naturelle, mesure stricte de ce que peuvent contenir de vrai les religions positives ; dans la critique même des religions positives, il se montre aussi dépourvu du sens historique que du sens spéculatif, prompt à considérer comme erreur, comme erreur intentionnellement conçue et propagée, tout ce qui ne se ramène pas immédiatement aux conditions de la raison : tel il apparaît par exemple chez Reimarus. En revanche il reçoit du génie de Lessing une transformation qui lui rend la vie en le dégageant des formules littérales et des interprétations bornées où le pédantisme d'école l'avait enfermé : Lessing le remet sous l'inspiration qui l'avait créé ; il restaure, par delà le logicisme qui n'était qu'une forme rétrécie de la doctrine leibnizienne, cette idée de la spontanéité individuelle, par laquelle se justifie la diversité des points de vue sur les choses, et cette idée du développement continu, par laquelle s'explique, avec l'ordre de l'histoire, la nécessité, pour le vrai, de s'imposer en des perceptions confuses avant de transparaître en des perceptions distinctes. Aux purs déistes comme aux supra-naturalistes Lessing reproche de s'appuyer sur ce qui n'est que le témoignage extérieur de la foi, sur le livre écrit, au lieu de comprendre qu'il y a une Religion éternelle, enveloppée dans les profondeurs de chaque conscience, dont la Religion historique est l'expression extérieure et appropriée. La Révélation ne contient aucune vérité qui en droit ne puisse être rationnellement connue; mais elle exprime la vérité selon le moment, et en l'adaptant à l'état des âmes ; elle est l' « l'éducation du genre humain ». De la métaphysique rationaliste Lessing fait donc sortir un idéalisme religieux et moral, également pénétré de respect pour les formes de croyance révélées et de foi dans les destinées futures de l'humanité pensante; il présente la vérité, non plus comme la chose qui est actuellement objet de démonstration complète, mais comme l'idéal qui doit solliciter perpétuellement l'effort de l'homme. Par sa façon sobre et claire de penser et d'écrire, par son goût du précis et du défini, par son adhésion essentielle au rationalisme, il se rattache encore à la philosophie des « lumières » ; mais il en dépasse considérablement l'esprit par la hauteur et l'originalité de son sentiment moral, par sa façon de se représenter l'évolution historique, par sa conception d'une vérité indéfiniment ouverte à la recherche humaine.

Chez Mendelssohn encore, à défaut d'invention, le rationalisme se renouvelle par une inspiration noble et délicate. Mais chez Nicolaï il achève de dégénérer en un formalisme sec et étroit qui, pour combattre la superstition, les écarts du sentiment et du goût, s'oppose à tout élan de l'imagination et de la pensée, s'évertue à faire valoir contre toute tentative nouvelle les décisions de « l'entendement sain », et par le respect de la règle aboutit à la platitude. Par ses *Lettres sur la littérature*, par sa *Bibliothèque des belles-lettres et des arts libéraux*, surtout par sa *Bibliothèque allemande universelle*, Nicolaï propage, en ce qu'elle a de plus borné et de plus agressif, cette philosophie populaire qui ne veut s'en rapporter qu'à des idées claires, qui exclut le spontané, le vivant, le mystérieux, qui a d'autant plus de prétentions à l'infaillibilité qu'elle se montre capable de comprendre moins de choses. Une certaine espèce d'esprit, la plus rigide et la plus exclusive, est ainsi dogmatiquement égalée à toute la plénitude de l'esprit.

Avec cette forme médiocre et stérile du rationalisme, le profond et nouveau rationalisme de Kant ne pourra qu'être en conflit[1]. Mais la réaction artistique et intellectuelle qui se produit de tous côtés contre l'*Aufklärung*, en glorifiant la liberté, avilit la raison. Quand la période du *Sturm und Drang* est ouverte, c'est le sentimentalisme, le mysticisme, le panthéisme poétique qui s'introduit dans la pensée philosophique. Kant n'est pas sans se laisser pénétrer de ces tendances, qui, par leur spontanéité et leur diffusion, brisent tous les cadres de la scolastique wolffienne : mais il n'en reçoit finalement qu'une excitation plus forte à rechercher sur quel autre principe peut s'édifier la puissance de la raison. Le wolffianisme expirant ne réclamait plus qu'une discipline sans liberté ; les « génies originaux » revendiquaient une liberté sans discipline et contre toute discipline. Kant fut amené de plus en plus à se poser comme problème l'union de la discipline et de la liberté, et à chercher la solution de ce problème dans le fait de la loi morale. Mais quelle fut dans la poursuite de ce but la marche générale de sa pensée? Selon quelle manière ces dispositions essentielles finirent-elles par prendre corps dans un système?

[1]. L'ouvrage de Nicolaï, *Leben und Meinungen Sempronius Gundibert's, eines deutschen Philosophen*, 1798, était dirigé contre Kant. — V. Kant, *Ueber die Buchmacherei*, VII, p. 315-320.

CHAPITRE III

LE MODE DE FORMATION DU SYSTÈME

De toute doctrine philosophique en général on peut dire sans doute ce que Kuno Fischer a dit spécialement de la doctrine de Kant : l'expliquer, c'est en suivre la formation historique. Mais outre que certains systèmes ne se sont produits au dehors que déjà tout faits, gardant à peine en eux la trace des efforts successifs et des tâtonnements qui en ont préparé la venue, pour ceux-là même qui se sont réalisés par le mouvement plus visible de la pensée de leurs auteurs, les modes de développement sont très divers et nécessaires à déterminer très diversement. Par quelles voies Kant a-t-il abouti à sa philosophie, en particulier à sa philosophie pratique ?

Vers la fin de la *Critique de la Raison pure*, dans la *Méthodologie transcendantale*, Kant établit une distinction qui, indépendamment de sa valeur propre, peut servir à marquer la différence des deux grandes phases de sa pensée : c'est la distinction entre les procédés techniques de recherche et l'art architectonique de la raison. Il entend par là que l'acquisition, souvent sans règles ni fins précises, de certaines connaissances plus ou moins disparates, condition historiquement première de toute science, ne suffit pas aux exigences de l'esprit, lequel réclame et veut fonder l'unité systématique du savoir. Et il ajoute : « Ce n'est qu'après avoir pendant longtemps, sous la direction d'une idée profondément cachée en nous, rassemblé rapsodiquement, comme autant de matériaux, beaucoup de connaissances se rapportant à cette idée, ce n'est même qu'après les avoir pendant de longues années rapprochées d'une façon technique, qu'il nous est enfin possible d'apercevoir l'idée sous un jour plus clair et d'esquisser architectoniquement un tout d'après les fins de la raison ¹. » Cette nécessité d'aller laborieusement, dans la recherche, des parties au tout sans une aperception préalable du tout, — nécessité que Kant proclame fâcheuse parce qu'elle résulte de l'imperfection et des limites de nos facultés, — si elle est bien, comme il le veut, la loi de toute pensée humaine, a commencé en tout cas par être la loi de sa pensée ². Quelque puissant qu'ait été en lui le besoin d'organisation systématique, il n'a pu se satisfaire immédiatement par ces intuitions spontanées qui, chez d'autres, découvrent presque d'emblée les formes et les objets de leur activité spéculative. Il a longtemps cédé au besoin plus impérieux de soumettre à la critique les relations établies entre certains concepts fondamentaux, les relations supposées entre ces concepts et la réalité. Dénoncer de fausses analogies, délimiter exactement le champ d'application des principes, distinguer des constructions bien fondées les constructions dans le vide, épurer les connaissances amalgamées pour démêler la part qui revient aux diverses facultés de connaître, mesurer de façon à les empêcher de s'étendre abusivement les différents modes de notre savoir, et tout notre savoir lui-même en général : ce sont-là les tâches sévères que Kant a assumées, dès qu'il a commencé à penser pour son compte ; il n'a pu en poursuivre l'accomplissement qu'en réprimant en lui certains élans naturels d'imagina-

1. III, p. 549.
2 V. la lettre de Kant à Marcus Herz du 20 août 1877 : « Depuis le temps que nous sommes séparés l'un de l'autre, mes recherches autrefois consacrées d'une façon fragmentaire (*stückweise*) aux plus divers objets de la philosophie ont pris une forme systématique et m'ont conduit graduellement à l'idée du Tout, qui a pour premier effet de rendre possible le jugement sur la valeur et l'influence réciproque des parties. » *Briefwechsel*, I, p. 198. — Cf. Benno Erdmann, *Kants Reflexionen*, II, n° 6, n° 7, p. 5.

tion métaphysique et qu'en ajournant à une époque indéterminée l'édification d'une doctrine d'ensemble. Ainsi il dut mettre bout à bout des rapsodies avant de composer l'unité de son poème. En cela, bien différent de Leibniz, pour qui toute pensée est en quelque sorte synoptique, représente tout l'univers en raccourci, et évoque d'elle-même, en perspectives profondes, l'œuvre harmonieuse où elle vient prendre place [1]. Le système a évolué dans Leibniz, mais comme a évolué l'esprit même dont il était l'expression, et par la même finalité immanente ; Kant, sans direction préconçue, a évolué vers le système, qui s'est constitué pièce à pièce avant de s'organiser dans son esprit.

Vouloir solliciter trop vivement les essais de la période anté-critique dans le sens de la doctrine à laquelle ils aboutiront, ce serait donc méconnaître le génie propre de Kant, et sa longue patience à attendre l'idée qui mettra tout en ordre. Et même parce que la doctrine finale a été ainsi faite, il paraît légitime de chercher à suivre, sous l'apparente immobilité des principes qui en établissent l'unité, le mouvement d'évolution que continuent à lui imprimer les diverses tendances composées en elle. En tout cas, si le puissant arrangement de concepts qui a donné naissance à la philosophie critique a été souvent signalé comme laborieux et artificiel, c'est sans doute parce que le lent travail d'analyse et de recherches fragmentaires qui l'a préparé a comme subsisté virtuellement dans l'œuvre accomplie. L'idée architectonique, dont parle Kant, n'a pas pour seule imperfection de se révéler tardivement ; conçue par une raison humaine, elle ne saurait avoir cette faculté, que seule peut posséder une intelligence infinie, de créer des unités vivantes. Elle est une conquête, non un don. Elle ne se

---

[1]. On n'a qu'à se rappeler les pages de divers écrits, dans lesquelles Leibniz fait si bien sentir la logique vivante de son esprit et l'enveloppement spontané de ses idées les unes dans les autres. Voir notamment l'une des *lettres au duc Jean Frédéric* (Phil. Schr., Ed. Gerhardt, I, p. 57 sq.), l'une des *lettres à Arnauld* (II, p. 135-136), l'écrit pour Rémond (III, p. 622-624), surtout le brillant exposé qui ouvre le premier livre des *Nouveaux essais* (V, p. 63- 66), etc.

produit qu'au terme de la lutte engagée en divers sens contre l'obstacle le plus invincible à sa vertu organisatrice, à savoir la contradiction : mais c'est cette lutte même qui a peu à peu orienté l'esprit de Kant vers elle, et lui en a découvert la force et l'autorité souveraines. De bonne heure, en effet, Kant a excellé à saisir les oppositions des doctrines entre elles comme les oppositions des doctrines avec les faits : c'est la conscience vive de ces oppositions qui a excité sa pensée, et lui a prescrit la formule des problèmes à résoudre : il est le philosophe des antinomies [1]. Expérience et raison, mathématiques et philosophie naturelle, science et moralité, certitude et croyance : les contradictions surgissent de partout, et les contradictions exigent d'être surmontées. N'avait-on pas, il est vrai, dès longtemps travaillé à les faire évanouir ou à les comprendre, et n'était-ce pas comme la destinée normale du génie spéculatif de l'Allemagne de découvrir derrière les oppositions de surface le fond concordant des systèmes? Leibniz en particulier ne s'était-il pas donné pour tâche de ramener à l'accord les doctrines antagonistes? Et ne sont-ce pas comme des paroles leibniziennes que Kant fait entendre dans son premier ouvrage, quand il dit : « C'est dans une certaine mesure défendre l'honneur de la raison humaine que de la réconcilier avec elle-même dans les diverses per-

1. Une lettre de Kant à Garve, du 21 septembre 1798, publiée par Albert Stern dans son livre, *Ueber die Beziehungen Chr. Garves zu Kant*, p. 43-45, nous renseigne sur le rôle prépondérant qu'ont joué les antinomies dans le développement de la pensée kantienne : « Ce ne sont pas les recherches sur l'existence de Dieu, l'immortalité, etc.., qui ont été le point dont je suis parti, mais l'antinomie de la raison pure : « Le monde a un commencement : il n'a pas de commencement, etc... jusqu'à la quatrième (*sic*) : Il y a une liberté dans l'homme — il n'y a au contraire aucune liberté en lui, tout est en lui nécessité naturelle »; voilà ce qui me réveilla en premier lieu du sommeil dogmatique et me poussa à la critique même de la Raison, afin de faire disparaître le scandale d'une contradiction manifeste de la Raison avec elle-même. » *Briefwechsel*, III, p. 255 (cf. *Prolegomena*, § 50, IV, p. 86). A des points de vue différents, Riehl (*Der philosophische Kriticismus*, I, p. 272-275; II, 2, p. 284) et Benno Erdmann (*Reflexionen Kants zur kritischen Philosophie*, II, p. xxxiv sq.) ont montré la portée décisive qu'a eue pour l'esprit et la doctrine de Kant la conscience des antinomies de la raison. V. les *Réflexions* de Kant, n° 4 et n° 5, Benno Erdmann, *ibid.*, p. 4-5.

sonnes de penseurs pénétrants, que de dégager, alors même que précisément ils se contredisent, la vérité qui n'échappe jamais complètement à la profondeur de tels hommes[1] ? » Mais, à dire vrai, si la pensée de Leibniz et celle de Kant se flattent également de résoudre des oppositions, il ne semble pas que ce soit dans le même sens ni par les mêmes voies. Leibniz n'aperçoit d'ordinaire les extrêmes à unir que dans leur rapport à l'idée conciliatrice qu'il a déjà inventée ou qu'il pressent ; il constate les antinomies visibles plus encore qu'il ne poursuit les antinomies invisibles ; ce qui tient son esprit en éveil et le rend si merveilleusement productif, c'est avant tout, la puissance de représenter les choses sous la forme la plus ordonnée et la plus compréhensive, antérieure certainement chez lui à la faculté de discerner les éléments contradictoires des doctrines humaines[2] ; et elle est en lui si forte qu'elle le pousse, surtout dans ses premières œuvres, à opérer plus d'un rapprochement arbitraire[3]. Chez Kant, au contraire, ce n'est pas sous l'espèce de synthèses déjà plus ou moins effectuées que les thèses et les antithèses sont conçues ; au lieu d'apparaître pour la plus grande gloire de la pensée qui se sait d'avance en mesure de les dominer, elles contraignent la pensée qui se trouve face à face avec elles à sacrifier à leur conflit une part de ses plus hautes et de ses plus naturelles ambitions. Sur ce point comme sur d'autres la *Cri-*

---

1. *Gedanken von der wahren Schätzung der lebendigen Kräfte*, 1747, I, p. 145.
2. C'est ainsi que les conceptions de la substance individuelle et de l'accord de toutes les substances, exposées dans le *Discours de Métaphysique* et la *Correspondance avec Arnauld*, enfermaient une doctrine qui, en s'accommodant au langage et à l'apparence des systèmes constitués, en apercevait et en résolvait les oppositions. On voit en particulier dans les *Nouveaux Essais*, Livre I, chap. 1 (V, p. 65-66) comment, sur le problème de la connaissance, Leibniz va de la solution intrinsèque que lui fournit sa philosophie à la solution extrinsèque, déterminée par le conflit du rationalisme cartésien et de l'empirisme de Locke.
3. V. dans ses lettres à J. Thomasius l'identification qu'il établit entre la doctrine aristotélicienne de la matière, de la forme et du mouvement, et les conceptions mécanistes des savants modernes. (*Phil. Schr.*, Ed. Gerhardt, I, p. 10, 16 sq.)

tique de la Raison pure représente, en la transposant sous une forme doctrinale abstraite, l'histoire réelle de l'esprit de Kant.

Cette histoire même, en ses traits les plus simples, peut être figurée par un effort constant, renouvelé sous des expressions diverses, pour déterminer une relation exacte entre les concepts rationnels élaborés par la métaphysique antérieure et l'usage défini de ces concepts dans l'ordre de la science et de l'action humaines, pour résoudre l'antinomie, plus essentielle que toutes les autres, de leur origine transcendante et de leur application immanente. L'idée, que le rationalisme seul peut fonder ou achever la certitude, n'a peut-être jamais abandonné Kant, même aux moments où une reconnaissance plus précise des caractères du réel lui semblait établir, sans espoir de solution prochaine, l'insuffisance de la méthode ordinaire du rationalisme [1]. Seulement cette idée, une fois destituée de l'appui que paraissaient lui donner les longues démonstrations dogmatiques de l'école wolffienne, était passée chez lui à l'état d'idéal formel ou de simple conviction personnelle, jusqu'au jour où une analyse plus profonde du donné lui permit de la ressaisir plus positivement. Ainsi la raison métaphysique, après avoir dû reconnaître, au moins négativement, par l'abdication de toute autorité extérieure, l'autonomie de l'expérience scientifique et celle de la conscience morale, a été invoquée à nouveau comme la puissance législatrice intrinsèque supposée par cette double autonomie. Que l'on se rappelle, pour mieux se représenter la direction de la pensée kantienne, que chez les métaphysiciens antérieurs la raison n'admet l'expérience et la conscience au bénéfice de sa certitude qu'autant que les données en sont traduites dans un autre ordre, et renoncent à valoir par elles-mêmes :

---

1. E. Adickes, *Die bewegenden Kräfte in Kants philosophischer Entwickelung*, Kantstudien, I, p. 11 sq. — G. Heymans, *Einige Bemerkungen über die sogenannte empiristische Periode Kant's*, Archiv für Geschichte der Philosophie, II, p. 672-691. — H. Maier, *Die Bedeutung der Erkenntnisstheorie Kants für die Philosophie der Gegenwart*, Kantstudien, II, p. 407 sq.

pour la vérité scientifique et morale, l'expérience et la conscience n'apportent que des enseignements confus, nécessaires à traduire dans la langue des idées distinctes : les façons dont nous qualifions d'ordinaire les actes humains sont aussi subjectives et aussi relatives que les façons dont nous qualifions, dans la perception sensible, le monde matériel. Or Kant, dès qu'il s'est dégagé de cette tradition philosophique, a été amené, d'abord à regarder comme illusoires ou factices les procédés par lesquels on entachait de subjectivité le donné pour n'en retenir que les attributs les plus aisément réductibles aux formes logiques de la raison, ensuite et par là même à rechercher la nature spécifique de l'expérience et de la conscience, considérées comme ayant en elles-mêmes une portée suffisante, enfin à découvrir que dans l'expérience et la conscience la raison est impliquée avec ses concepts fondamentaux pour les fonder toutes deux, sans altération aucune, dans leur vérité propre. Mais alors, en ce qui concerne les concepts de la raison, la question se pose de savoir comment peuvent se concilier leur signification d'origine et leur signification d'usage : dès qu'il n'est plus admis, avec la métaphysique ordinaire, que leur sens immédiat est l'unique mesure de leur puissance légitime d'application, et permet de définir d'en haut les objets de la connaissance et de la moralité, hors de leur relation avec l'expérience et avec la conscience morale ; dès qu'il faut directement unir à ces concepts, pour leur conférer une détermination positive, juste ce que ces concepts tendaient à rejeter hors d'eux comme inadéquat : il y a là une opposition de termes qui ne peut plus être dissimulée par une solution arbitraire : une fois même que l'idée médiatrice est mise au jour, la proportion reste mal aisée à fixer, et n'est pas toujours exprimée en formules claires, entre ce que les concepts introduisent de leurs attributs originels et ce qui est exclusivement requis pour l'intelligibilité du jugement d'expérience et du jugement moral. Autrement dit, la raison dans son usage immanent, soit théorique, soit pratique, se détermine d'un côté par l'intuition sensible et par l'action du vouloir qui la réalisent en quelque sorte ; mais de l'autre, elle présuppose la Raison transcendante, la Raison en soi : et son rôle peut être diversement compris, selon qu'elle paraît obéir davantage à l'attraction, soit de ses objets propres, soit de sa condition suprême. Ainsi Kant, lorsqu'il s'est émancipé de l'influence de l'école wolfienne, a commencé par reconnaître que le *fait* de l'expérience et le *fait* de la vie morale doivent être pris en considération pour eux-mêmes, et être restitués dans tout leur sens ; mais ayant admis ensuite que ces deux faits tiennent leur vérité de la raison qu'ils enveloppent, il a lié cette raison à la Raison absolue sur laquelle s'étaient fondées les métaphysiques ; dans cette liaison, quelle a été la part d'influence de la Raison transcendante sur la raison immanente, ou inversement de la raison immanente sur la Raison transcendante ? de ces deux sortes de Raisons, laquelle a le plus décidément imposé à l'autre sa nature ou ses exigences ? La *Critique de la Raison pure* en les rapprochant n'a pas fixé définitivement leur puissance respective de pénétration, et tout particulièrement l'élaboration progressive de la doctrine morale paraît avoir modifié constamment en un certain sens les proportions et les modalités selon lesquelles elles se sont unies.

*
* *

Au fait, c'est avant tout la doctrine morale qui s'est positivement fondée sur cette union, au point même que l'on peut se demander si ce n'est pas elle qui l'a plus ou moins arbitrairement requise. Et même, en termes plus généraux, n'est-ce pas le besoin d'édifier la morale, ajoutons une certaine morale, qui a tantôt manifestement, tantôt en secret dirigé l'évolution de la pensée kantienne ? Dès lors toute l'œuvre, qui devrait être de libre mouvement et d'exploration impartiale, n'en est-elle pas viciée? Ces questions, semble-t-il, ne peuvent être posées sans être résolues de façon à rendre suspecte la valeur scientifique de la doctrine de Kant. Déjà Schopenhauer insinuait que Kant n'avait créé sa théologie morale que pour échapper aux conséquences ruineuses de la critique[1]. On est allé beaucoup plus loin, et l'on a soutenu que chez Kant la théorie de la connaissance n'est qu'un simple moyen en vue de fins exclusivement morales et religieuses, et que la poursuite de ces fins a seule mis en jeu sa pensée[2]. En des formules plus modérées et mieux justifiées d'apparence il n'en est pas moins affirmé : que Kant, par inclination purement personnelle à une sorte de mysticisme moral, par besoin de sauver à tout prix l'objet illusoire de la raison pratique, a constitué un système avec deux centres de gravité, l'un positif, l'autre imaginaire[3] ; ou bien que la *Critique de la Raison pure* est toute orientée vers la justification du concept de la liberté, et par là vers celle de tous les concepts métaphysiques susceptibles de portée morale[4]; ou encore que la considération de l'intérêt moral a singulièrement renforcé l'élément subjectiviste de la doctrine kantienne[5] ; ou encore que la tendance de la pensée de Kant comme de sa philosophie est une tendance en fin de compte pratique, et qu'elle est intervenue çà et là pour déterminer la direction et marquer l'importance de certaines théories[6]. Un jugement de condamnation contre Kant pourrait être motivé par Kant lui-même, qui a dit : « C'est chose tout à fait absurde d'attendre de la raison des lumières, et de lui prescrire pourtant d'avance de quel côté il faut nécessairement qu'elle penche[7]. »

1. *Die Welt als Wille und Vorstellung*, Ed. Griesebach (Reclam), I, p. 648.
2. Carl Göring, *Ueber den Begriff der Erfahrung*, Vierteljahrsschrift für wissenschaftliche Philosophie, I, p. 402 sq.; 534.
3. Dühring, *Kritische Geschichte der Philosophie*, 2ᵉ éd., p. 398 sq., p. 424. — Riehl, *Der philosophische Kriticismus*, I, p. IV, p. 438-439.
4. Laas, *Kants Analogien der Erfahrung*, p. 205.
5. Volkelt, *Immanuel Kant's Erkenntnisstheorie*, p. 68 sq.
6. E. Adickes, *Die bewegenden Kräfte*, etc... Kantstudien, I, p. 407 sq.
7. *Kritik der reinen Vernunft*, III, p. 497.

Outre les motifs du jugement, il semble qu'on ait les aveux. Certes il ne serait guère équitable de retourner contre Kant le fait que sa doctrine prétend être maîtresse, non seulement de science, mais de sagesse[1], — car c'est là simple fidélité à l'antique idéal de la philosophie — ou le fait qu'elle établit la primauté de la raison pratique sur la raison spéculative[2], qu'elle érige l'homme comme être moral en fin de la création[3], — car *a priori* on ne saurait décider que de telles conclusions doivent dépendre avant tout de dispositions subjectives et non de nécessités rationnelles. Mais à maintes reprises Kant paraît reconnaître que sa critique de la raison théorique n'est pas inspirée uniquement par des considérations intellectuelles, que si elle impose des limites à la science et si elle réserve des possibilités en dehors d'elle, c'est pour satisfaire aux besoins de la croyance ou aux conditions d'une doctrine morale à fonder. Il regarde comme l'une des tâches principales de la *Dialectique transcendantale* « de déblayer et d'affermir le sol pour le majestueux édifice de la morale[4] ». Dans la *Préface* de la seconde édition de la *Critique*, il fait sa déclaration fameuse : « Je dus donc abolir le savoir afin d'obtenir une place pour la croyance[5]. » Vers la fin de sa vie, quand il pouvait le mieux se représenter, selon leur suite et selon leur importance, les pensées qui avaient engendré sa doctrine, il notait ceci : « L'origine de la philosophie critique est la morale, en considération de l'imputabilité des actions. Là-dessus conflit interminable. Toutes les philosophies ne sont pas différentes en substance jusqu'à la philosophie critique[6]. » Parlant des deux théories qui

---

1. *Kritik der reinen Vernunft*, III, p. 551-552. — V. du reste ce que dit Kant un peu plus loin : « La philosophie rapporte tout à la sagesse, mais par la voie de la science, la seule qui, une fois frayée, ne se referme jamais et ne permet pas que l'on s'égare. » III, p. 639.
2. *Kritik der praktischen Vernunft*, V, p. 125 sq.
3. *Kritik der Urtheilskraft*, V, p. 448-449.
4. *Kritik der reinen Vernunft*, III, p. 260.
5. *Kritik der reinen Vernunft*, III, p. 25.
6. Reicke, *Lose Blätter aus Kants Nachlass*, D 14, 1, 1, p. 224.

sont, selon son expression, les deux pivots de son système[1], la théorie de l'idéalité de l'espace et du temps, et la théorie de la liberté, il laisse entendre que l'établissement de la première a été déterminé par l'établissement de la seconde : « La réalité du concept de liberté entraîne comme conséquence inévitable la doctrine de l'idéalité des objets, comme objets de l'intuition dans l'espace et le temps[2]. »

Peut-être y a-t-il lieu d'abord de défendre Kant contre lui-même. La reconstitution de notre passé ne va jamais sans cette illusion de finalité qui nous porte à croire que nous avons voulu et préparé les choses selon l'ordre où nous nous les figurons aujourd'hui et selon le sens que nous leur attribuons actuellement. De plus en plus satisfait des garanties que sa philosophie donnait à la morale, Kant a pu estimer après coup que sa morale avait suscité les conceptions essentielles de sa philosophie. Nul doute qu'il n'ait ainsi refait son œuvre au lieu de la revoir. En ce qui concerne particulièrement l'ordre de dépendance des deux théories fondamentales du kantisme, il est bien certain que Kant l'a sur le tard interverti ; la théorie de l'idéalité de l'espace et du temps a été établie historiquement avant la théorie de la liberté, et en a été la condition, non la conséquence. Sur quoi l'on peut assurément observer qu'une théorie ne fait souvent que parachever des tendances très anciennes, dont l'action antérieure, plus ou moins inconsciente, a pu être très efficace et même déterminante. Mais on reconnaît alors, au bénéfice même de Kant, la nécessité qui s'impose à toute pensée humaine de se développer dans un milieu psychologique donné, l'impossibilité où elle est de philosopher d'emblée dans l'absolu. C'est à partir de dispositions subjectives, et c'est sur un contenu représenté par l'esprit subjectif que travaille l'intelligence philosophique la plus en quête d'objectivité : et sa tâche consiste non pas à abolir ces données originelles, mais à empêcher qu'elles

---

1. *Ueber die Fortschritte der Metaphysik*, VIII, p. 573.
2. Reicke, *Lose Blätter aus Kants Nachlass*, D 12, 1, I, p. 217.

ne se fassent valoir immédiatement comme vraies, c'est-à-dire à multiplier le plus possible, en les liant entre elles le mieux possible, les médiations rationnelles qui en éliminent les éléments les plus individuels, qui en retiennent, pour les ordonner, les éléments les plus impersonnels. Or il est certain qu'à divers moments de l'évolution de la pensée kantienne l'idée de fonder la morale, disons même telle morale, est intervenue comme facteur très important ; mais cette idée n'a cherché à se convertir en doctrine que *médiatisée* par des conceptions purement théoriques dont plusieurs avaient un contenu originairement trop éloigné d'elle pour avoir été produites uniquement en sa faveur. Pour revenir au même exemple, — qui nous met du reste au cœur de la doctrine, — c'est par des considérations tirées de la géométrie et de la philosophie naturelle que Kant a été amené à concevoir que l'espace et le temps ont une existence absolue, capable de fonder les rapports des choses au lieu d'en dériver, ensuite que cette existence ne peut être qu'une existence idéale, ou mieux la forme *a priori* de l'intuition sensible[1] ; l'affirmation de la liberté transcendantale ne s'est produite dans le système qu'avec l'autorisation préalable de cette théorie. Aussi Kant, à ce qu'il semble, a plus fidèlement exprimé sa règle de conduite intellectuelle, quand il a dit dans la *Préface* de la seconde édition de la *Critique* : « Supposé que la morale implique nécessairement la liberté (au sens le plus strict)..., mais que la raison spéculative ait démontré que la liberté ne se laisse nullement concevoir, il faut nécessairement que la première de ces suppositions, la supposition morale, fasse place à celle dont le contraire renferme une contradiction manifeste[2]. » Kant n'a donc voulu fonder sa philosophie pratique qu'en l'accordant avec sa philosophie théorique.

---

1. Cf. Riehl, *Der philosophische Kriticismus*, I, p. 256-264. — Ch. Andler, *Introduction* aux *Premiers principes métaphysiques de la science de la nature*, traduits par Ch. Andler et Ed. Chavannes, p. LXXXVI sq.
2. *Kritik der reinen Vernunft*, III, p. 24.

Dira-t-on que l'idée de cet accord est un postulat arbitraire, uniquement propre à précipiter l'esprit vers des arrangements artificiels ? Mais cette objection atteindrait, par delà Kant, la pensée philosophique en général, dont l'activité ne peut se soutenir que par une foi profonde dans l'harmonie finale des principes auxquels obéissent les diverses disciplines humaines. Dira-t-on que cet accord n'a pu être réalisé par Kant que d'une façon tout extérieure, puisque la raison théorique ne fait en somme que réserver des possibilités dont la détermination ultérieure n'est plus sous son empire? Mais on raisonne alors comme si Kant n'avait mis dans sa philosophie pratique que des tendances personnelles sans justification et sans contrôle ; on oublie trop les caractères propres du développement de sa pensée, et les voies par lesquelles il est arrivé à la constitution de sa morale. Moins qu'un autre Kant s'est abandonné, dans ses réflexions sur la moralité, aux suggestions de son sens propre et au cours naturel de ses idées ; moins qu'un autre il a été systématique par avance ; le souci d'analyse qu'il a apporté dans les questions de tout ordre l'a mis en garde contre ces synthèses prématurées par identification de concepts, qui étaient en honneur dans la métaphysique antérieure à lui. Et c'est peut-être pour avoir délibérément répudié, par suspicion légitime, une notion de la moralité que les philosophes avaient construite en vue de leurs doctrines, pour avoir voulu dépasser l'idée d'une harmonie préétablie entre le degré de moralité et le degré de connaissance claire, qu'il a été le plus exposé au reproche de relier arbitrairement dans son système sa philosophie pratique à sa philosophie théorique. Mais en accordant que la liaison qu'il a établie entre les deux ne résiste pas à toute épreuve, laquelle de ces deux dispositions vaut-elle le mieux scientifiquement, ou de celle qui consiste à transposer, pour les rendre plus facilement assimilables à une doctrine intellectualiste de la science et de la raison, les notions de la conscience morale commune, ou de celle qui considère d'abord ces notions morales telles quelles, qui tend à en discuter le sens et à en découvrir le lien avant d'en déterminer la place dans une doctrine d'ensemble. Par des moyens qui peuvent ne plus être les nôtres, mais qui procèdent d'une pensée méthodique juste, Kant a essayé de remplir cette double tâche : analyser la vie morale dans sa réalité spécifique, ensuite en unifier le principe avec ceux de la science. Le savoir qu'il a cherché à abolir n'était que ce prétendu savoir de l'absolu, qui au fond ne réalisait l'unité de la connaissance et de la moralité que par l'indistinction, et la croyance pour laquelle il a réclamé, due à des exigences pratiques, outre qu'elle ne produit en aucune façon une science contre la science, tend à s'intégrer de plus en plus dans la raison. C'est mal voir la philosophie kantienne que de se la représenter comme s'infléchissant à partir d'un certain point dans une direction arbitraire : il faudrait plutôt se la figurer comme travaillant à établir la convergence de deux doctrines constituées séparément[1]. Pour reprendre l'image par laquelle on l'a critiquée, elle n'offre pas un système pourvu de deux centres de gravité, et mis par là en dehors des lois rationnelles : il semble plutôt qu'elle cherche à fixer idéalement le centre de gravité d'un système universel dans lequel viendraient se composer avec leurs forces respectives indépendantes deux systèmes originairement distincts.

Il serait donc injuste de méconnaître les précautions que Kant a prises contre lui-même, en faveur de la vérité objective, dans la constitution progressive de sa morale, et dans la recherche du rapport qui lie, pour une philosophie intégrale, la morale à la science. On peut bien relever l'influence de son caractère sur certains traits tout à fait saillants de sa doctrine, on peut bien dire que la façon dont l'obligation morale se présentait à lui a dû déterminer la façon dont il a défini l'obligation morale en elle-même et

---

1. Em. Boutroux, *Rôle de la Dialectique transcendantale*, dans les Leçons de la Sorbonne, publiées par la Revue des Cours et Conférences, 4ᵉ année (1895-96), 1ʳᵉ série, p. 632-633.

pour tous. Mais sans rappeler une fois de plus à quelle discipline Kant s'est toujours efforcé de soumettre ses vues spontanées, il n'est pas du tout sûr que certaines tendances personnelles très fortes ne soient que des maîtresses d'illusion, qu'elles n'évoquent pas heureusement, pour la recherche intellectuelle, des objets jusqu'alors négligés ou non aperçus. Que la profondeur du sentiment moral chez Kant l'ait entraîné à vouloir découvrir ce qui appartient en propre à la vie morale, sans mélange et sans altération, puis à faire valoir directement pour l'action pratique cet esprit d'universalité dont la métaphysique antérieure avait si puissamment révélé la valeur souveraine, au bénéfice de l'intelligence : cela est vrai sans aucun doute ; mais ce qui est peut-être vrai aussi, c'est qu'à étudier la moralité telle quelle dans la conscience commune, qu'à la définir, non plus selon l'ordre transcendant des choses, mais selon l'ordre immanent de l'humanité, la pensée s'est rapprochée davantage des conditions d'une analyse et d'une synthèse scientifiques. Il n'est pas jusqu'au rigorisme de Kant qui n'ait suscité en lui un désir d'épuration intellectuelle et de critique, un besoin de prévenir, parallèlement à la confusion des mobiles de l'activité, la confusion des idées et des méthodes[1]. Enfin si la personnalité de Kant s'est projetée dans sa doctrine morale, ce n'a pas été par une force d'expansion immédiate, ni aveugle ; le temps même qu'il lui a fallu, dans ce cas, pour se reconnaître tout entière, a contribué à la mettre sous la dépendance d'habitudes d'esprit sévèrement méthodiques : car c'est un fait remarquable, qu'elle a imposé sur des problèmes tout spéculatifs, avant de la manifester sur les problèmes moraux, sa puissance propre de critique et de rénovation. Kant tentait une généralisation hardie de la science newtonienne, il saisissait vivement, en essayant de la résoudre, l'opposition de la science newtonienne et de la métaphysique leibnizienne, tandis que, sur les sujets concernant les fins de l'action hu-

---

[1]. *Grundlegung zur Metaphysik der Sitten*, IV, p. 237-238.

maine, il croyait se satisfaire par les formules venues de Leibniz et de Wolff. La progression plus lente de sa pensée vers les questions et les idées qui pouvaient le mieux répondre à sa nature intime, n'est-elle pas un nouvel indice, qu'en ces matières mêmes, il s'est efforcé autant qu'il a pu « d'éviter soigneusement la précipitation et la prévention » ? Au surplus, ce qui le défendra sans doute le mieux contre certaines objections sommaires, c'est l'explication historique des concepts moraux tels qu'ils se sont développés dans sa philosophie[1].

1. Sur l'évolution de la philosophie de Kant en général, et plus spécialement de sa philosophie morale, cf. : Kuno Fischer, *Geschichte der neuern Philosophie* (édition du jubilé), IV, 1, 1898, p. 136-309. — Ueberweg-Heinze, *Grundriss der Geschichte der Philosophie*, III, 1 (9ᵉ édition), 1901, p 273-288. — Ed. Zeller, *Geschichte der deutschen Philosophie seit Leibniz* (2ᵉ édition), 1875, p. 329-341. — Edward Caird, *The critical philosophy of Kant*, 1889, I, p. 104-226. — Em. Boutroux, *Etudes d'histoire de la philosophie, Kant*, 1897, p. 329-346; *Les idées morales de Kant avant la « Critique »*, dans la Revue des Cours et Conférences, 9ᵉ année (1900-1901), 2ᵉ série, p. 1-8. — D. Nolen, *La Critique de Kant et la Métaphysique de Leibniz*, 1875. — Adickes, *Kant-Studien; Die bewegenden Kräfte in Kants philosophischer Entwickelung und die beiden Pole seines Systems*, Kantstudien, I, pp. 1-59, 161-196, 352-415, *passim*; *Kants Systematik als systembildender Factor*, 1887. — H. Cohen, *Die systematischen Begriffe in Kants vorkritischen Schriften nach ihrem Verhältniss zum kritischen Idealismus*, 1873. — Benno Erdmann, *Reflexionen Kants zur kritischen Philosophie* : I, *Zur Entwickelungsgeschichte von Kants Anthropologie*, 1882, p. 37-64 (contre les thèses de Benno Erdmann, v. Emil Arnoldt, *Kritische Excurse im Gebiete der Kant-Forschung*, 1894, p. 269-368); II, *Die Entwickelungsperioden von Kants theoretischer Philosophie*, 1885, p. xiii-lx. — Riehl, *Der philosophische Kriticismus*, I, 1876, p. 202-294. — Eduard von Hartmann, *Kants Erkenntnisstheorie und Metaphysik in den vier Perioden ihrer Entwickelung*. — F. Paulsen, *Versuch einer Entwicklungsgeschichte der kantischen Erkenntnisstheorie*, 1875; *Kant*, 1898, p. 74-105. — Th. Ruyssen, *Kant*, 1900, p. 21-61. — Harald Höffding, *Die Kontinuität im philosophischen Entwicklungsgange Kants*, Archiv für Geschichte der Philosophie, VII, pp. 173-192, 376-402, 449-485. — K. Dietrich, *Die kritische Philosophie in ihrer inneren Entwickelungsgeschichte*, II Theil (Psychologie und Ethik), 1885. — A. Hegler, *Die Psychologie in Kants Ethik*, 1891, ch. xi, p. 305-328. — Foerster, *Der Entwicklungsgang der kantischen Ethik bis zur Kritik der reinen Vernunft*, 1894. — Thon, *Die Grundprincipien der kantischen Moralphilosophie in ihrer Entwickelung*, 1895. — P. Menzer, *Der Entwicklungsgang der kantischen Ethik bis zum Erscheinen der Grundlegung zur Metaphysik der Sitten*, I. Theil (Inaug. Diss), 1897; *Der Entwicklungsgang der kantischen Ethik in den Jahren 1760 bis 1785*, Kantstudien, II, p. 290-322, III, p. 41-104. — Neuendorff, *Der Verhältniss der kantischen Ethik zum Eudämonismus*, 1897. — Karl Schmidt, *Beiträge zur Entwickelung der kantischen Ethik*, 1900. — O. Schlapp, *Kants Lehre vom Genie und die Entstehung der « Kritik der Urtheilskraft »*, 1901.

PREMIÈRE PARTIE

LES IDÉES MORALES DE KANT AVANT LA CRITIQUE

CHAPITRE PREMIER

LES PREMIÈRES CONCEPTIONS MORALES DE KANT

Les écrits de Kant antérieurs à 1760 ne révèlent chez lui aucune préoccupation méthodique des problèmes moraux ; ils ne touchent à ces problèmes qu'indirectement, et selon leur rapport, soit à une conception scientifique, soit à une interprétation métaphysique ou religieuse de l'ensemble des choses ; ils ne témoignent à coup sûr d'aucun progrès accompli par la pensée abstraite et doctrinale dans cet ordre plus spécial d'idées. Ils ne sont le plus souvent instructifs que par le contraste qu'ils présentent avec les œuvres ultérieures. Çà et là cependant ils esquissent certaines attitudes d'esprit qui plus tard seront dessinées plus délibérément. Ce qui relève alors d'une inspiration plus indépendante et plus large ne consiste guère qu'en pressentiments poétiques et qu'en divinations. C'est ainsi que dans l'*Histoire universelle de la Nature et théorie du Ciel*[1] le vigoureux élan intellectuel qui entraîne Kant à pousser jusqu'aux dernières limites possibles l'explication scientifique de la nature, imprime par contre-coup un mouvement à son imagination et aboutit ainsi à des rêves de mondes merveilleux pour nos destinées ultra-terrestres. Ce qui relie l'une à l'autre l'invention positive et la libre vision, c'est ce sentiment profond de

---

1. *Allgemeine Naturgeschichte und Theorie des Himmels*. 1755.

l'infinité de l'univers, qui fait redire à Kant le vers du
« plus sublime des poètes allemands », de Haller :

Unendlichkeit! wer misset dich[1]*?*

Embrassé par une science plus complète, le ciel étoilé ne
perd rien de sa puissance de fascination sur l'âme, et il y
a comme un accord providentiel de sa magnificence avec la
sublimité des aspirations et des espérances humaines.

L'idée maîtresse du livre est que le monde a dû se former
en vertu des lois mêmes qui le conservent, et que le système newtonien, limité par son auteur à la constitution
actuelle de l'univers, peut et doit, par l'extension de ses
principes propres, en expliquer les origines. Parti de là,
Kant expose une cosmogonie mécaniste qui maintes fois a
été comparée, plus ou moins justement, à l'hypothèse de
Laplace. Toutefois, alors même qu'il reconnaît le plus
expressément le droit de la science à rendre compte des
premiers commencements des choses, il prétend que la
croyance religieuse, respectable avant tout, doit être mise
hors de toute atteinte[2]. Pour résoudre l'apparente antinomie qui pourrait résulter de cette double disposition
d'esprit, il introduit une distinction importante dont sa
philosophie ultérieure fera, sous une forme renouvelée par
la *Critique,* un fréquent usage : c'est la distinction entre
la causalité déterminable dans le temps, qui ne permet de
remonter qu'à un état relativement premier du monde, et
la cause absolument première, indépendante du temps,
raison déterminante de toute la suite régulière des choses.
Ainsi il est possible de maintenir l'action divine comme
fondement de l'univers mécaniquement expliqué. L'obligation méthodique de poursuivre jusqu'au bout la détermination des forces mathématiquement calculables, d'exclure
en conséquence toute intervention de Dieu que l'on voudrait

1. I, p. 295.
2. I, p. 211.

prendre sur le fait, ne saurait se retourner contre l'idée d'une Cause intelligente de la nature. Au contraire, la meilleure démonstration de l'existence de Dieu est celle qui est tirée de l'enchaînement nécessaire et de l'influence réciproque des éléments de l'univers : leur commune liaison prouve leur commune dépendance à l'égard de la suprême sagesse. Une même erreur est au fond professée par ceux qui nient l'action divine et par ceux qui ne la conçoivent qu'extraordinaire ou arbitraire ; et cette erreur consiste à se figurer la matière comme étant par elle-même aveugle et sans lois : d'où, chez les uns, la pensée que le hasard gouverne tout, c'est-à-dire que rien n'est gouverné, chez les autres, la pensée que tout n'est gouverné que du dehors, par arrangement artificiel et sans suite. En réalité, le passage du chaos à l'ordre n'exige rien de plus que les lois qui agissent au sein du chaos même, et ce qui prouve qu'il y a un Dieu, c'est que, jusque dans le chaos, la nature procède selon des lois[1].

Kant estime, il est vrai, que s'il est permis de dire sans présomption : Donnez-moi la matière, je vais montrer comment un monde va en sortir, il est plus téméraire d'ajouter : Donnez-moi la matière, je vais montrer comment un être vivant, une chenille ou un brin d'herbe va en sortir[2]. Mais, selon une vue qu'il reproduira plus tard, l'impossibilité d'expliquer ainsi l'apparition de la vie marque moins l'impuissance du mécanisme en lui-même que la limite de nos facultés[3]. Au fond la conception qu'il

---

1. I, p. 212-218, 313-316.
2. *Kritik der Urtheilskraft*, V, p. 412 : « Il est tout à fait certain que nous ne pouvons en aucune façon apprendre à connaître suffisamment, à plus forte raison nous expliquer les êtres organisés et leur possibilité interne uniquement d'après les principes mécaniques de la nature, tellement certain en vérité, que l'on peut dire hardiment qu'il est insensé pour des hommes, même de concevoir seulement une telle entreprise, ou d'espérer qu'il puisse surgir quelque nouveau Newton qui rendrait compte de la production d'un brin erbe par des lois naturelles que n'aurait ordonnées aucun dessein. »
3. I, p. 219-220.

expose ici sous-entend constamment, quand elle ne l'exprime pas formellement, une sorte d'immanence de la finalité dans le mécanisme ; ce qui est simplement exclu, c'est cette téléologie anthropomorphique qui met immédiatement l'action humaine au centre de tout, qui l'affranchit de toute connexion nécessaire avec le développement de l'univers. Les pages de haute pensée et de vive imagination, dans lesquelles Kant décrit l'infinité de la création par delà l'espace et le temps, la production et les transformations successives des mondes, paraissent destinées surtout à fortifier l'idée que la nature dans son œuvre ne se règle ni sur les désirs, ni sur les représentations spontanées de l'homme[1]. « La Nature, bien qu'elle ait une destination essentielle à la perfection et à l'ordre, comprend en elle, dans l'étude de sa diversité, toutes les modifications possibles, même jusqu'aux défectuosités et aux perturbations. C'est juste la même inépuisable fécondité qui a produit les globes célestes habités aussi bien que les comètes, les utiles montagnes et les funestes écueils, les contrées habitables et les solitaires thébaïdes, les vertus et les vices[2]. » Ce n'est pas à dire que l'homme reste fatalement l'esclave de cette puissance qui l'enveloppe : il peut la dominer par la sérénité de sa pensée, par l'union intime de son être avec Dieu. C'est là un bonheur que la raison s'enhardit à peine à concevoir, mais que la révélation autorise à espérer. « Lors donc que tombent les liens qui nous tiennent enchaînés à la frivolité des créatures, au moment qui est marqué pour la transformation de notre être, l'esprit immortel, libéré de la dépendance des choses finies, va trouver dans la communion avec l'Être infini la jouissance de la véritable félicité. La Nature tout entière qui soutient un rapport harmonique universel avec la complaisance de la Divinité, ne peut que remplir d'un contentement perpétuel cette créature raisonnable qui se trouve unie à la source première

1. I, p. 289 sq.
2. I, p. 328.

de toute perfection... Les scènes changeantes de la nature ne peuvent troubler la tranquille félicité d'un esprit qui s'est une fois élevé à une telle hauteur[1] ».

Ces idées de Kant reparaissent à nouveau parmi les conjectures et les rêves qui remplissent la troisième partie de son livre, intitulée : *Des Habitants des Astres*. Rien n'est plus faux, selon Kant, qu'une conception téléologique qui subordonne la marche de l'univers aux fins particulières de l'homme. Aussi bien que l'homme, l'insecte pourrait juger que son existence et celle de son espèce mesurent la valeur de tout. Or, parce que la nature produit tous les êtres avec une égale nécessité, aucune classe d'êtres n'a le droit de se mettre à part ; en ce qui nous concerne, il est insensé d'attendre que l'ordre des forces naturelles fléchisse devant la considération de telle ou telle fin, dont l'accomplissement, selon nos vues bornées, donnerait plus de beauté ou de perfection aux choses. Que pourrait signifier au surplus, même s'il était authentiquement établi, tel défaut de l'univers ? N'est-ce pas la propriété de l'Infini d'être une grandeur qui ne saurait être diminuée par la soustraction d'aucune partie finie[2] ?

L'homme est lié au Tout dans sa pensée et dans son action. Quelque disproportion qu'il paraisse y avoir entre la faculté de penser et les mouvements de la matière, il n'en est pas moins certain que l'homme tire ses représentations et ses concepts des impressions que l'univers suscite en lui par l'intermédiaire de son corps. Or ce corps qui enveloppe l'esprit est d'une matière plus ou moins grossière ; d'une façon générale, les corps des habitants des diverses planètes sont faits d'une matière d'autant plus subtile et légère que ces planètes sont plus éloignées du soleil ; on conçoit donc, pour l'homme, que l'imperfection de son organisme le condamne à la servitude des idées confuses et des passions. Au fait, il semble que la destinée de la plu-

1. I, p. 304.
2. I, p. 331-332.

part des hommes consiste à satisfaire les plus élémentaires besoins de leur existence, à croître sur place, comme les plantes, à propager leur espèce, à vieillir et à mourir : leur puissance de penser reste opprimée sous les penchants qu'elle devrait gouverner. La faculté de lier des concepts abstraits, d'opposer au tumulte des passions la force des représentations claires reste ainsi chez beaucoup sans vigueur ; si elle se manifeste chez quelques-uns, ce n'est que tard et par intermittence ; la lumière de la raison n'est dans l'humanité que comme ces rayons voilés ou brisés par l'épaisseur des nuages[1].

Tout au moins la perspective souriante nous est ouverte d'un développement supérieur de la pensée dans d'autres mondes, et notre situation d'enfants de la terre nous permet d'en juger par comparaison. S'il y a au-dessous de nous des êtres dont les plus privilégiés sont ce qu'est un Hottentot par rapport à un Newton, nous pouvons concevoir au-dessus de nous de ces êtres bienheureux qui sont à Newton, suivant l'expression de Pope, ce que Newton est à un singe. Et ce qui les élève si haut, ce sont ces vues distinctes de la pure intelligence, qui deviennent spontanément des mobiles d'action, d'une force et d'une vivacité bien supérieures à tous les attraits sensibles. « Avec combien plus de magnificence la Divinité qui se peint dans toutes les créatures ne se reflète-t-elle pas dans ces natures pensantes qui reçoivent paisiblement son image comme une mer que n'agitent point les orages des passions[2] ! » Qui sait d'ailleurs si ces globes célestes ne sont pas comme les degrés matériels que doit franchir l'âme immortelle dans l'infinité de sa vie à venir ? N'y a-t-il pas une affinité entre le spectacle qu'ils nous offrent, le prestige qu'ils exercent sur notre curiosité, et la conscience de la destinée de l'esprit, dépassant peu à peu tout ce qui est fini, s'assurant par une plus intime union avec Dieu la perpétuité de son exis-

1. I, p. 333 sq.
2. I, p. 338.

tence¹? « Au fait, quand on s'est rempli l'âme de telles pensées..., la contemplation d'un ciel étoilé, par une nuit sereine, nous donne une sorte de joie que les nobles âmes sont seules à ressentir. Dans le silence universel de la nature et le repos des sens, la mystérieuse faculté de connaître qui est au fond de l'esprit immortel parle une langue ineffable et fournit des idées d'un sens enveloppé, qui se laissent bien sentir, mais ne se laissent pas décrire². »

Telle est la première conception que Kant nous présente des conditions et des fins de l'action humaine. Il en emprunte visiblement le fonds aux postulats du rationalisme traditionnel, selon lesquels les progrès de la pensée déterminent les progrès de la vie morale. Faut-il noter comme l'indice d'une disposition plus personnelle le jugement pessimiste d'apparence qu'il porte sur l'humanité, sur la puissance des causes qui la tiennent presque invinciblement éloignée de son idéal³? Peut-être en quelque mesure; encore ne faut-il pas oublier que cette façon de juger l'humanité actuelle a été souvent avouée par le rationalisme même, qui tient naturellement la possession de la raison pour un bien aussi rare que précieux, qu'elle n'est pas en outre incompatible avec cette sorte d'optimisme qui cherche hors des réalités finies le principe de l'estimation définitive de l'univers. Quant au genre de conjectures, où semble s'égarer l'esprit de Kant, il révèle à coup sûr un penchant à la spéculation aventureuse et quasi-mythi-

---

1. I, p. 343. — C'est par des vues du même genre que Fechner, dans son *Zend. Avesta*, préludait aux idées constitutives de la psycho-physique.

2. I, p. 345. On songe tout naturellement à la phrase si souvent redite qui commence la conclusion de la *Critique de la raison pratique* : « Deux choses remplissent l'âme d'une admiration et d'un respect toujours nouveaux et qui s'accroissent à mesure que la réflexion s'en occupe plus souvent et avec plus d'insistance : *le ciel étoilé au-dessus de moi et la loi morale en moi* », V, p. 168. Mais la suite du développement montre bien comment dans l'intervalle Kant a pris conscience d'un autre infini que l'infini du monde visible, à savoir l'infini du monde intelligible, qui est l'infini véritable, où règne la personnalité.

3. Paul Menzer, *Der Entwicklungsgang der kantischen Ethik*, I Theil (Inaug.-Diss), p. 19-20.

que, qui même plus tard, en face des sévères restrictions de la *Critique*, continuera à se réserver quelques droits ; mais il n'est pas non plus étranger au besoin qu'éprouve souvent la pensée rationaliste d'achever son œuvre de dialectique abstraite par la divination intuitive de l'essence et de la destinée des êtres. Est-ce que certaines des formules particulières dont Leibniz avait revêtu le rationalisme ne se prêtaient pas d'elles-mêmes au jeu des spécieuses analogies? Dans les conclusions de l'*Histoire universelle de la nature*, il y a comme un usage de l'inspiration leibnizienne très semblable à celui que Kant plus tard, porté à plus de rigueur, reprochera à Herder[1]. Au moins faut-il reconnaître que déjà ces hypothèses ne sont pas développées ici sans quelque réserve[2]. « Il est permis, dit Kant, il est convenable de se divertir avec des représentations de ce genre ; mais personne ne fondera l'espoir de la vie future sur des images aussi incertaines de l'imagination[3]. »

.·.

Tandis que l'*Histoire universelle de la Nature* concilie

1. Dans son *Compte rendu du livre de Herder intitulé : Idées concernant la philosophie de l'histoire de l'humanité* (1785). V. plus loin, 2ᵉ partie. — Leibniz a indiqué lui-même le rôle que joue l'analogie dans son système; tout en préférant nettement les analogies qui portent sur les êtres vivants et qui en généralisent les caractères, il signale au passage les conjectures auxquelles on peut se livrer sur les mondes célestes : « Quelques hommes d'esprit voulant donner un beau tableau de l'autre vie promènent les âmes bienheureuses de monde en monde; et notre imagination y trouve une partie des belles occupations qu'on peut donner aux génies. Mais quelque effort qu'elle se donne, je doute qu'elle puisse rencontrer, à cause du grand intervalle entre nous et ces génies et de la grande variété qui s'y trouve. » *Nouveaux Essais*. L. IV, ch. XVI. *Phil. Schr.* Ed. Gerhardt, V, p. 454-456. — Incontestablement d'ailleurs la philosophie de Leibniz fournissait des thèmes à de nombreuses combinaisons par analogie, et c'était sans doute ce que reconnaissait Herder quand il appelait Leibniz un « poète dans la métaphysique ». — Remarquons encore que les *Idées* de Herder, en s'inspirant de la philosophie spinoziste et de la philosophie leibnizienne, omettent le criticisme kantien et se bornent à louer Kant pour sa théorie du ciel.
2. I, p. 343.
3. I, p. 344.

avec la conception newtonienne de la science, généralisée dans son propre sens, des intuitions philosophiques plus ou moins directement suggérées par la philosophie de Leibniz, la *Nova dilucidatio*[1], par une interprétation et une rectification des idées leibniziennes et wolffiennes sur les premiers principes, s'efforce d'établir les conditions rationnelles de la science, telle que Newton l'a comprise. Les idées morales de Kant qui étaient précédemment enveloppées dans une cosmogonie sont maintenant rattachées, avec le déterminisme qu'elles impliquent, à une théorie de la connaissance.

L'effort fait par Kant pour donner dans cet ouvrage une formule et une démonstration plus exactes du principe de *raison suffisante*, ou, comme il veut l'appeler avec plus de précision, de *raison déterminante*[2], l'amène à rechercher quel est le rapport de ce principe avec la liberté humaine. Crusius soutient que ce principe ne peut être rigoureusement démontré, que, s'il pouvait l'être, il tendrait à justifier un fatalisme comme celui des Stoïciens, c'est-à-dire à nier la liberté et la responsabilité morale ; autant pour cette conséquence que pour le manque d'évidence du principe, Crusius conclut que certaines choses existantes sont suffisamment déterminées par le seul fait de leur existence actuelle, que les actes libres, quand il s'en produit, sont au nombre de ces choses. Kant estime qu'une fois mieux établi, le principe de raison déterminante résiste aux critiques de Crusius et n'est incompatible qu'avec la fausse conception d'une liberté d'indifférence. Si le légitime dédoublement de ce principe en principe de la raison d'être

---

[1]. *Principiorum primorum cognitionis metaphysicæ nova dilucidatio*, 1755.

[2]. I. p. 374. — Leibniz, au contraire, avait fini par préférer l'expression de « raison suffisante » à l'expression de « raison déterminante » qu'il avait un moment employée. (Cf. *Théodicée*, Phil. Schr. Ed. Gerhardt, VI, p. 127.) Wolff avait critiqué chez Leibniz l'usage de « raison déterminante » pour désigner la « raison suffisante ». *Philosophia prima sive Ontologia*, Ed. nov. 1736, § 117.

et en principe de la raison de connaître conduit à admettre que l'existence finalement fonde l'intelligibilité du possible au lieu d'en dériver, il n'y a que l'Être nécessaire, Dieu, qui par son être même soit indépendant de la raison d'être antécédemment déterminante ; tous les êtres contingents, sans exception, en relèvent. Que l'on suppose donné, en effet, un acte de libre volition : peut-on dire que son actualité même le détermine entièrement? Dans ce cas, il faudrait tenir pour indifférente la place qu'il occupe dans le temps, ou reconnaître qu'à un moment antérieur les causes manquaient pour le produire. Or, admettre qu'à l'absence de raison antécédente corresponde la non-existence, c'est admettre qu'il faut une raison antécédente pour déterminer l'existence[1]. En vain invoquerait-on, pour soustraire l'action libre au déterminisme, la distinction de la nécessité *absolue* et de la nécessité *hypothétique* ; contre les partisans de la philosophie de Wolff, Crusius a justement montré la la vanité de cette distinction : à quoi sert à l'homme qui agit en un sens de concevoir la possibilité abstraite d'un contraire qui, dans les conditions où il se trouve, reste effectivement impossible? Kant ne veut pas user de pareils subterfuges logiques. « De même qu'on ne peut rien concevoir de *plus vrai* que le *vrai*, rien de *plus certain* que le *certain*, de même on ne peut rien concevoir de *plus déterminé* que le *déterminé*[2]. » La question n'est pas dans le degré, mais dans l'origine de la nécessité. Une nécessité comme celle qui incline la volonté divine, par les raisons comprises dans un entendement infini, ne laisse pas d'être absolue, bien qu'elle s'accorde pleinement avec la liberté ; de même, ce n'est pas chez l'homme une moindre nécessité, une raison d'être plus vague et plus incertaine qui distingue des actions physiques les actions produites par la liberté morale ; c'est la constitution de la

1. I, p. 378.
2. I, p. 382.

nécessité par des motifs tirés de l'intelligence. L'apparente indifférence de certaines de nos résolutions à l'égard des mobiles conscients dissimule simplement une reprise de notre volonté par les forces inférieures et obscures de notre être, comme la foi dans l'égale possibilité des contraires n'est qu'une imposture de l'imagination qui nous représente la tendance à varier nos états comme le pouvoir de modifier à notre gré les raisons objectives de nos actes. En réalité, quand des actes s'accomplissent sous l'empire des sollicitations et des impressions extérieures, sans qu'il y ait inclination spontanée, on peut dire qu'ils sont l'œuvre de la fatalité; ils sont libres dès qu'ils dépendent d'une nécessité intérieure à nous-mêmes. Or, comme Leibniz, Kant marque deux moments principaux de cette nécessité, un moment inférieur où il s'agit de spontanéité plutôt que de liberté véritable, où, bien que la conception monadologique de la substance soit exclue [1], l'âme est conçue comme un principe interne d'action, et un moment supérieur, où la liberté est définie comme la puissance d'agir conformément à la représentation claire du meilleur possible, où c'est précisément la nécessité rationnelle de ce genre d'action qui en fonde la valeur. Dans un dialogue qu'il institue entre Titius, partisan du déterminisme rationaliste, et Caïus, partisan de la liberté d'indifférence, Kant essaie de résoudre selon la plus pure inspiration leibnizienne les difficultés que l'on oppose à la doctrine de la nécessité morale : la liaison des effets et des causes dans l'ordre des actes volontaires, loin d'être un motif d'excuse, rend l'action essentiellement dépendante de l'agent ; elle rattache intimement en l'homme ce qu'il fait à ce qu'il est ; elle l'assure en quelque sorte du bien et du mal qu'il accomplit. « Ton action n'a pas été *inévitable*, comme tu parais le soupçonner,

---

1. V. la troisième section de la *Nova dilucidatio*, où, pour justifier philosophiquement la conception newtonienne de l'attraction, Kant substitue à l'idée de l'harmonie préétablie le système du commerce universel des substances. I, p. 393-400.

car tu n'as pas cherché à l'éviter ; mais elle a été *infaillible* selon la tendance de ton désir en rapport avec les circonstances où tu étais placé. Et cela t'accuse plus hautement. Car tu as désiré avec tant de violence que tu n'as pu te laisser distraire de ta résolution. ¹ » La responsabilité n'est détruite que par la contrainte que l'on est forcé de subir passivement ; elle ne l'est point par l'acceptation de raisons qui attirent sans entraîner ; chacun de nos actes nous engage véritablement. Par une formule de conciliation qu'il jugera plus tard absolument vaine, et qu'il cherchera en conséquence à remplacer², Kant manifeste sa confiance dans un accord possible entre la nécessité des actes et la responsabilité morale, conçues comme deux vérités à reconnaître pleinement, sans atténuation³. Mais alors même que, selon ces idées, notre conduite rentre sous notre responsabilité propre, est-ce que la tendance à remonter de raison en raison dans la série des actes n'aboutit pas à Dieu comme cause unique et suprême de tous les événements? Est-ce qu'il n'en reste pas moins impossible de concilier avec la bonté et la sainteté parfaites l'existence du mal, dont Dieu, par sa prescience et sa puissance combinées, paraît bien être la raison dernière et déterminante? La réponse de Kant est encore toute leibnizienne : le mal n'existe qu'en vue d'un plus grand bien, ou même du plus grand bien possible. Précisément parce que Dieu, déterminé par sa perfection à créer, a voulu réaliser dans ses créatures tous les degrés de perfection, il n'a pu supprimer ces causes de mal

1. I, p. 384.
2. Dans cette façon d'accorder la liberté et la nécessité Kant ne verra plus tard qu'un « misérable subterfuge », qu'une « pure duperie de mots » ; de la liberté identifiée à la nécessité des représentations claires, de cette liberté purement psychologique et relative, il dira qu'« elle ne vaudrait guère mieux au fond que la liberté d'un tourne-broche qui, lui aussi, une fois qu'il a été monté, exécute de lui-même ses mouvements. » *Kritik der praktischen Vernunft* (1re partie, livre I, ch. III), V, p. 101-102.
3. Sur la double affirmation du déterminisme et de la responsabilité morale dans la doctrine ultérieure, v. *Kritik der reinen Vernunft* (Dialectique transcendantale, livre II, ch. II, section IX, 3), III, p. 383-384; *Kritik der praktischen Vernunft* (1re partie, livre I, ch. III), V, p. 102-105.

qui n'eussent pu disparaître qu'avec de très glorieuses images de sa sagesse et de sa bonté. Si Dieu déteste le mal, il a encore plus d'amour pour les perfections plus considérables qui en peuvent provenir. Bien entendue, la doctrine de la nécessité morale ne porte pas plus d'atteinte à la bonté et à la sainteté de Dieu qu'à la liberté et à la responsabilité de l'homme [1].

*
* *

Kant adhérait donc pleinement à l'optimisme de Leibniz [2]. Il maintint son adhésion aussi ferme au milieu de l'émotion et des discussions que provoqua le tremblement de terre de Lisbonne. Les trois petits écrits qu'il publia pour

1. I, p. 385-387.
2. Il faut noter cependant que Kant semble n'avoir pas adopté tout d'abord sans quelque restriction l'optimisme leibnizien. En 1753, l'Académie de Berlin avait mis au concours pour 1755 une étude sur le système de Pope résumé dans cette formule: tout est bien, et elle engageait clairement dans son programme à le comparer avec le système de Leibniz. Ce sujet qui provoqua les critiques et les railleries de Lessing dans l'écrit anonyme qu'il publia avec Mendelssohn sous le titre « *Pope ein Metaphysiker!* » (Danzig, 1755) attira au contraire sérieusement l'attention de Kant. En cela peut-être Kant cédait au souvenir de l'enseignement d'un professeur de l'Université de Kœnigsberg, Rappolt, qui en 1741 avait expliqué les *Essays on man* de Pope, qui, l'année suivante, avait annoncé comme sujet de cours une *Théodicée* d'après Pope (V. Benno Erdmann, *Martin Knutzen*, p. 140, note). On ne sait pas s'il concourut effectivement. Toujours est-il que nous avons dans les *Feuilles détachées*, publiées dans ces derniers temps par Reicke (*Lose Blätter aus Kants Nachlass*, Kœnigsberg, I, 1889; II, 1895; III, 1898) des fragments du travail qu'il avait préparé. Est-ce par condescendance pour les intentions qu'avait pu avoir l'Académie en proposant ce sujet? Ce qui est certain, c'est que la doctrine de Leibniz est jugée par Kant inférieure à celle de Pope. Elle encourt selon lui les objections suivantes: 1° si l'on peut accorder avec la sagesse de Dieu le fait d'avoir accepté le mal comme moyen pour un plus grand bien, comment accorder avec son infinie puissance la fatalité métaphysique qui lui impose cette condition? Le défaut du système leibnizien, c'est qu'il représente le plan du meilleur univers tour à tour comme dépendant et comme indépendant de la volonté divine : il y a là un dualisme inacceptable ; 2° c'est aussi une faiblesse pour le système, que le mal existant dans le monde ne puisse être expliqué que par la supposition préalable de l'existence de Dieu ; on perd le bénéfice de la preuve que pourrait fournir pour l'existence de Dieu le monde justifié tout d'abord dans son ordre et dans sa perfection. D 32, D 33, I, p. 293-302. V. aussi la première page de E 69, II, p. 235-236, qui paraît se rapporter au même sujet et à la même époque.

donner l'explication physique du phénomène [1] sont dirigés dans leur esprit général contre cette téléologie superficielle qui considère l'existence et le bonheur de l'homme comme les fins de la nature, et qui voit par suite autant de maux ou de punitions dans les atteintes des lois naturelles aux désirs humains [2]. Mesure bien inexacte et souvent contradictoire pour juger les événements. La même secousse qui a détruit Lisbonne a multiplié à Teplitz des sources d'eaux curatives. « Les habitants de cette dernière ville avaient leurs raisons de chanter *Te Deum laudamus*, tandis que ceux de Lisbonne entonnaient de tout autres chants [3]. » « L'homme, ajoutait Kant, est si épris de lui-même qu'il se considère purement et simplement comme l'unique but des arrangements de Dieu, comme si ces derniers n'avaient à viser qu'à lui seul, pour régler là-dessus les mesures à prendre dans le gouvernement du monde. Nous savons que l'ensemble de la nature est un digne objet de la sagesse divine et de ses arrangements. Nous sommes une partie de la nature, et nous voulons être le Tout [4]. »

La question de la Providence et du mal, posée ainsi par les circonstances, resta longtemps à l'ordre du jour et fut longuement débattue, en particulier dans les chaires académiques. Kant la reprit dans ses *Considérations sur l'optimisme* [5] qu'il écrivit en guise de programme de ses leçons du semestre d'hiver 1759-1760. Sa solution est plus que jamais, avec une fidélité presque littérale, la solution leibnizienne. Il la soutient comme une vérité qui va de soi. Il critique sur un ton d'ironie tous ceux dont le secret amour-propre n'estime une thèse que pour l'effort qu'elle coûte

---

1. *Von den Ursachen der Erderschütterungen*, 1756; *Geschichte und Naturbeschreibung der merkwürdigsten Vorfälle des Erdbebens...*, 1756 ; *Fortgesetzte Betrachtung der seit einiger Zeit wahrgenommenen Erderschütterungen*, 1756.
2. I, p. 415, p. 439-440.
3. I, p. 421.
4. I, p. 443-444.
5. *Versuch einiger Betrachtungen über den Optimismus*, 1759.

à défendre et s'accomode mieux des erreurs subtiles que des vérités communes¹. Il s'applique à montrer que la volonté de Dieu n'a pas pu agir selon son bon plaisir, qu'elle a dû se déterminer à choisir le meilleur des mondes. On conteste qu'il y ait en Dieu une idée du plus parfait des mondes; mais alors on pourrait concevoir un monde plus parfait que les mondes représentés dans l'entendement divin, et Dieu ne concevrait pas tous les mondes possibles : il ne serait pas infini. La conséquence détruit le principe². Mais ne se peut-il pas qu'il y ait plusieurs mondes répondant également à cette condition d'être les meilleurs mondes possibles ? Par un argument que lui-même déclare nouveau, Kant prétend que deux réalités ne peuvent être l'objet d'une pensée qui les compare et les distingue que si les différences qu'il y a entre elles portent, non sur leurs caractères constitutifs pris en soi, mais sur leurs degrés respectifs de détermination positive ou de perfection : d'où il résulte que la conception de deux mondes distincts et également parfaits est contradictoire, puisqu'elle suppose une perfection égale pour des degrés différents de réalité³. Cependant l'idée du plus parfait des mondes pourrait sembler pareille à telle idée illusoire, comme est, par exemple, l'idée du plus grand nombre ou de la plus grande vitesse ; on peut toujours se représenter un nombre plus grand qu'un nombre donné, une vitesse plus grande qu'une vitesse donnée : de même, un monde étant supposé le plus parfait, il est possible de se représenter un nombre plus parfait encore. Fausse assimilation. La notion de nombre exclut de soi celle d'un nombre qui serait le plus grand possible ; mais la notion du parfait, pouvant servir à définir la réalité, comporte à la fois un type supérieur de perfection qui est Dieu, et des degrés de perfection à marquer par leur rapport à ce type suprême.

1. II, p. 37.
2. II, p. 38.
3. II, p. 38-41.

Dès lors, puisque l'idée du meilleur des mondes est bien fondée comme telle, il faut, soit renoncer à concevoir ce qu'a pu être le choix de Dieu, soit admettre qu'il n'a pu être déterminé que par cette idée [1]. Que si l'on objectait que cette doctrine de la nécessité morale détruit la liberté en l'homme et en Dieu, on pourrait répondre que le sacrifice peut se faire sans regret d'une liberté telle qu'on l'entend, et qui n'est que le risque perpétuel de l'erreur et du mal. C'est au contraire un principe de joie que de se reconnaître citoyen d'un monde qui, dans son ensemble, ne peut être plus parfait, que d'avoir une place définie dans le meilleur ordre de choses qui soit concevable, que de comprendre le Tout comme la réalité la plus achevée, et ce qui arrive comme bon par rapport au Tout [2]. Ces *Considérations sur l'optimisme* sont l'œuvre de Kant où sa pensée a été le plus entièrement dogmatique : diversement appréciées au moment où elles parurent [3], il n'est pas étonnant qu'elles aient été énergiquement désavouées plus tard de leur auteur [4]. Au principe qui fait dépendre tout jugement sur les

1. II, p. 41.
2. II, p. 42-43.
3. Hamann, à qui Kant avait adressé un exemplaire de son livre, lui faisait remarquer peu après qu'il y a contradiction à admettre une Providence dont les effets ne se révèlent que dans le Tout, non dans les plus petites des parties qui servent à composer ce Tout. « Quand on allègue comme Rousseau un monde qui est le meilleur des mondes, et que l'on nie une Providence individuelle, atomistique, momentanée, on se contredit soi-même. » *Briefwechsel*, I, p. 28. Ailleurs, dans une lettre à Lindner du 12 octobre 1759, il jugeait ainsi la doctrine que Kant avait exposée : « Je ne comprends pas ses raisons... S'il valait la peine de le réfuter, j'aurais pu sans doute me donner la peine de le comprendre. Il se fonde sur le *Tout* pour juger du monde... Conclure du Tout aux parties, c'est conclure de l'inconnu au connu. Un philosophe qui me commande de regarder au Tout me crée une exigence tout aussi lourde que celui qui me commande de regarder au cœur dont il écrit : le Tout m'est aussi caché que ton cœur. » *Hamann's Werke*, Ed. Roth, I, p. 491. — Lindner, au contraire, dans une lettre à Kant du 15/26 décembre 1759, adhère aux *Considérations sur l'optimisme. Briefwechsel*, I, p. 22.
4. Borowski raconte que, quelques années avant la mort de Kant, il lui avait demandé pour les communiquer à un ami les *Considérations sur l'optimisme*, que Kant, avec un sérieux solennel, lui répondit de ne jamais faire mention de cet écrit, de n'en donner à personne les exemplaires qu'il pourrait trouver, de les faire disparaître de la circulation. *Darstellung des Lebens und Charakters Immanuel Kants*, p. 58-59 note. Kant, du reste, s'était appliqué

choses de la conception du Tout s'était substitué dans l'intervalle le principe qui subordonne tout jugement sur les choses aux droits souverains de la personne morale.

*
* *

Dans cette première période de sa pensée, Kant n'a encore fait aucun effort indépendant soit pour soumettre à une critique rationnelle les conceptions morales qu'il accepte de l'école leibnizienne et wolffienne, soit pour dégager de sa nature propre les traits à exprimer dans une éthique nouvelle. Un court passage néanmoins, dans l'un des fragments publiés par Reicke, paraît révéler à cette époque la tendance qu'il manifestera plus tard à nier toute commune mesure entre la vertu et les autres biens. Il se demande quel est le plus heureux en ce monde, de l'homme vertueux ou de l'homme vicieux. Et il répond que ce qui fait malgré les apparences la vertu plus heureuse, c'est qu'elle échappe à l'empire des désirs dont le vice est le jouet. Ce qui caractérise la vertu, c'est le renoncement ; c'est par là que la vertu a en elle toute sa valeur. « Le véritable prix de la vertu est la paix intérieure de l'âme, que les autres biens bouleversent ou corrompent. L'instruction, la gloire, la richesse : toutes ces choses n'ont pas en elles le vrai bien. Il n'y a donc que la vertu pour constituer le bonheur véritable, il n'y a qu'elle pour trouver dans l'abondance comme dans la pénurie, dans les larmes comme dans la joie de quoi se contenter. Puisque ainsi la vertu n'a rien qui lui manque, il n'y a rien qui pour elle vaille

à démontrer l'insuffisance des arguments traditionnels en faveur de l'optimisme dans son écrit de 1791 *sur l'Insuccès de toutes les tentatives philosophiques en Théodicée*. Il établit là, selon l'esprit de la philosophie critique, l'impuissance de l'esprit humain à déterminer avec certitude par des raisons théoriques le rapport du monde donné à la sagesse et à la justice d'une Cause suprême, en même temps qu'il considère comme légitime la détermination pratique de l'idée de Providence.

d'être désiré[1]. » C'est là comme un dessin anticipé des idées et des formules qui reparaîtront amplifiées et plus précises au début de l'*Etablissement de la Métaphysique des mœurs* : il n'y a qu'une seule chose qu'on puisse tenir pour bonne sans restriction, en regard même de tous les dons de la nature et de la fortune, c'est une bonne volonté.

---

[1]. Ce passage fait partie de l'un des fragments signalés plus haut, qui se rapportent à la question de l'optimisme. E 69, I. *Lose Blätter*, II, p. 235-236.

CHAPITRE II

LES ÉLÉMENTS DE LA PHILOSOPHIE PRATIQUE DE KANT (DE 1760 A 1770). — LA CRITIQUE DE LA MÉTAPHYSIQUE. — L'INFLUENCE DES ANGLAIS ET DE ROUSSEAU. — LES PRESSENTIMENTS D'UNE MÉTAPHYSIQUE NOUVELLE.

Pendant les années qui suivent 1760, Kant s'occupe de reviser les thèses fondamentales du rationalisme métaphysique ; poursuivie par les voies les plus diverses, cette œuvre de critique et de recherche reste, comme il est naturel, assez complexe, et se laisse malaisément figurer en quelques traits. Kant l'a bien caractérisée dans une lettre à Lambert du 31 décembre 1765, où il déclare que depuis plusieurs années il a tourné ses réflexions philosophiques dans tous les sens possibles et que c'est seulement après divers mouvements de bascule (*Umkippungen*) que ses pensées ont retrouvé quelque équilibre [1]. Pour ce qui est des problèmes moraux, plus directement abordés désormais [2],

---

1. *Briefwechsel*, I, p. 52. — V. la lettre à Herder du 9 mai 1767, *Ibid.*, p. 70-71.
2. Kant avait compris la philosophie morale dans le programme de ses leçons dès 1756-57. Voici, d'après les recherches d'Emil Arnoldt, *Kritische Excurse im Gebiete der Kant-Forschung*, p. 517 et suiv., les semestres pour lesquels Kant avait annoncé des leçons sur la morale ; à l'exemple d'Arnoldt, je rapporte sans parenthèses les semestres pour lesquels il est démontré que Kant a fait réellement ces leçons ; je mets entre parenthèses ( ) les semestres pour lesquels il est démontré que Kant a annoncé ces leçons sans qu'on puisse affirmer autrement que par vraisemblance qu'il les a faites ; je mets entre crochets [ ] le semestre pour lequel il est démontré que ces leçons, quoique annoncées, n'ont pas été faites : (56-57), (59), (59-60), (60-61), (61-62), (63-64), (64-65), (65-66), (66), 66-67, 67-68, (68-69), 70, 71, 71-72, [73], 73-74, (74-75), 75-76, 76-77, 77, 78-79, 80-81, 82-83, (83-84), (84-85), (86-87), 88-89, 93-94. Lorsque l'on trouve une indication de l'auteur d'après lequel

et dans le même esprit d'examen indépendant et de rénovation, il semble néanmoins possible de ramener à trois principales les causes qui chez Kant en transforment la solution et même le sens ; en premier lieu, les concepts moraux subissent le contre-coup de l'épreuve critique à laquelle sont soumis tous les concepts métaphysiques en général ; en second lieu, sous l'influence des philosophes anglais, une autre faculté que la raison, le sentiment, apparaît comme la source véritable de la moralité ; enfin, sous l'influence de Rousseau, le sentiment même devient la révélation d'un ordre de la vie tout opposé à celui que les philosophes ont ajusté artificiellement à leurs spéculations. Et ainsi tout est remis en question dans les doctrines morales dont le rationalisme fournit le type : les procédés d'explication et la matière à expliquer.

*
* *

Il est remarquable que dès le début de cette période Kant tâche de soustraire les vérités morales, ainsi que les croyances qui s'y rattachent, au doute qui peut atteindre les principes métaphysiques. Au moment même où il essaie de réformer les méthodes de démonstration familières aux métaphysiciens, il prévient que l'intérêt des discussions soulevées par lui est purement spéculatif. Ainsi, dans son ouvrage sur l'*Unique fondement possible d'une démonstration de l'existence de Dieu*[1], il critique les arguments tradition-

---

Kant enseigne la morale, c'est Baumgarten qui est désigné ; une seule fois (1763-34), Baumeister est mentionné à la place de Baumgarten. Que Kant se soit rendu, dans son enseignement même, de plus en plus indépendant de son auteur, c'est ce qu'indique, comme on le verra plus loin, son *Programme des leçons pour le semestre d'hiver 1765-1766*, c'est ce dont témoignent également deux rédactions manuscrites de leçons sur la morale, relatées par Arnoldt et rapportées par lui à l'une des années de la période 1780-1790, dans lesquelles les divergences avec Baumgarten sont, sur plusieurs points, fortement marquées p. 605-614.

1. *Der einzig mögliche Beweisgrund zu einer Demonstration des Daseins Gottes*, 1763. — On peut tenir pour indifférente à notre sujet la question de savoir dans quel ordre ont été composés les trois ouvrages de Kant

nels et en particulier l'argument ontologique en établissant que les caractères d'un concept ne permettent pas de conclure à l'existence de la chose exprimée par ce concept, que l'existence n'est pas un prédicat, mais une absolue position ; il soutient en conséquence qu'une démonstration *a priori* de l'existence de Dieu, pour être légitime, doit, non pas déduire l'être du possible, mais prouver que le possible suppose l'être nécessaire comme sa condition. Cependant comme s'il pressentait, non sans raison [1], que sa critique des arguments des autres pourrait se retourner contre son propre argument [2], il prend soin de proclamer l'affirmation de Dieu indépendante de toute dialectique. « Je n'ai point une assez haute opinion de l'utilité d'un travail tel qu'est celui-ci, pour croire que la plus importante de nos connaissances, à savoir QU'IL Y A UN DIEU, soit chancelante et en danger, si elle ne reçoit l'appui de profondes recherches métaphysiques. La Providence n'a pas voulu que des connaissances extrêmement nécessaires à notre bonheur pussent dépendre de la subtilité de raison-

---

parus en 1762 et 1763, ainsi que l'*Etude sur l'évidence des principes*, publiée en 1764 (Cf. H. Cohen, *Die systematischen Begriffe in Kants vorkritischen Schriften*, p. 15 et suiv.; Paulsen, *Versuch einer Entwicklungsgeschichte der kantischen Erkenntnisstheorie*, p. 68 et suiv.; Kuno Fischer, *Geschichte der neuern Philosophie*, IV, 1, p. 200 ; Benno Erdmann, *Reflexionen Kants zur kritischen Philosophie*, II, p. xvii et suiv.).
La question a-t-elle en elle-même l'importance qui lui a été attribuée ? Il est assez arbitraire de supposer, comme le remarque Paulsen (p. 69), que des écrits aussi rapprochés marquent chacun un moment particulier et distinct dans le développement de la pensée de Kant, et que ce qui a été exprimé en premier lieu a été conçu en premier lieu.

1. Paulsen, *Versuch einer Entwicklungsgeschichte der kantischen Erkenntnisstheorie*, p. 61.
2. La formule de cet argument, que Kant jugeait nouvelle, avait été déjà employée par Leibniz, dans une note sur la preuve ontologique qu'avait insérée en 1701 le *Journal de Trévoux*. « ... Si l'*Estre de soy* est impossible, tous les estres par autrui le sont aussi, puisqu'ils ne sont enfin que par l'*Estre de soy* : ainsi rien ne sçauroit exister. Ce raisonnement nous conduit à une autre importante proposition modale égale à la précédente, et qui jointe avec elle achève la démonstration. On la pourrait énoncer ainsi : *si l'Estre nécessaire n'est point, il n'y a point d'Estre possible*. Il semble que cette démonstration n'avait pas été portée si loin jusqu'icy. » *Philos. Schr.*, Ed. Gerhardt, IV, p. 406. — Mais cet écrit de Leibniz était sans aucun doute inconnu de Kant.

nements raffinés ; elle les a confiées immédiatement à l'intelligence naturelle commune, qui, lorsqu'on ne la trouble pas par de faux artifices, ne peut pas ne pas nous conduire au vrai et à l'utile, en tant qu'ils nous sont tout à fait indispensables[1]. » Et encore : « Il est tout à fait nécessaire de *se convaincre* de l'existence de Dieu ; il ne l'est pas au même point de la *démontrer*[2]. » A ce point de vue, l'examen que fait Kant de l'argument physico-théologique est particulièrement intéressant, parce qu'il contient des remarques et des idées qui montreront leur importance dans la doctrine ultérieure. Cet argument, en dehors des vices logiques qu'il partage avec les autres arguments, a sans doute encore d'essentiels défauts ; il prend pour point de départ la contingence de toute perfection, de toute beauté et de toute harmonie dans l'univers ; en intervenant indiscrètement dans l'explication scientifique, il arrête la recherche et empêche l'extension de la connaissance exacte ; enfin il n'aurait strictement le droit de conclure qu'à un ordonnateur, et non à un créateur du monde, et il favorise par là contre son gré cet athéisme subtil qui impose à Dieu pour son action une matière préexistante. Mais outre que l'idée de finalité peut et doit être admise à cause de l'impossibilité où nous sommes de suivre le mécanisme jusqu'au bout dans les manifestations de la vie, il y a comme une autorité et une efficacité spéciales qu'il faut reconnaître à cet argument physico-théologique, aussi vieux que la raison humaine. D'abord il crée une conviction sensible et vivante en rapport avec l'intelligence commune ; ensuite il est plus naturel que tout autre et s'offre de lui-même à l'esprit ; enfin il fournit de la sagesse, de la providence, et de la puissance divines une notion tout intuitive qui agit avec force sur l'âme et la remplit d'admiration, d'humilité et de respect. Il est donc plus « pratique » que n'importe quel autre argument. S'il n'apporte pas une certitude ma-

1. *Der einzig mögliche Beweisgrund*, Préface, II, p. 109.
2. II, p. 205.

thématique, il donne une certitude morale, qui déjà peut suffire pour la vie et qui en tout cas prédispose à l'acceptation d'une preuve plus rationnellement concluante[1]. Reimarus l'a à bon droit présenté comme conforme à la saine raison. Mais ce n'est pas la raison démonstrative qui peut s'en satisfaire pleinement : en dehors d'elle n'y aurait-il pas une autre raison ? C'est ce que Kant semble déjà pressentir.

**

Au surplus, la prétention de déterminer le réel par des critères purement logiques n'a pas été sans dénaturer la réalité morale elle-même. C'est cette prétention que Kant combat essentiellement dans les écrits de cette époque. Sa *Tentative d'introduire dans la philosophie le concept des quantités négatives*[2] a pour objet d'établir en thèse générale que l'opposition réelle est irréductible à l'opposition logique, qu'elle est définie, non par une relation comme celle de non-A à A, mais par une relation comme celle de $-A$ à $+A$, en d'autres termes qu'elle ne relève pas du principe de contradiction. Logiquement, une chose n'admet pas de prédicats opposés ; dans la réalité, elle comporte ces prédicats. Par exemple, si l'opposition réelle se ramenait à l'opposition logique, l'impénétrabilité ne serait que l'absence de l'attraction, la douleur que le manque de plaisir, le vice que le défaut de vertu. Mais il n'en est pas ainsi. La cause de l'impénétrabilité est une force véritable qui s'oppose réellement à l'attraction ; de même la douleur et le vice ont des attributs réels qui s'opposent à ceux du plaisir et de la vertu. Ces remarques, selon Kant, ont une application particulièrement utile dans la philosophie pratique. Le démérite n'est pas simplement une négation logique, c'est une vertu négative selon l'acception des mathémati-

---

[1]. II, p. 158 sq.
[2]. *Versuch den Begriff der negativen Grössen in die Weltweisheit einzuführen*, 1763.

ques, c'est-à-dire une grandeur de sens contraire. Il suppose dans un être la présence d'une force intérieure, conscience morale ou reconnaissance de la loi positive, contre laquelle on agit ; il est donc plus qu'un simple défaut, il implique un antagonisme de forces. Même Kant ne veut pas que l'on traite comme de simples manques de vertu les péchés d'omission : d'abord, pour omettre une bonne action, il faut résister par une certaine puissance à la puissance de la loi qui dans le cœur de tout homme commande d'aimer le prochain ; le *non-amour* est une opposition réelle à l'amour. C'est de l'absence d'amour à la haine, non de l'absence d'amour à l'amour que la différence n'est que de degré ; on va du péché d'omission au péché d'action par une simple augmentation de forces dans le même sens. L'équilibre obtenu par le levier ne se produit que par l'application d'une force qui tient le fardeau en repos : qu'on augmente cette force si peu que ce soit, et l'équilibre est rompu. De même celui qui néglige de payer ce qu'il doit n'a qu'à suivre cette pente pour tromper autrui à son profit, et celui qui ne vient pas au secours de ses semblables n'a qu'à pousser un peu plus vivement ce mobile pour les léser [1]. Dans le monde moral comme dans le monde physique il faut une force pour détruire une force [2]. Ainsi Kant s'éloigne nettement de la conception leibnizienne qui établit des degrés du mal au bien et conçoit le passage de l'un à l'autre sous la loi de continuité.

Et précisément parce que le mal n'est pas un simple défaut, parce qu'il est une résistance effective au bien, on ne saurait fixer une mesure absolue de la valeur morale d'un homme d'après ce que sont ses actes. Supposez à un homme dix degrés d'une passion contraire au devoir, d'avarice par exemple, douze degrés d'effort moral vers l'amour du prochain ; il sera bienfaisant de deux degrés. Supposez à un autre trois degrés d'avarice et sept degrés de pouvoir

1. II, p. 84-87 ; p. 94.
2. II, p. 93.

d'agir selon les principes de l'obligation : il sera bienfaisant de quatre degrés. Cependant l'action du premier a une valeur morale supérieure à celle du second. « Il est donc impossible aux hommes de conclure avec certitude le degré des intentions vertueuses des autres d'après leurs actions. Celui-là s'est réservé à lui seul le jugement, qui voit au plus profond des cœurs [1]. » Ainsi, dénonçant l'altération que fait subir à la moralité un rationalisme trop exclusivement logique, Kant restitue d'une part la réalité des oppositions morales et découvre d'autre part, comme le seul principe qui permette de qualifier la conduite humaine, l'*intention* du sujet agissant.

*
* *

Si Kant, dans son effort pour atteindre le réel à travers les déterminations de la pensée, oppose aux relations logiques un certain ordre de relations mathématiques, il n'oublie pas cependant que la perpétuelle tentation des métaphysiciens a été de modeler sur les mathématiques la connaissance philosophique, et il signale l'erreur qui vicie ces essais de rapprochement. Dans son *Étude sur l'évidence des principes de la théologie naturelle et de la morale*[2], il montre que les mathématiques possèdent leurs définitions à l'origine même de leurs démarches, parce qu'elles les établissent par voie de synthèse et de construction, tandis que la métaphysique ne peut posséder les siennes qu'au terme de ses recherches, étant obligée pour les constituer de procéder à une analyse du donné. L'objet des mathématiques est donc aisé et simple par comparaison avec l'objet de la métaphysique. Par exemple, « le rapport d'un trillion à l'unité se comprendra très clairement, tandis que les philosophes n'ont pas encore pu jusqu'à aujourd'hui rendre in-

1. II, p. 102.
2. *Untersuchung über die Deutlichkeit der Grundsätze der natürlichen Theologie und der Moral*, 1764.

telligible le concept de la liberté en le ramenant à ses unités, c'est-à-dire à ses concepts simples et connus[1]. » De même encore, s'il est possible de déterminer avec certitude le concept de Dieu pris en lui-même, dans ses attributs immédiatement nécessaires, l'hésitation commence quand il s'agit de définir le rapport de ce concept avec les réalités contingentes. « Partout où ne se rencontre pas un *analogue* de la contingence, la connaissance métaphysique de Dieu peut être très certaine. Mais le jugement sur ses actions libres, sur la Providence, sur les voies de sa justice et de sa bonté, étant donné qu'il y a encore une confusion extrême dans les concepts que nous avons en nous de ces déterminations, ne peut avoir dans cette science qu'une certitude approximative, ou qu'une certitude morale[2]. » Rattacher le réel à la raison : voilà le problème. La solution idéale serait celle qui fournirait à la métaphysique une méthode semblable à celle que Newton a introduite dans la science de la nature, et qui a remplacé le décousu des hypothèses physiques par un procédé certain dont l'expérience et la géométrie sont la base[3].

Où éclate bien l'impuissance du rationalisme ordinaire, c'est quand il s'agit de systématiser le réel sous les principes qu'il admet comme premiers. Crusius a justement soutenu que de principes formels comme le principe d'identité ou le principe de contradiction on ne peut déduire aucune vérité déterminée, qu'il faut donc admettre à côté d'eux des principes matériels, source véritable du savoir[4]. La reconnaissance et l'établissement de ces derniers principes sont la grande affaire, et l'on peut bien le voir dans les questions morales. Ainsi les deux concepts moraux essentiels admis par l'école de Wolff, le concept d'obligation et

1. *Ueber die Deutlichkeit*, II, p. 290.
2. II, p. 305.
3. Introduction, II, p. 283 ; II, p. 290. — « La métaphysique est sans contredit, entre tous les modes du savoir humain, le plus important ; mais une métaphysique est encore à écrire. » II, p. 291.
4. II, p. 303.

le concept de perfection, ne sont rigoureusement définis, ni dans leur sens, ni dans leur usage. On *doit* faire ceci ou cela, ne pas faire ceci ou cela : telle est la formule la plus générale de toute obligation. Or ce terme « on doit » est susceptible d'une double acception. Ou bien il signifie que l'on doit faire quelque chose comme moyen si l'on veut quelque autre chose comme fin ; ou bien il signifie que l'on doit faire immédiatement et sans condition quelque chose comme fin. La première sorte de nécessité n'est pas rigoureusement une obligation, c'est une nécessité, dit Kant, *problématique*, la nécessité d'user de tels moyens pour atteindre telle fin, de tracer deux arcs de cercle pour couper une ligne droite en deux parties égales ; il se peut que selon ce type de nécessité, on ramène la morale à la pratique des moyens qui assurent le bonheur ; mais dans ce cas il ne faut pas parler de morale obligatoire. La seconde sorte de nécessité, que Kant appelle *légale*, contient en soi la fin à réaliser ; ne recevant son sens ni sa valeur d'aucune condition étrangère à elle, elle ne peut être qu'indémontrable dans sa vérité. C'est là son caractère intrinsèque, inaliénable[1]. Alors même que l'on essaierait de la rattacher à l'idée que je dois suivre la volonté de Dieu, ou que je dois travailler à réaliser l'entière perfection, elle ne peut prescrire l'action que comme immédiatement nécessaire[2]. Ainsi cette critique du concept d'obligation aboutit déjà à la distinction de ce que Kant nommera plus tard les deux espèces d'*impératifs*, les *impératifs hypothétiques* et les *impératifs catégoriques*.

Qu'est-ce qui détermine le contenu de l'obligation ? N'est-ce pas la perfection des actes à accomplir ? Certes on peut dire en un sens que la règle, d'après laquelle je dois accomplir l'action la plus parfaite dont je suis capable, éviter l'action qui est pour moi un obstacle à la perfection la plus grande, est le premier principe de toute obligation ; mais,

1. II, p. 306-307.
2. II, p. 308.

posée comme absolue, hors de toute relation définie avec le sujet agissant[1], l'idée de perfection ne peut constituer qu'un principe formel à la façon du principe d'identité. Elle est une autre façon d'exprimer qu'il y a en général une obligation morale, mais elle ne peut spécifier les obligations réelles. De même que des principes formels de nos jugements en matière de connaissance théorique rien ne sort, quand les principes matériels ne sont pas donnés, de même de la règle énoncée ne découlera aucune nécessité d'agir particulière, s'il ne s'y ajoute des principes matériels indémontrables de la connaissance pratique[2].

Mais d'où découleront alors ces derniers principes ? Grâce à l'apparente détermination que l'on prêtait dans tous les sens possibles à des concepts indéterminés, il a paru naturel d'identifier sous le nom de raison la faculté de connaître le vrai et la faculté de discerner le bien. Mais du moment

---

1. On voit déjà, dans l'*Unique fondement possible d'une démonstration de l'existence de Dieu*, comment Kant, à l'encontre de l'école leibnizienne, incline à dépouiller le concept de perfection de son caractère ontologique et absolu pour lui attribuer avant tout un caractère pratique et relatif. « Dans toute la suite des raisons que j'ai rapportées jusqu'à présent et qui sont requises par ma démonstration, je n'ai jamais mentionné le terme de perfection. Ce n'est pas qu'à mon sens toute réalité soit par cela seul l'équivalent de toute perfection, ou même que la plus grande harmonie en vue de l'unité la constitue. J'ai de sérieux motifs de m'écarter beaucoup de ce jugement, qui est celui de bien d'autres. Ayant depuis longtemps institué d'attentives recherches sur le concept de perfection en général ou en particulier, je me suis aperçu que dans une connaissance plus exacte de ce concept, il se trouve enveloppé une infinité de choses, qui peuvent éclairer la nature de notre esprit, notre propre sentiment, et même les concepts premiers de la philosophie pratique. — J'ai reconnu que le terme de perfection a sans doute dans quelques cas, en raison de l'incertitude de toute langue, à souffrir des corruptions de son sens propre, assez grandement éloignées de ce qu'il exprime, mais que dans la signification que chacun considère principalement, même avec ces déviations, il suppose toujours un rapport à un être qui connaît et qui désire. » II, p. 133-134. — Dans l'*Essai sur le concept des quantités négatives*, Kant combat également la tendance à identifier perfection et réalité : « C'est toujours une grande méprise, quand on considère la somme de réalité comme identique à la grandeur de perfection. Nous avons vu plus haut que la douleur est tout aussi positive que le plaisir ; mais qui donc l'appellerait une perfection ? » II, p. 100. — Précédemment, dans ses *Considérations sur l'optimisme*, Kant avait admis, conformément à la doctrine leibnizienne, l'équivalence des concepts de perfection et de réalité. II, p. 38-39.

2. II, p. 307.

que la faculté de discerner le bien n'est pas, au sens strict du mot, un savoir, ce n'est pas la raison qui la constitue, c'est le sentiment. « C'est de nos jours seulement qu'on a commencé à s'apercevoir que la faculté de représenter le *vrai* est la connaissance, qu'au contraire la faculté d'avoir conscience du *bien* est le sentiment, et que les deux ne doivent pas être confondues. De même qu'il y a des concepts indécomposables du vrai, c'est-à-dire de ce qui se rencontre dans les objets de la connaissance considérés en eux-mêmes, de même il y a aussi un sentiment indécomposable du bien (ce sentiment ne se trouve jamais dans une chose prise absolument, mais est toujours relatif à un être qui sent)¹. » Le concept du bien est complexe et obscur : le propre de l'entendement, c'est de l'analyser et de l'éclaircir, c'est-à-dire de le résoudre dans les sentiments irréductibles auxquels il emprunte son contenu. Toutes les fois qu'une action est représentée immédiatement comme bonne, sans qu'elle puisse être ramenée à quelque autre action qui en justifierait la valeur, la nécessité de cette action constitue un principe matériel de la moralité. Il y a donc autant de principes matériels de la moralité qu'il y a de sentiments irréductibles. Le propre de ces principes matériels, c'est de pouvoir être immédiatement subsumés sous la règle formelle et universelle de l'obligation ; mais il reste entendu que sans ces principes et avec cette seule règle rien ne pourrait être déterminé en morale : de telle sorte qu'en fin de compte c'est bien le sentiment qui nous fournit la révélation positive de nos devoirs².

*
* *

Le mérite d'avoir inauguré les études qui doivent mettre en lumière ce rôle du sentiment revient, selon Kant, à Hutcheson et à quelques autres qui ont déjà présenté là-dessus

1. II, p. 307.
2. II, p. 307-308.

de belles remarques[1]. Cette indication est complétée dans le *Programme des leçons pour le semestre d'hiver* 1765-1766[2].

« J'exposerai pour le moment la *Philosophie pratique générale* et la *Théorie de la vertu*, toutes deux d'après Baumgarten. Les Essais de Shaftesbury, d'Hutcheson et de Hume, qui, bien qu'incomplets et défectueux, ont cependant encore pénétré le plus avant dans la recherche des premiers principes de toute moralité, acquerront cette précision et cet achèvement qui leur manquent ; et comme dans la doctrine de la vertu je rapporte toujours historiquement et philosophiquement ce qui *se fait* avant d'indiquer ce qui *doit se faire*, je rendrai claire ainsi la méthode d'après laquelle il faut étudier l'homme, non pas seulement l'homme qui est dénaturé par la forme variable que lui imprime sa condition contingente, et qui comme tel est presque toujours méconnu même des philosophes, mais la *nature* de l'homme, qui reste toujours la même, et sa place propre dans la création, afin que l'on sache quelle perfection lui convient dans l'état de simplicité *sans culture*, quelle autre dans l'état de simplicité *selon la sagesse* ; ce qui est au contraire la règle de sa conduite lorsque, franchissant ces deux sortes de limites, il tâche d'atteindre le plus haut degré de l'excellence physique et de l'excellence morale, mais est plus ou moins éloigné de toutes les deux. Cette méthode pour la recherche morale est une belle découverte de notre temps, et, si on la considère dans toute l'étendue de son plan, entièrement inconnue des anciens[3]. »

D'une façon générale, cette méthode consiste à analyser les concepts moraux pour les réduire à des éléments impliqués dans l'expérience interne. L'observation psychologique est donc ici le plus précieux instrument de connaissance. Kant en emprunte le modèle aux philosophes anglais

---

1. II, p. 308.
2. *Nachricht von der Einrichtung seiner Vorlesungen in dem Winterhalbenjahre von* 1765-1766, 1765.
3. II, p. 319-320.

qu'il vient de citer, en même temps qu'il adopte d'eux la thèse qui fait du sentiment l'origine de la vie morale. Ce qui l'attire dans leur doctrine, c'est par opposition au logicisme de l'école de Wolff, l'idée que la moralité n'est pas œuvre de réflexion et de calcul, qu'elle est le fruit naturel du cœur, qu'au lieu de s'imposer par des combinaisons factices et des modes extérieurs de discipline, elle se fait immédiatement agréer par sa beauté même, par l'harmonie qu'elle établit entre l'amour de nous-mêmes et l'amour d'autrui, par l'accord qu'elle fait régner dans la vie sociale. Ce qu'il y a en elle de spontané s'oppose à ce qu'on la fasse dériver d'une autre source. Ainsi tombent d'ailleurs bien des préjugés entretenus par l'esprit d'autorité, de quelque forme qu'il se revête, métaphysique ou religieuse. Considérer la moralité comme un état naturel, comme l'épanouissement même de notre nature, non comme le triomphe laborieux et incertain d'une contrainte extérieure sur des penchants en révolte, admettre que nos dispositions et nos résolutions morales sont entièrement à notre portée, sans secours comme sans commandement d'en haut, qu'elles n'exigent en fait de raison que cette raison naturelle elle-même, qui, au lieu de prétendre créer des mobiles, s'applique uniquement à ordonner le jeu délicat de nos inclinations réelles, ramener l'explication de la vie morale à une simple observation bien conduite des tendances dont résultent nos mœurs : c'est reconnaître que l'homme est capable de trouver en lui la mesure suffisante et complète du bien, et qu'il peut juger par là les puissances étrangères et supérieures dont on fait arbitrairement dériver le système des règles à son usage. Les conceptions métaphysiques et religieuses apparaissent donc, selon qu'on les estime vraies, comme des compléments au lieu d'être des fondements de la moralité. C'est de l'homme, en tout cas, qu'il faut partir: toute vérité, surtout pratique, ne peut être qu'une donnée humaine. Cet anthropomorphisme moral s'oppose directement, et de toute la force que communique un sens plus vif du concret, à l'esprit d'impersonnalité abstraite qui avait, dès l'origine de la spéculation moderne, exclu de la vérité les formes spécifiquement humaines de la vie et de l'action ; et il est peu surprenant que Kant s'en soit laissé toucher juste au moment où il s'apercevait par ailleurs de l'impuissance de la métaphysique ordinaire à fournir autre chose que des principes formels. Il en garda toujours une idée essentielle, qu'il essaya plus tard de faire valoir autrement : c'est que seule l'analyse directe de la moralité comme fait humain, c'est-à-dire de la conscience morale commune, permet d'établir une doctrine morale ; seulement par la pratique d'une autre analyse que l'analyse psychologique des Anglais et des Écossais, il crut découvrir que la conscience enveloppe de quoi se confirmer par-delà ses propres données.

Dans cette influence d'ensemble, il ne paraît guère possible de discerner exactement ce qui revient en particulier à Shaftesbury, à Hutcheson, à Hume, d'abord parce que Kant n'offre, pour opérer ce discernement, aucune indication expresse, ensuite parce que les conceptions morales de ces trois philosophes présentent nombre de traits communs [1]. Sans doute, ce que Shaftesbury a plus spécialement suggéré à Kant, c'est cette pensée générale d'harmonie universelle, grâce à laquelle se rapprochent la moralité et la beauté, les inclinations individuelles et les inclinations sociales, et en même temps cette sorte de respect esthétique de la nature humaine, qui se traduit par la finesse, l'élégance, la noblesse des observations [2]. Ce que Hutcheson

---

1. Cf. A. Espinas, *La Philosophie en Écosse au XVIIIe siècle*, Revue philosophique, t. XI et XII, particulièrement XI, p. 118-132 ; XII, p. 135-138.
2. Du Kant d'alors Herder disait (*Kritische Wälder : Viertes Wäldchen*) : « Kant, c'est tout à fait un observateur social, c'est tout à fait le philosophe cultivé... Le grand et le beau dans les hommes et les caractères humains, dans les tempéraments, les penchants des sexes, les vertus et enfin les caractères nationaux : voilà son monde, où il pousse la finesse des remarques jusqu'aux plus fines nuances, la finesse des analyses jusqu'aux mobiles les plus secrets, la finesse des définitions jusqu'à mainte petite singularité — tout à fait un philosophe du sublime et du beau de l'humanité ! Et dans cette philosophie humaine un Shaftesbury de l'Allemagne. » Ed. Suphan, t. IV, p. 175-176.

a dû surtout lui révéler, c'est l'existence de ce sens moral, auquel Shaftesbury n'avait accordé qu'un rôle secondaire et dérivé, et qui apparaît, sans aucune présupposition d'idée innée, ni de connaissance, comme un principe primitif et direct d'estimation des actes humains [1]. Enfin il est possible que Hume l'ait surtout intéressé à ce moment par sa façon de philosopher, en de libres essais, sur les causes qui expliquent les différences et les ressemblances des mœurs, par son ingéniosité à démêler les nuances de la moralité diffuse dans la vie sociale [2]. Kant en tout cas reçoit de

1. Borowski témoigne du soin tout particulier avec lequel Kant avait, sur les questions morales, étudié Hutcheson. *Darstellung des Lebens und Charakters Immanuel Kants*, p. 170. — Hutcheson disait : « L'auteur de la Nature nous a portés à la vertu par des moyens plus sûrs que ceux qu'il a plu à nos moralistes d'imaginer, je veux dire par un instinct presque aussi puissant que celui qui nous excite à veiller à la conservation de notre être. Il a mis en nous des affections assez fortes pour nous porter aux actions vertueuses et donné à la vertu une apparence assez aimable pour que nous puissions la distinguer du vice, et devenir heureux par son acquisition. » *Recherches sur l'origine des idées que nous avons de la beauté et de la vertu*, traduit sur la quatrième édition anglaise, 2 vol., Amsterdam, 1749, t. I, p. 7. « Le sentiment moral que nous avons de nos actions ou de celles des autres a cela de commun avec nos autres sens, que, quoique le désir d'acquérir la vertu puisse être contrebalancé par l'intérêt, le sentiment ou la perception de sa beauté ne saurait l'être » *Ibid.*, t. II, p. 30 (ainsi Kant professera que si notre volonté est faillible, notre jugement moral est quasi-infaillible). « Ce sentiment moral, disait encore Hutcheson, non plus que les autres sens ne présuppose ni idée innée, ni connaissance, ni proposition pratique. On n'entend par là qu'une *détermination de l'esprit à recevoir les idées simples de louange ou de blâme à l'occasion des actions dont il est témoin, antérieure à toute idée d'utilité ou de dommage qui peut nous en revenir*. Tel est le plaisir que nous recevons de la régularité d'un objet ou de l'harmonie d'un concert, sans avoir aucune connaissance des mathématiques, et sans entrevoir dans cet objet ou dans cette composition aucune utilité différente du plaisir qu'elle nous procure. » *Ibid.*, t. II, p. 47. « Ce sentiment moral n'est point fondé sur la religion. » *Ibid.*, t. II, p. 35.

2. La première mention que fait Kant de Hume se trouve dans le dernier chapitre des *Observations sur le sentiment du beau et du sublime*, qui traite des *Caractères nationaux*, II, p. 276, et elle se rapporte à une note de l'*Essai* de Hume sur les *Caractères nationaux*, éd. Black et Tait, 1826, Edimbourg, III, p. 236. Il est bien visible que le chapitre de Kant a été inspiré par l'*Essai* de Hume. — A ce moment, il n'est pas douteux que Hume n'ait agi sur Kant : mais de quelle façon et jusqu'à quel point ? Benno Erdmann, pour confirmer sa thèse d'après laquelle l'interruption du sommeil dogmatique, par Hume, dont il est parlé dans les *Prolégomènes*, doit être placée après 1772, vraisemblablement au commencement de 1774, prétend que l'influence de Hume, dans la période de 1760, a été restreinte à des questions de morale et d'observation sociale, que Kant à cette époque, voit dans Hume,

tous la conviction optimiste de l'aptitude naturelle de l'homme à la vertu ; par l'adhésion qu'il donne aux morales anglaises du sentiment, il commence à exprimer, sous une forme qu'il estimera plus tard inférieure et même inexacte, sa foi dans l'autonomie de la conscience ; il en appelle des constructions des philosophes, théoriquement mal fondées et pratiquement inutiles, aux révélations de la nature intérieure ; en ce sens d'ailleurs il est encore puissamment incité par la lecture de Rousseau[1], dont l'influence sur lui, manifeste par des allusions de son *Programme*, se combine dès à présent avec celle des moralistes anglais[2].

* * *

Cette inspiration nouvelle le libère pour un temps des manières de penser et aussi des manières d'écrire purement didactiques ; le besoin qu'il éprouve de dégager d'une méta-

non le critique de la raison humaine, mais uniquement le moraliste et l'essayiste. Benno Erdmann emprunte ses principales preuves aux renseignements laissés par Herder sur ses années de Kœnigsberg ; engagé par Kant dans la lecture de Hume et de Rousseau, Herder avait en effet considéré dans Hume, non l'empiriste, mais le « philosophe de la société humaine ». *Kant und Hume um 1762*, Archiv für Geschichte der Philosophie, I, p. 62-67. V. la lettre de Kant à Herder du 9 mai 1767 (*Briefwechsel*, I, p. 70) et la réponse de Herder, de novembre 1767 (*Ibid.*, p. 73), qui rendent plausible la thèse défendue par Benno Erdmann dans cet article.

1. Un autre écrivain français, dont Kant a dû à ce moment goûter et peut-être essayer d'imiter la manière, c'est Montaigne. Les *Essais* étaient un de ses ouvrages de prédilection. V. Reicke, *Kantiana*, p. 15, p. 49. Il mettait cependant Hume bien au-dessus de Montaigne. V. la lettre à Herder, citée plus haut.

2. A ces deux sortes d'influences réunies paraissent se rapporter des réflexions comme celles-ci : « L'entendement sain est empirique et pratique, l'entendement subtil est spéculatif, va au-dessus de l'expérience et hors d'elle. » Benno Erdmann, *Reflexionen zur Anthropologie*, n° 214, p. 110. — « L'entendement sain consiste dans les lois empiriques de cause à effet, la saine raison dans les lois rationnelles universelles de la moralité, mais *in concreto*. Demandez donc à un homme sans instruction ce qu'est la justice ; — mais il sait ce qui est juste. L'entendement sain est pratique : parce qu'il comprend l'application des règles aux cas. L'entendement cultivé par la science dévie, lorsqu'il conclut de l'universel et de l'indéterminé *in abstracto* au déterminé, l'entendement commun aussi, quand il rend universelles ses règles particulières. L'entendement sain est plus indispensable que la science et ne peut s'acquérir par elle. » *Ibid.*, n° 215, p. 110.

physique incomplète et arbitraire la signification réelle et idéale de la vie humaine développe en lui à un degré remarquable le sens de l'observation morale. C'est le moment où il a été le plus indépendant des formules d'école, des formules qu'il avait reçues comme de celles qu'il devait à son tour s'imposer à lui-même. Il se plaît à montrer la diversité des aspects sous lesquels l'humanité se présente, à relever les variétés de caractères selon l'âge, le sexe, la nation : en traits larges et brillants il esquisse une sorte de psychologie des peuples [1] : tout cela dans une langue volontairement assouplie, où se révèle cependant au naturel un heureux mélange de finesse et de bonhomie. Telles sont ses *Observations sur le sentiment du beau et du sublime*, parues un peu avant le *Programme* de ses leçons ; toutefois dans leur grande liberté d'allure, elles portent la marque très visible de la préoccupation qu'il avait d'aboutir par une autre voie que la spéculation abstraite à la définition des principes propres de la moralité. Les sentiments moraux y sont, il est vrai, rapprochés des sentiments esthétiques ; c'est que ceux-ci sont élevés à la hauteur des sentiments moraux. Et surtout une distinction importante est faite entre les sentiments moraux qui méritent strictement ce nom et les sentiments moraux qui n'ont ce titre que comme auxiliaires d'une vertu imparfaite ou comme substituts d'une vertu manquante : de telle sorte que dans son effort même pour atteindre à la compréhension la plus souple et à certains égards la plus conciliante de la nature humaine, Kant veut réserver les droits de la pure morale à n'être pas confondue avec ce qui l'imite ou ce qui prétend la remplacer.

C'est ainsi qu'il y a des qualités aimables et belles qui, à cause de leur harmonie avec la vertu, sont justement qualifiées de nobles, et qui cependant ne sauraient être mises au nombre des sentiments vertueux. « On ne peut certaine-

---

[1]. *Beobachtungen über das Gefühl des Schönen und Erhabenen*, 1764, quatrième section, II, p. 267 sq.

ment pas appeler vertueuse la disposition d'âme, qui est la source de ces actions auxquelles sans doute la vertu tendrait aussi, mais d'après un principe qui ne s'accorde qu'accidentellement avec elle, et qui peut aussi, par sa nature, en contredire souvent les règles universelles. Une certaine tendresse de cœur, qui se convertit aisément en un chaud sentiment de *pitié*, est belle et aimable : car il y a là la preuve d'une bienveillante participation au sort des autres hommes, à laquelle conduisent également les principes de la vertu. Mais cette passion de bonne nature n'en est pas moins faible et toujours aveugle. Supposez en effet que cette impression vous pousse à secourir de votre argent un malheureux, mais que vous soyez débiteur d'un autre et que vous vous mettiez par là hors d'état de remplir le strict devoir de la justice, évidemment l'action ne peut provenir d'une intention vertueuse, car une intention de ce genre ne saurait vous pousser à sacrifier une obligation plus haute à un entraînement aveugle. Si au contraire la bienveillance universelle à l'égard de l'espèce humaine est devenue en vous un principe auquel vous subordonnez toujours vos actions, alors l'amour pour le malheureux subsiste encore, mais seulement il est, d'un point de vue supérieur, remis à sa place exacte dans l'ensemble de vos devoirs. La bienveillance universelle est un principe de sympathie pour le mal d'autrui, mais c'est aussi en même temps un principe de justice, qui vous commande maintenant de ne pas accomplir l'acte en question. Or, dès que ce sentiment a été élevé à l'universalité qui lui convient, il est sublime, mais plus froid. Car il n'est pas possible que notre cœur se gonfle de tendresse par intérêt pour tout homme et s'abîme dans la tristesse à chaque malheur d'autrui ; autrement l'homme vertueux ne cesserait, comme Héraclite, de fondre en larmes par compassion, et cependant toute cette bonté de cœur ne saurait faire de lui qu'un désœuvré sensible [1]. »

1. II, p. 237-238.

Il y a une autre sorte de bons sentiments, qui sont beaux et aimables, sans constituer pour cela une véritable vertu : ce sont ces sentiments d'obligeance complaisante, qui nous portent à nous rendre agréables aux autres, à leur témoigner de l'amitié, à entrer dans leurs vues, à déférer à leurs désirs. On peut trouver belle cette affabilité séduisante et voir dans la facile souplesse du cœur qui en est capable un indice de bonté. « Mais elle est si loin d'être une vertu, que du moment où des principes supérieurs ne lui fixent pas de bornes et ne la tempèrent point, elle peut donner naissance à tous les vices. Car, sans compter que cette complaisance pour les personnes que nous fréquentons est très souvent une injustice à l'égard de celles qui se trouvent hors de ce petit cercle, un homme qui se livrerait tout entier à ce penchant pourrait avoir tous les vices, non par inclination immédiate, mais par disposition à faire plaisir[1]. » Ainsi dégénère un penchant en lui-même louable quand il n'est pas solidement soutenu par des principes.

« La véritable vertu ne peut donc être entée que sur des principes, et elle devient d'autant plus sublime et d'autant plus noble qu'ils sont plus généraux. Ces principes ne sont pas des règles spéculatives, mais la conscience d'un sentiment qui vit dans tout cœur humain et qui s'étend bien au delà des principes particuliers de la pitié et de la complaisance. Je crois tout comprendre en disant que c'est le *sentiment de la beauté et de la dignité de la nature humaine*. Le sentiment de la beauté de la nature humaine est un principe de bienveillance universelle, celui de sa dignité, de respect universel ; et si ce sentiment atteignait sa plus grande perfection dans le cœur de quelque homme, cet homme à coup sûr s'aimerait et s'estimerait lui-même, mais seulement en tant qu'il est l'un de tous ceux auxquels s'étend son large et noble sentiment. Ce n'est qu'en subordonnant à une inclination aussi générale nos inclinations particu-

---

1. II, p. 239.

lières que nous pouvons faire un emploi justement approprié de nos penchants bienveillants et achever de leur donner cette noble bienséance qui est la beauté de la vertu[1]. » Donc, pour Kant, le pur sentiment moral se reconnaît à ceci, qu'il est capable d'universalité dans sa formule et dans son application, qu'il lie l'action humaine, même dans les cas particuliers, à des motifs généraux, qu'il tend à constituer un ordre général des volontés réciproquement unies. Cette aptitude active à l'universel est considérée ici comme une donnée irréductible de la conscience ; Kant ne se demande pas encore si un sentiment par lui-même peut l'envelopper ou la produire, s'il ne la reçoit pas de quelque autre faculté plus intime ou plus haute.

En fait, peu d'hommes se déterminent par le sentiment moral universel, et c'est pour compenser cette faiblesse de la nature humaine que la Providence a implanté dans les cœurs ces penchants auxiliaires qui remplacent la disposition à la véritable vertu. Ce sont assurément de belles actions que les actions engendrées par la pitié et la complaisance ; et parce qu'elles sont le plus souvent exemptes de calcul, elles ont avec la vertu une parenté qui les autorise presque à en prendre le nom. Pourtant elles ne doivent être qualifiées de vertueuses que si l'on admet des vertus en quelque sorte adoptives, à côté de la vertu de filiation authentique. Il y a même, dès lors, des vertus plus extérieures et plus spécieuses ; ce sont celles qui résultent d'une simple déférence à l'opinion, et qui nous poussent à agir de façon à ne pas encourir le blâme ou même à mériter l'approbation d'autrui. Le sentiment qui les inspire est le sentiment de l'honneur : mobile puissant pour secouer notre paresse, nous inquiéter sur notre égoïsme, nous détacher des voluptés vulgaires, mais bien plus éloigné de la vertu proprement dite que la pitié et la complaisance ; car ce qu'il exprime, ce n'est pas la beauté des actions en elles-

---

[1]. II, p. 239.

mêmes, mais l'état qu'en font les autres, comme si le jugement des autres pouvait par lui seul décider de notre mérite. Si ce sentiment de l'honneur a été heureusement mis en nous par la Providence pour servir de contrepoids à des impulsions grossières, s'il doit être estimé pour la délicatesse qui lui est propre, il ne peut cependant produire qu'une brillante apparence de vertu[1]. Il faut maintenir que la vertu réelle, sans spontanéité aveugle comme sans éclat d'emprunt, est celle qui est fondée sur des principes.

Ces diverses espèces de sentiments moraux correspondent, selon Kant, aux diverses espèces de tempéraments, telles qu'elles sont distinguées d'ordinaire. Il y a peu à dire du tempérament flegmatique, auquel est lié le défaut de sentiment moral. Mais considérons l'âme vertueuse en qui se trouve un sentiment intime de la beauté et de la dignité de la nature humaine, avec la résolution et la force d'y rapporter toutes ses actions comme à un principe universel. Il est certain que ces dispositions jureraient avec l'enjouement ou la mobilité d'un étourdi. De fait, la véritable vertu, la vertu par principe, a en soi quelque chose qui paraît s'accorder avec le caractère mélancolique, dans le sens adouci du mot. Il y a dans la mélancolie, bien entendu dans la mélancolie active et virile, comme une conscience frémissante des obstacles que rencontrent les grandes résolutions et de l'énergie qu'il faut déployer pour s'en rendre maître ; c'est moins un renoncement aux joies de la vie et un abandon de soi qu'une tension vers les objets les plus hauts du vouloir. L'homme mélancolique se laisse moins toucher par les frivoles attraits du beau, qu'il ne se laisse émouvoir par la grandeur inaltérable du sublime ; s'il est plus d'une fois mécontent de lui-même et dégoûté du monde, ce n'est pas par caprice d'humeur, c'est par cette fermeté rigide qui se refuse à subir l'inconstant empire des circonstances extérieures, du jugement d'autrui, et jusque

---

1. II, p. 239-241.

de son impression propre. Il subordonne en tout ses sentiments à des principes, sachant qu'il est d'autant plus assuré en ses sentiments que les principes par lesquels il les règle sont plus généraux : il évite que sa vie soit une suite de vicissitudes et d'exceptions. Il n'est pas de ceux dont s'empare un jour par hasard quelque bon et généreux mouvement ; mais en face de son semblable qui souffre, voici ce qu'il se dit intérieurement : je dois secourir cet homme, non parce qu'il est mon compagnon ou mon ami, ou parce que je peux espérer qu'il me paiera de retour, mais parce qu'il est un homme, et que tout ce qui arrive aux hommes me touche également. Ainsi sa conduite s'appuie sur la plus haute raison de bien faire qui soit dans la nature humaine, et c'est par là qu'elle peut être qualifiée de sublime. Le trait dominant de son caractère, c'est donc qu'il n'agit que d'après des motifs susceptibles d'être érigés en principes. Décidé à ne pas les recevoir du dehors, il ne se fie qu'à ses lumières. De là la résistance, parfois opiniâtre, qu'il oppose à l'empiètement des conceptions d'autrui sur ses propres façons de voir. Mais s'il est difficile de l'amener à d'autres idées, il serait plus mal aisé de l'empêcher d'être fidèle à lui-même, à ce qu'il a une fois accepté et fait sien. Il peut perdre un ami inconstant, mais celui-ci ne le perd pas de sitôt ; le souvenir de l'amitié éteinte reste respectable à ses yeux. Il hait la dissimulation et le mensonge, et ne fait plier devant rien le devoir de dire la vérité. Il a pour lui-même le respect dont il juge digne tout homme en général ; ennemi de toutes les formes de servitude, son cœur ne respire que pour la liberté. Mais ce noble et fier caractère ne peut se maintenir dans sa puissance morale que par la grâce d'une raison ferme et éclairée ; sans ce concours nécessaire il s'expose à des dépressions et à des exaltations qui le dénaturent radicalement[1].

Au tempérament sanguin s'allient les vertus de la com-

1. II, p. 241, p. 242-244.

plaisance et de la pitié, qu'inspire le sentiment du beau ; ce qui est le propre de ce tempérament, c'est une faculté de sympathie très vive et très mobile, un besoin d'expansion, de changement et de gaieté, un heureux naturel qui prend pour de l'amitié sa facile bienveillance, qui se donne à tous sans s'attacher à personne, une générosité de premier mouvement, une indulgence souriante prompte à atténuer en toute occasion la sévérité des principes et des lois : qualités aimables mêlées de défauts, dont le principal est l'inconstance, et qui peuvent, quand elles ne sont pas dirigées par l'intelligence ou corrigées par l'expérience, dégénérer en un manque choquant de sérieux et en une présomption de fat[1].

C'est au tempérament colérique qu'appartient surtout, tel qu'il a été défini, le sentiment de l'honneur. Le colérique est indifférent aux qualités intrinsèques des choses et aux motifs internes des actions : il ne juge et n'agit que pour l'effet à produire sur autrui. Uniquement préoccupé de l'apparence, il doit se surveiller sans cesse pour ne pas s'exhiber tel qu'il est : de là ce défaut de naïveté, cet art de l'adaptation et de la dissimulation, et tout ce qu'il y a dans sa conduite de factice, de raide, de guindé. Il procède selon des principes beaucoup plus que le sanguin, qui n'est mû que par des impressions accidentelles ; seulement ces principes ne sont pas, comme chez le mélancolique, tournés vers le sublime ; ils ne vont qu'à cette contrefaçon du sublime qui est le faste ou la pompe. Le colérique paraît raisonnable lorsqu'il résiste à tout entraînement, et il obtient l'estime parce que ses actes, dont le mobile est caché, sont souvent aussi utiles à autrui que des actes de véritable vertu ; mais au fond il dépend de ses semblables jusque dans l'idée qu'il se fait de son bonheur, et la sûreté de ses calculs est mise en échec par ce goût des choses du

1. II, p. 241-242, p. 244-245.

dehors qui l'empêche de garder la mesure, ou par ce besoin de s'imposer qui convertit son orgueil en délire[1].

Certes la prééminence revient au caractère mélancolique, à ce pur sentiment de la dignité humaine, capable de se traduire en des règles universelles. Cependant, de même que plus tard, Kant ne se bornera pas à définir rigoureusement la moralité de la personne, et qu'il voudra établir la loi du développement historique de l'humanité à travers les oppositions des volontés et des destinées individuelles, de même ici, après avoir distingué la véritable vertu de ce qui la supplée ou la contrefait, il cherche à comprendre sous une loi d'harmonie providentielle les manifestations diverses de la nature humaine. Pour l'œuvre d'ensemble de l'humanité, ces contrariétés de caractère valent mieux qu'un type uniforme de conduite, dût-il être en parfait accord avec ce que la plus haute morale exige. Les hommes qui agissent d'après des principes sont peu nombreux assurément, et cela est en définitive un bien ; car il est facile de s'égarer dans la conception ou l'application des principes, et le dommage qui en peut résulter est d'autant plus grand que les principes sont plus généraux et que la personne qui s'y soumet est plus constante dans ses résolutions. Ceux qui obéissent à de bons penchants sont plus nombreux, et cela est excellent, car s'ils n'ont pas le mérite de s'inspirer de motifs purs et fermement adoptés, ils ont l'avantage de concourir par une sorte de vertu instinctive aux fins de la nature. Il n'y a pas jusqu'aux égoïstes, les plus nombreux de tous, qui ne travaillent pour le bien ; car ils sont actifs, zélés, prudents, et ils mettent en évidence des qualités que des âmes supérieures pourront leur emprunter tout en les employant à de meilleurs usages. Enfin l'amour de l'honneur, si décevant quand il est l'unique règle, rend, comme mobile auxiliaire, le précieux service de lier les consciences par la pensée du jugement que tous

---

[1]. II, p. 242, p. 245-246.

peuvent porter sur chacun. Et ainsi, par leur variété et par leur concordance finale, les divers caractères représentent la nature humaine en un tableau d'un magnifique effet[1].

Malgré ses remarques et son ton d'observateur détaché, souvent ironique, Kant a rempli cet écrit d'une foi vive dans la valeur éminente de l'humanité ; fin de l'action morale par la dignité qui lui est propre, l'humanité en est le principe par la faculté qu'elle possède de s'inspirer immédiatement de motifs universels, et l'antagonisme même de ses déterminations naturelles finit par constituer un ordre où se révèle le sens de ses destinées.

Sous quel aspect l'humanité doit-elle être considérée pour être en possession de ces attributs et de ces droits souverains ? Kant venait de l'apprendre de Rousseau.

*
* *

Combien fut profonde l'influence de Rousseau sur Kant, en quel sens nouveau elle orienta sa conception de la nature humaine et de la vie, nous le savons surtout par les réflexions manuscrites que Kant a laissées sur son exemplaire des *Observations*[2]. A Rousseau plus peut-être qu'à Hume

---

1. II, p. 249-250.
2. Publiées pour la première fois par Schubert dans le t. XI de l'édition Rosenkranz-Schubert, sous le titre : *Bemerkungen zu der Beobachtungen über das Gefühl des Schönen und Erhabenen*, reproduites dans le t. VIII de l'édition Hartenstein (1868), ainsi que dans le t. VIII de l'édition Kirchmann sous le titre : *Fragmente aus dem Nachlasse*. Le premier éditeur a cru pouvoir faire un choix parmi les notes de Kant : son œuvre sera donc à compléter et peut-être même à rectifier dans l'édition de l'académie de Berlin. Il reporte les réflexions qu'il publie aux années 1765-75 sans fournir de raisons à l'appui : la date initiale paraît très vraisemblable, la date finale plus arbitrairement choisie. Nous n'usons ici de ces fragments que pour représenter une suite d'idées de même sens, dont l'origine est certainement dans la période que nous étudions et qui a correspondu à un état de la pensée kantienne d'assez longue durée. Sur cette influence de Rousseau, v. outre les écrits de Kuno Fischer, Dietrich, Höffding, Foerster et Menzer précédemment cités : D. Nolen, *Les maîtres de Kant: Kant et Rousseau*, Revue philosophique, IX, p. 270-298 ; H. von Stein, *Rousseau und Kant*, Deutsche Rundschau, LVI, p. 206-217 ; Richard Fester, *Rousseau und die deutsche Geschichtsphilosophie*,

conviendrait l'expression fameuse, qu'il réveilla Kant de son sommeil dogmatique. Si Kant, en effet, avait déjà éprouvé la difficulté de justifier par les procédés du rationalisme ordinaire les concepts fondamentaux de la morale [1], il n'en avait pas moins admis pendant longtemps, sans la critiquer directement, une notion de la moralité qu'il regardait comme une donnée réelle, seulement mal expliquée. Cette notion supposait la supériorité de la pensée spéculative jusque dans l'ordre de l'action ; elle tendait à représenter la science comme la vertu par excellence dont dérivent toutes les autres vertus ; elle établissait entre les principes immédiats de la volonté morale et les vérités supra-sensibles qui paraissent en être la justification suprême des rapports de signification avant tout intellectuelle, susceptibles d'être déterminées par l'entendement théorique. Contre cette notion qu'il avait reçue toute faite, qui était dans le fond très étrangère à sa personnalité intime, Kant réagit vigoureusement, sous l'impulsion de Rousseau. « Je suis par goût un chercheur. Je sens la soif de connaître tout entière, le désir inquiet d'étendre mon savoir, ou encore la satisfaction de tout progrès accompli. Il fut un temps où je croyais que tout cela pouvait constituer l'honneur de l'humanité, et je méprisais le peuple, qui est ignorant de tout. C'est Rousseau qui m'a désabusé. Cette illusoire supériorité s'évanouit ; j'apprends à honorer les hommes ; et je me trouverais bien plus inutile que le com-

---

ch. III, p. 68-86 ; Höffding, *Rousseau* (Frommanns Klassiker), p. 121 ; *Rousseaus Einfluss auf die definitive Form der kantischen Ethik*, Kantstudien, II, p. 11-21. Matthias Menn, *Immanuel Kants Stellung zu Jean-Jacques Rousseau* ; J. Clark Murray, *Rousseau : his position in the history of philosophy*, Philosophical Review, VIII, p. 369-370.

1. Peut-être la conscience des difficultés spéculatives soulevées par l'examen des concepts moraux en usage dans l'école de Wolff était-elle déjà en partie chez Kant comme l'effet visible de cette rénovation qui s'opérait en lui du sens de la vie morale. Cependant dans l'écrit sur l'*Évidence*, si Kant répond au programme de l'Académie en disant qu'il faut rapporter les concepts moraux à leur véritable source, qui est le sentiment, il semble bien que cette conclusion lui est inspirée par les Anglais, et non par Rousseau, comme le soutient H. von Stein dans l'article cité, p. 211-212.

mun des travailleurs, si je ne croyais que ce sujet d'étude peut donner à tous les autres une valeur qui consiste en ceci : faire ressortir les droits de l'humanité[1]. » Ce que Newton avait fait pour l'explication de la nature matérielle, Rousseau, selon Kant, vient de le faire pour l'explication de la nature humaine. « Newton le premier de tous vit l'ordre et la régularité unis à une grande simplicité là où avant lui il n'y avait à trouver que désordre et que multiplicité mal agencée, et depuis ce temps les comètes vont leur cours en décrivant des orbites géométriques. — Rousseau le premier de tous découvrit sous la diversité des formes humaines conventionnelles la nature de l'homme dans les profondeurs où elle était cachée, ainsi que la loi secrète en vertu de laquelle la Providence est justifiée par ses observations. Jusqu'alors, l'objection de Manès avait encore toute sa valeur. Depuis Newton et Rousseau, Dieu est justifié, et désormais la doctrine de Pope

---

[1]. VIII, p. 624. — « Quiconque est échauffé par un sentiment moral, comme par un principe supérieur à ce que les autres peuvent se représenter d'après leur façon de sentir languissante et souvent vulgaire, est à leurs yeux un chimérique. Que je place Aristide parmi des usuriers, Épictète parmi des gens de cour et Jean-Jacques Rousseau parmi les docteurs de Sorbonne : il me semble entendre un ironique éclat de rire et cent voix qui crient : *Quels chimériques personnages!* Cette apparence équivoque d'exaltation chimérique dans des sentiments qui en eux-mêmes sont bons, c'est l'*enthousiasme*, sans lequel rien de grand n'a jamais été fait dans le monde. » *Versuch über die Krankheiten des Kopfes*, 1764, II, p. 220-221. — Les *Observations sur le sentiment du beau et du sublime* ne nomment expressément Rousseau que dans une note, et encore pour répudier une opinion qui lui est attribuée : « Je ne voudrais pour rien au monde avoir dit ce que Rousseau ose soutenir : *qu'une femme n'est jamais rien de plus qu'un grand enfant*. Mais le pénétrant écrivain suisse écrivait cela en France, et probablement le si grand défenseur du beau sexe qu'il était ressentait de l'indignation à voir que dans ce pays on ne traite pas les femmes avec plus de véritable respect. » II, p. 271. Dans les *Observations* toutefois bien des idées et bien des remarques de détail portent la trace de l'influence de Rousseau, notamment la conclusion : « Il n'y a plus à souhaiter que ceci : c'est que le faux éclat qui fait si facilement illusion ne nous éloigne pas à notre insu de la noble simplicité, mais surtout que le secret encore inconnu de l'éducation soit arraché à la tyrannie du vieil esprit d'erreur pour ériger de bonne heure, dans le cœur de tout jeune citoyen du monde, le sentiment moral en émotion active, de telle sorte que toute délicatesse n'aspire pas uniquement au plaisir fugitif et oiseux d'apprécier avec plus ou moins de goût ce qui se passe hors de nous. » II, p. 280.

est vraie¹. » Cependant l'enthousiasme avec lequel Kant accueille l'œuvre de Rousseau ne lui enlève pas entièrement la faculté de la critiquer. « Je dois, dit-il, lire et relire Rousseau jusqu'à ce que la beauté de l'expression ne me trouble plus ; car alors seulement je puis le saisir avec la raison². » « La première impression, remarque-t-il encore, qu'un lecteur qui ne lit pas seulement par vanité et pour passer le temps reçoit des écrits de Jean-Jacques Rousseau, c'est qu'il se trouve devant une rare pénétration d'esprit, un noble élan de génie et une âme toute pleine de sensibilité, à un tel degré que peut-être jamais aucun écrivain, en quelque temps ou en quelque pays que ce soit, ne peut avoir possédé ensemble de pareils dons. L'impression qui suit immédiatement celle-là, c'est celle de l'étonnement causé par les opinions singulières et paradoxales de l'auteur. Elles sont tellement à l'encontre de ce qui est généralement admis, qu'on en vient aisément à le soupçonner d'avoir cherché seulement à mettre en évidence ses extraordinaires talents et la magie de son éloquence, d'avoir voulu faire l'homme original qui par une surprenante et engageante nouveauté d'idées dépasse tous les rivaux en bel esprit³. »

L'adhésion de Kant à Rousseau est malgré tout, à cette époque, infiniment plus forte que ses réserves, et si celles-ci sont intéressantes à noter, c'est surtout parce qu'elles annoncent pour l'avenir des dissidences et des objections plus nettes⁴. Pour le moment, ce que Kant accepte pleinement

1. VIII, p. 630.
2. VIII, p. 618.
3. VIII, p. 624.
4. Notons surtout une dissidence dans la conception de la méthode à appliquer : « Rousseau, dit Kant, procède synthétiquement et part de l'homme à l'état de nature ; je procède analytiquement et je pars de l'homme civilisé », VIII, p. 613. Cette remarque montre bien la disposition de Kant à vérifier par des procédés réguliers les intuitions de Rousseau ; elle est d'autre part conforme à la thèse soutenue dans l'écrit sur l'*Évidence des principes de la théologie naturelle et de la morale*, d'après laquelle les définitions en philosophie ne peuvent être obtenues qu'en partant du donné et par voie d'analyse, tandis que les seules définitions des mathématiques sont synthétiques et originairement construites. II, p 284 sq.

de Rousseau, c'est la pensée qu'il y a une nature humaine originelle, corrompue à la fois et dissimulée par l'état actuel de la civilisation. Il s'agit donc de découvrir et de restaurer, par delà les formes factices d'existence qui la défigurent, l'humanité primitive, ou, d'un mot plus exact, l'humanité vraie. De quelque façon qu'il faille l'entendre en l'approfondissant, c'est l'idée de la simplicité naturelle qui doit reparaître comme l'exemplaire de la vie humaine. « Il est nécessaire d'examiner comment l'art et l'élégance de l'état civilisé se produisent, et comment ils ne se trouvent jamais dans certaines contrées (dans celles, par exemple, où il n'y a pas d'animaux domestiques), afin d'apprendre à distinguer ce qui est factice, étranger à la nature, de ce qui lui appartient en propre. Si l'on parle du bonheur de l'homme sauvage, ce n'est pas pour retourner dans les forêts, c'est seulement pour voir ce que l'on a perdu d'un côté, tandis qu'on gagne de l'autre[1]; et cela, afin que dans la jouissance et l'usage du luxe social on n'aille pas s'attarder de tout son être aux goûts qui en dérivent, et qui sont contraires à la nature comme à notre bonheur, afin qu'on reste avec la civilisation un homme de la nature. Voilà la considération qui sert de règle au jugement, car jamais la nature ne crée l'homme pour la vie civile ; ses inclinations et ses efforts n'ont pour fin que la vie dans son état simple[2]. » « Que le cœur de l'homme soit ce qu'on voudra : il s'agit seulement

---

1. Dans le Raisonnement sur *l'aventurier Jan Komarnicki*, qui fut en Allemagne ce que fut en France l'*Homme des Cévennes*, Kant distingue le cas du chevrier fanatique qui prophétise à tort et à travers, du cas du petit garçon qui l'accompagne, et dont la libre simplicité est tout à fait frappante ; il signale donc comme un fait remarquable « le *petit sauvage* qui a grandi dans les bois, qui a appris à braver avec une joyeuse humeur toutes les rigueurs de la température, qui témoigne sur son visage d'une franchise peu commune, et qui n'a rien en lui de cet embarras craintif qu'augmentent la servitude ou l'attention contrainte dans une éducation plus fine ; en un mot (si l'on fait abstraction de ce que quelques hommes, en lui apprenant à demander et à aimer l'argent, ont déjà gâté en lui), c'est, à ce qu'il semble, un enfant parfait, dans le sens où peut le désirer un moraliste expérimentateur, qui serait assez équitable pour ne pas ranger les propositions de M. Rousseau parmi les belles chimères, avant de les avoir éprouvées. » 1764, II, p. 209.
2. VIII, p. 618-619.

ici de savoir si c'est l'état de nature ou l'état de civilisation qui cause le plus le péché véritable, et qui y prédispose... L'homme, à l'état de simplicité, a peu de tentations de devenir vicieux; c'est uniquement le luxe qui l'y pousse avec force[1]. » « Dans l'état de nature on peut être bon sans vertu et raisonnable sans science[2]. »

Kant partage donc la confiance de Rousseau dans la bonté primitive de la nature humaine. Il croit à la supériorité de l'éducation négative, qui se borne à assurer la liberté de l'instinct naturel, sur l'éducation positive, qui impose par contrainte des façons d'agir artificielles[3]. « On dit

---

1. VIII, p. 613.
2. VIII, p. 612.
3. On sait le grand retentissement qu'eurent en Allemagne les idées pédagogiques de l'*Émile*, et comment elles vinrent accélérer le mouvement qui se produisait de divers côtés pour la réforme des écoles. L'intérêt que prenait Kant à ces questions, ainsi que la persistance de son attachement aux principes de Rousseau, apparaissent bien dans l'enthousiasme avec lequel il salua la fondation du *Philanthropinum* de Basedow. Ce fut sur le *Methodenbuch* de Basedow qu'il fit ses premières leçons de pédagogie en 1776-1777 (Arnoldt, *Kritische Excurse*, p. 572). Il se constitua le patron de l'Institut de Dessau dans trois articles de la *Gazette savante et politique de Kœnigsberg*, 28 mars 1776, 27 mars 1777, 24 août 1778. — Sur l'authenticité de ces articles, v. Reicke, *Kantiana*, p. 68-70. — Dans l'appel au public du 27 mars 1877, il disait : « Dans les pays civilisés de l'Europe ce ne sont pas les établissements d'éducation qui font défaut, pas plus que le zèle bien intentionné des maîtres à être sur ce point au service de tout le monde, et cependant il est bien aujourd'hui clairement démontré que, comme on travaille là dans un sens contraire à la nature, on est bien loin de faire produire à l'homme le bien auquel la nature l'a disposé ; que, puisque les créatures animales que nous sommes ne s'élèvent à l'humanité que par la culture, nous verrions sous peu de tout autres hommes autour de nous, si l'usage se répandait partout de cette méthode d'éducation qui est tirée sagement de la nature même, au lieu de suivre servilement la routine des siècles grossiers et ignorants. Mais c'est en vain qu'on attendrait ce salut du genre humain d'une amélioration graduelle des écoles. Il faut qu'elles soient complètement transformées, si l'on veut qu'il en sorte quelque chose de bon ; car elles sont défectueuses dans leur organisation première, et les maîtres eux-mêmes ont besoin de recevoir une nouvelle culture. Ce n'est pas une lente *réforme* qui peut produire cet effet, mais une prompte *révolution*. » II, p. 457. Ni les bizarreries de Basedow, ni sa première retraite, ni sa querelle avec Mangelsdorf n'ont ébranlé la confiance de Kant : « Les attaques qui s'élèvent de çà et de là contre l'Institut et parfois même les écrits injurieux ne sont que les pratiques habituelles à cet esprit de critique qui s'exerce sur tout et à la vieille routine qui se défend sur son fumier ». II, p. 458. — Cf. Benno Erdmann, *Reflexionen Kants zur kritischen Philosophie*, II, n° 255, p. 78. — La nouvelle édition de la *Correspondance* de Kant

dans la médecine que le médecin est le serviteur de la nature ; mais la même maxime vaut en morale. Écartez seulement le mal qui vient du dehors : la nature prendra d'elle-même la direction la meilleure. Si le médecin disait que la nature est en elle-même corrompue, par quel moyen voudrait-il l'améliorer ? Le cas est le même pour le moraliste.[1] » « C'est la différence de la fausse morale et de la saine morale, que la première ne recherche que des ressources contre les maux, tandis que la seconde veille à ce

complète abondamment le témoignage de la sollicitude active avec laquelle Kant suivait une entreprise « dont l'idée seule dilate le cœur » (*Briefwechsel*, I, p. 220), qui méritera « la reconnaissance de la postérité » (*Ibid.*, p 181). V. les lettres de Kant à Wolke (p. 178, 220), à Basedow (p. 181), à Regge (p. 187), à Campe (p. 199, 201), à Crichton (p. 217). On savait d'ailleurs que Kant était intervenu pour faire admettre au Philanthropinum des jeunes gens à qui il s'intéressait. « La porte est étroite, écrivait Hippel le 29 avril 1777 à un candidat ; elle n'a été ouverte à Scherres pour ses deux fils que sur les prières réitérées de M. Kant » (Hippel, *Briefe*, n° 83). — Nous voyons ici une intervention du même genre se produire, avec un commentaire qui la rend significative. En recommandant à Wolke le fils d'un de ses amis, Kant prévient qu'il a été élevé jusque-là selon les principes de l'éducation négative, la meilleure, ajoute Kant, qu'il pût recevoir jusqu'à cet âge. On l'a laissé développer ses facultés en toute liberté, en se bornant à écarter ce qui aurait pu leur imprimer une fausse direction ; en matière religieuse, le père est d'accord avec l'esprit du Philanthropinum, selon lequel la connaissance de Dieu doit s'accomplir, quand le moment est venu, par une sorte de révélation naturelle de l'entendement sain, et être telle qu'elle ne réduise jamais la moralité à n'être qu'un état subordonné ou accessoire (*Briefwechsel*, I, p. 178-179). — Lorsque Campe a quitté l'Institut, Kant lui en exprime de très vifs regrets, avec l'espoir de l'y voir revenir (*Ibid.*, p. 201 sq.). — Au moment où le conflit de Wolke et de Basedow compromet gravement la prospérité de l'école nouvelle, il félicite Wolke du courage avec lequel il persévère dans son œuvre en dépit des difficultés accumulées, et en même temps il lui confie les moyens tout diplomatiques dont il a usé pour convertir à la bonne cause le prédicateur de la cour, Crichton, 4 août 1778 (*Ibid.*, p. 220-222). A ce dernier il avait dit entre autres choses : « Sous la direction de Wolke, cet Institut doit devenir avec le temps l'école-mère de toutes les bonnes écoles du monde, pourvu qu'on veuille du dehors le soutenir et l'encourager dans ses débuts » (*Ibid.*, p. 217). — Sur Basedow et le Philanthropinisme, v. Pinloche, *La réforme de l'éducation en Allemagne au XVIII⁰ siècle*. A supposer que Basedow, comme le prétend M. Pinloche, relève moins de Rousseau qu'on ne croit (p. 286-288), c'est certainement par les idées qui lui sont venues de Rousseau que Kant a été conduit à prendre tant à cœur l'essai de Basedow.

1. VIII, p. 616. — « Les moralistes du jour supposent beaucoup de maux et veulent apprendre à en triompher ; ils supposent beaucoup de tentations pour le mal, et ils prescrivent des mobiles pour en triompher. La méthode de Rousseau nous apprend à ne pas tenir les premiers pour des maux, ni les secondes pour des tentations ». VIII, p. 614.

que les causes de ces maux n'existent point[1]. » On ne peut agir heureusement sur l'humanité qu'à la condition de chercher le point d'appui de son action dans l'état de nature, qui est en même temps l'état de liberté[2]. Kant détourne vers les thèses de Rousseau l'antique conception, selon laquelle on ne peut convaincre autrui que par ses propres pensées et le toucher moralement que par ses propres dispositions ; à quels effets pourrait-on prétendre sur le cœur de l'homme, si l'on ne supposait en lui une certaine bonté[3] ? Or, c'est se défier de cette bonté native que de vouloir inculquer du dehors la vertu ; la vertu ne s'enseigne pas ; il suffit d'écarter ce qui lui fait obstacle. « Là où l'erreur, a écrit Kant ailleurs, est entraînante et périlleuse en même temps, les connaissances négatives et leurs critères ont plus d'importance que les connaissances et les critères positifs... Socrate avait une philosophie négative au regard de la spéculation, je veux dire une philosophie de la non-valeur de beaucoup de prétendues sciences, une philosophie des limites de notre savoir. La partie négative de l'éducation est la plus importante : discipline. Rousseau (marquer avec précision des limites[4].)»

Une science marque bien les limites de toutes les sciences : c'est la science de l'homme. A elle il appartient de découvrir l'homme vrai, d'éveiller en tout être humain la conscience de sa tâche. « S'il est quelque science qui soit réellement nécessaire à l'homme, c'est celle que j'enseigne, qui lui indique de remplir convenablement la place qui lui a été assignée dans la création, et dont il peut apprendre ce qu'il doit être pour être un homme. Supposé qu'il ait appris à connaître au-dessus ou au-dessous de lui des séductions trompeuses qui l'aient à son insu tiré de sa place pro-

---

1. VIII, p. 617.
2. VIII, p. 628.
3. VIII, p. 619 ; p. 620.
4. Benno Erdmann, *Reflexionen Kants sur kritischen Philosophie*, II, n° 148, p. 44.

pre, cet enseignement le ramènera à l'état d'homme, et alors, si petit et si imparfait qu'il se trouve encore, il sera justement bon pour le point qui lui est assigné, parce qu'il est précisément ce qu'il doit être[1]. »

Cette science réservée, quel est le rôle des autres sciences? Ou plutôt que signifie l'opposition établie, au moins en apparence par Rousseau, entre la culture et la nature[2]? Il ne semble pas que dans cette période même

---

1. VIII, p. 624-625.
2. Dans ses *Conjectures sur le commencement de l'histoire de l'humanité* (1786), Kant énoncera l'idée qui, selon lui, concilie les droits de la nature avec ceux de la culture, et qui permet du même coup de comprendre les aspects opposés de la pensée de Rousseau. C'est quand on considère la civilisation dans son rapport avec la félicité et la moralité instinctive de l'individu, qu'elle apparaît inférieure à l'état de nature ; mais c'est par rapport à l'espèce humaine et à son progrès indéfini que la civilisation doit être considérée, et alors, bien qu'elle soit faite pour une grande part des misères physiques et morales des individus, bien qu'elle ne soit possible que par cette inégalité dont se plaint Rousseau, elle n'en est pas moins justifiée par l'œuvre d'ensemble qu'elle réalise graduellement au sein de l'espèce ; à ce point de vue, elle est supérieure à l'état de nature. « De cette façon on peut mettre d'accord entre elles et avec la raison les assertions souvent mal comprises et en apparence contradictoires de l'illustre J.-J. Rousseau. Dans ses écrits sur l'*Influence des sciences* et sur l'*Inégalité des hommes*, il montre très justement l'inévitable conflit de la culture avec la nature du genre humain, considéré comme espèce *animale*, dans laquelle chaque individu devrait accomplir pleinement sa destinée ; mais dans son *Émile*, son *Contrat social* et d'autres écrits, il cherche en retour à résoudre le difficile problème que voici : comment la culture doit se poursuivre pour développer les dispositions de l'humanité, en tant qu'espèce morale, dans le sens de leur destination, de telle sorte que l'humanité, comme espèce morale, ne soit plus en opposition avec l'humanité, comme espèce naturelle ». *Muthmasslicher Anfang der Menschengeschichte*, IV, p. 322.—Cf. *Idee zu einer allgemeinen Geschichte*, IV, p. 150. — B. Erdmann, *Reflexionen Kants zur kritischen Philosophie*, I, n° 659, p. 207. — Dans l'*Anthropologie au point de vue pratique* (1798), après avoir redit que la sombre peinture faite par Rousseau de la condition des hommes hors de l'état de nature n'est pas une invitation à retourner dans les forêts, Kant ajoute : « Les trois ouvrages de Rousseau sur le dommage qu'ont causé : 1° l'abandon par notre espèce de l'état de nature pour l'état de *culture*, par l'affaiblissement de notre puissance ; 2° la *civilisation*, par l'inégalité et l'oppression réciproque ; 3° la prétendue *moralisation*, par une éducation contre nature et une formation vicieuse de la pensée ; — ces trois écrits, dis-je, qui représentaient l'état de nature comme un état d'*innocence* (où le gardien de la porte de cette espèce de paradis, avec son glaive de feu, empêche de retourner), ne devaient servir que de fil conducteur à son *Contrat social*, à son *Émile* et à son *Vicaire savoyard*, pour sortir de ce labyrinthe de maux où notre espèce s'est engagée par sa propre faute. — Au fond Rousseau n'entendait pas que l'homme dût opérer un *retour*, mais, du point de vue où il se trouve maintenant, *regarder*

Kant soit disposé à l'admettre entièrement et définitivement. Sans doute il redit que les sciences ne sont pas la fin essentielle de la vie : « Si une chose n'est pas faite pour la durée de la vie, ni pour ses divers âges, ni pour la plupart des hommes, si enfin elle dépend du hasard et n'est que difficilement utile, elle n'est pas essentielle au bonheur et à la perfection de l'espèce humaine. Combien de siècles se sont écoulés avant que la vraie science existât, et que de nations il y a dans le monde qui ne la posséderont jamais! Il ne faut pas dire que la nature nous appelle à la science parce qu'elle nous a donné la faculté de savoir : car, pour ce qui est du plaisir attaché à la science, il peut n'être que mensonger[1]. » Mais si les sciences engendrent la vanité et la corruption, elles peuvent cependant nous mieux servir; elles peuvent nous rendre plus habiles, plus prudents, plus sages, nous remettre dans une situation plus conforme à notre vraie nature[2] : portées à une certaine hauteur, elles corrigent les maux qu'elles-mêmes ont faits; sinon directement, du moins indirectement elles peuvent contribuer à la moralité[3]. Elles ne sont funestes que pour être sorties de leur rôle, pour avoir développé le goût du luxe et fourni les moyens de le satisfaire. Elles

en arrière dans l'état de nature. Il admettait que l'homme est bon par *nature* (de la façon dont la nature se transmet), mais bon d'une manière négative, c'est-à-dire qu'il n'est pas de lui-même et volontairement méchant, qu'il est seulement en danger d'être gâté et corrompu par des exemples et des guides mauvais ou maladroits. Mais comme il faut encore pour cela des hommes *bons*, qui auraient dû être élevés pour cette fin même, et comme il n'en est sans doute aucun qui n'ait en lui une corruption (innée ou acquise), le problème de l'éducation morale pour notre *espèce* reste insoluble, non seulement quant au degré, mais encore quant à la qualité du principe. » *Anthropologie in pragmatischer Hinsicht*, VII, p. 651-652. — En établissant dans a *Doctrine de la vertu* que l'homme doit cultiver ses facultés, Kant repousse comme principe de cette obligation l'avantage qu'on retire de cette culture : car il est possible, comme l'a dit Rousseau, que l'avantage soit plus grand à rester dans l'état de nature : c'est pour obéir au devoir que l'homme doit tâcher de perfectionner ses aptitudes. *Die Metaphysik der Sitten*, II. Theil, VII, p. 252-253.

1. VIII, p. 621.
2. VIII, p. 610.
3. VIII, p. 622, p. 624.

peuvent se subordonner aux fins vraies de la nature humaine. « Le sauvage, dit Kant, se tient au-dessous de la nature de l'homme ; l'homme dans le luxe erre en dehors des limites qu'elle a ; l'homme moralement façonné va au-dessus d'elle [1]. » Kant conçoit donc un idéal de l'humanité, qui au lieu de restreindre le développement des facultés humaines, le tournerait seulement dans le sens de la conscience ; le retour à la simplicité naturelle doit être une conversion, non une dégradation de notre vie [2].

Ce qui inspire en tous cas ces réflexions éparses, c'est le souci d'émanciper l'homme des formules conventionnelles avec lesquelles la métaphysique a pris un air de science : cela, dans l'intérêt même de la moralité et des vérités suprasensibles que cette métaphysique prétendait sauvegarder. C'est ainsi qu'il faut repousser énergiquement l'idée d'une religion naturelle, telle qu'on l'entend d'habitude ; car, selon cette idée, il ne pourrait y avoir religion que là où il y a science, et à ce compte la religion n'unirait pas tous les hommes. Aussi peut-on dire que l'homme à l'état de nature, sans religion, est supérieur à l'homme civilisé qui professe la simple religion naturelle ; car, chez ce dernier, la moralité, qui est dans son essence le principe invisible de toute vie religieuse, n'existe que pour faire contrepoids à sa corruption : elle ne saurait donc avoir de vertu positive et révélatrice. Il ne faut parler de religion naturelle que là où il y a moralité naturelle, et, en ce sens, une religion naturelle peut fort bien se concilier avec une théologie surnaturelle comme la théologie chrétienne. Ce qu'il y a de

---

1. VIII, p. 630-631.
2. Kant déclarera plus tard que l'état de nature révèle aussi bien que l'état de civilisation un penchant primitif au mal. *Die Religion innerhalb der Grenzen der blossen Vernunft*, VI, p. 127. Et il interprétera aussi dans un sens rationaliste les principes d'éducation posés par Rousseau : « En quoi l'idée de la raison est-elle différente de l'idéal de la faculté d'imaginer ? L'idée est une règle universelle *in abstracto*, l'idéal est un cas particulier que je fais rentrer sous cette règle. C'est ainsi par exemple que l'Emile de Rousseau, que l'éducation à donner à Emile est une véritable idée de la raison. » *Vorlesungen uber die philosophische Religionslehre*, éd. par Pölitz, 2ᵉ éd., p. 3.

surnaturel dans le Christianisme, c'est, avec sa doctrine, la force nécessaire pour la mettre en pratique ; mais par la moralité qu'il comporte et qu'il suppose, le Christianisme rejoint la foi naturelle. Naturelle ou surnaturelle, c'est toujours la foi qui nous révèle Dieu, non la spéculation. « Ou bien la connaissance de Dieu est spéculative, et alors elle est incertaine, exposée à de dangereuses erreurs ; ou bien elle est morale, elle se produit par la foi, et alors elle ne considère d'autres attributs de Dieu que ceux qui ont trait à la moralité [1]. » Si la piété est le complément de la bonté morale, la moralité naturelle est la pierre de touche de toute religion [2]. C'est par le retour à la moralité naturelle que nous effacerons les désordres dont on invoque le scandale contre la Providence, et dont l'apparente existence tient à la perversion de nos désirs [3].

Ainsi Rousseau achève de pousser Kant hors des voies du rationalisme wolffien, et il se rencontre avec les philosophes anglais pour le porter à voir dans le sentiment l'origine de la moralité. Mais concordantes par là, l'influence des Anglais et l'influence de Rousseau n'ont pénétré ni dans l'intelligence, ni dans l'âme de Kant au même degré de profondeur. Dans leur façon d'analyser les sentiments moraux, les Anglais sont encore des théoriciens, tout proches du concret assurément, très dégagés de toute scolastique, très hostiles à ces transpositions intellectuelles qui altèrent le réel sous prétexte d'en rendre compte, mais des théoriciens quand même, de raison lucide et un peu courte, qui considèrent la nature humaine comme elle se présente à leurs yeux d'hommes très particulièrement sociables, et qui ne tentent aucun effort d'exploration vers des sources plus intimes et plus mystérieuses de la vie morale ; leur optimisme s'accommode de l'existence telle qu'elle est faite, ne discerne guère les conventions et les

1. VIII, p. 629-630.
2. VIII, p. 614.
3. VIII, p. 630.

artifices qui la recouvrent, ou même pour une part la composent. Rousseau, lui, n'arrive pas par l'analyse à l'idée du sentiment; il est lui-même tout sentiment dans tout son être [1]; aussi n'est-ce pas seulement une autre façon d'expliquer la vie qu'il découvre, mais une autre façon de la juger et de la vivre. Il ne se contente pas de prendre de ci de là chez lui et chez les autres de quoi caractériser l'espèce humaine; il se retranche au plus profond de lui-même, et c'est dans l'isolement de sa conscience qu'il reçoit la révélation de ces instincts divins que n'ont pas dénaturés la civilisation et la société. S'il se préoccupe de traduire en idées ce que lui suggèrent sa puissance d'émotion et ses facultés d'intuition, c'est pour montrer aux hommes qu'ils doivent changer entièrement les objets de leur estime, c'est-à-dire retrouver la sincérité de leur jugement naturel : sans cette conversion ou cette restauration complète, vainement ils essaieraient de fixer leurs opinions, d'assurer leur conduite, de découvrir le principe suprême de toute vérité et de toute justice. C'est par cet ardent besoin de rénovation intérieure, par cette aperception pénétrante d'un rapport plus immédiat entre l'âme humaine et ses motifs d'agir, d'avoir foi, d'espérer, que Rousseau put conquérir la fière nature morale de Kant. A Rousseau Kant dut sans aucun doute d'éprouver plus vivement qu'il fallait ressusciter la moralité véritable pour être à même d'en trouver la véritable explication; il lui dut d'entrevoir qu'un lien plus solide et plus intime que celui des déductions métaphysiques ordinaires pouvait rattacher la conscience humaine aux croyances dont elle réclame le soutien. Sous le simple effort de sa réflexion, il avait déjà senti chanceler le vieil édifice de la métaphysique; il s'était laissé séduire par les sagaces observations des Anglais qui dégageaient prudemment, pour leur faire un sort à part, certaines incli-

---

1. V. Gustave Lanson, *Histoire de la littérature française*, cinquième partie, livre IV, ch. v.

nations relativement constantes de la nature humaine ; mais il ne pouvait évidemment trouver là la base qu'il fallait à une reconstruction spirituelle : c'est Rousseau qui en écartant la vaine subtilité des arguments philosophiques, en prétendant ne consulter que la lumière intérieure, lui attestait la possibilité de bâtir sur d'indestructibles fondements la métaphysique nouvelle, la métaphysique de la liberté et de la raison pratique [1].

1. Il faut noter que les *Réflexions* de Kant se rapportent aux thèses du *Discours sur l'inégalité*, du *Discours sur les lettres*, de l'*Emile*, bien plus qu'à celles du *Contrat social*. Il arrive à Kant de marquer, par exemple, l'opposition de la justice naturelle et de la justice civile (VIII, p. 622) ou la grande différence qu'il y a entre la soumission à la nature, dont les lois sont constantes, et la soumission à un maître, dont les volontés sont arbitraires (VIII, p. 634-635). Mais il ne pose pas expressément le problème de l'organisation de la société. Les idées sociales de Rousseau paraissent cependant avoir agi sur Kant quand il a fallu, non plus rechercher seulement l'origine de la moralité, mais surtout définir la moralité en elle-même et dans ses rapports avec le droit. Höffding est parti de là pour prétendre qu'il y a eu deux influences de Rousseau sur Kant, l'une aux environs de 1762, — et c'est celle dont les *Réflexions* ont gardé la trace, — l'autre aux environs de 1783, — et c'est celle qui a suggéré l'idée d'un accord historiquement nécessaire ou moralement obligatoire entre la volonté individuelle et la volonté générale, idée dont relèvent la philosophie de l'histoire ainsi que la doctrine morale élaborées par Kant à cette époque. *Rousseaus Einfluss auf die definitive Form der kantischen Ethik*, Kantstudien, II, p. 11 sq. ; *Rousseau und seine Philosophie*, p. 121, note ; *Geschichte der neueren Philosophie*, t. II, p. 82 sq. — Cette thèse de Höffding paraît juste dans une certaine mesure. Il semble que Kant, après avoir vu d'abord dans Rousseau à peu près exclusivement ses critiques négatives contre la société existante, a vu ensuite en lui son effort positif pour concevoir une société qui ne serait plus en contradiction avec l'état de nature (v. un peu plus haut, p. 123, note 2), et il a cru pour son compte que, soit de meilleures volontés morales, soit la nécessité immanente au développement historique de l'espèce humaine réaliseraient cette société. Mais à quel moment faut-il placer cette seconde façon de considérer la pensée de Rousseau ? Höffding a parlé des environs de 1783, parce qu'elle lui a paru en relation directe avec les conceptions exprimées par Kant en novembre 1784 dans son *Idée d'une histoire universelle au point de vue cosmopolitique*. Seulement la question se complique de ce fait, négligé par Höffding, que les mêmes conceptions sont exposées à la fin des *Leçons d'anthropologie*, publiées par Starke (*Immanuel Kant's Menschenkunde oder philosophische Anthropologie*, 1831), dans un chapitre intitulé : *Du caractère de l'espèce humaine dans son ensemble*, p. 365-374. Dès lors il y avait lieu de se demander : 1° de quelle époque sont les *Leçons* publiées par Starke ; 2° s'il n'y aurait pas dans les divers manuscrits encore inédits de *Leçons sur l'anthropologie*, et reconnus antérieurs à 1784, l'indication plus ou moins explicite des mêmes pensées. De récentes recherches, dont nous aurons plus loin à rappeler le résultat, ont permis de fixer à la fin de 1784 la date de *Leçons* publiées

Tout va-t-il donc être aboli de la métaphysique ancienne, pour la plus grande certitude des prescriptions morales et des convictions qui en dépendent immédiatement? C'est bien là d'abord ce que semblent annoncer, sur un ton léger et ironique qui voudrait rappeler la manière de Voltaire, les *Rêves d'un visionnaire éclaircis par les rêves de la*

par Starke : elles ont pu être faites par Otto Schlapp, avec le concours bienveillant de M. le Prof. O. Külpe, de Würzburg, chargé de préparer la publication des diverses *Leçons d'Anthropologie* dans l'édition de l'Académie de Berlin. V. Otto Schlapp, *Kants Lehre vom Genie und die Entstehung der « Kritik der Urtheilskraft »*, p. 8 sq. Sur ce point donc, il n'y aurait rien à redire à la date proposée par Höffding. Mais d'après une communication que je dois à l'extrême obligeance de M. le Prof. Külpe, il existe dans l'un des manuscrits encore inédits de *Leçons sur l'Anthropologie*, professées en 1775-1776, et rédigées par un certain Charles-Ferdinand Nicolaï (V. O. Schlapp, *Ibid.*, p. 13-14), un chapitre intitulé : *Du caractère de l'humanité en général*, dans lequel Kant conçoit, sous l'influence avouée de Rousseau, une organisation sociale de l'humanité qui supprimerait les vices de la civilisation actuelle, et qui préparerait par la contrainte légale le triomphe de la moralité. Je reproduis, en le traduisant, le résumé du chapitre qu'a bien voulu m'envoyer M. le Prof. Külpe : le chapitre débute ainsi : « Ceci est une partie importante, sur laquelle bien des auteurs déjà se sont hasardés à écrire ; le principal d'entre eux est Rousseau. » Partant de là, Kant montre d'abord quelle place appartient à l'homme dans la série animale; c'est un animal habile, disgracieux, intraitable, méchant. Ces propriétés servent à disséminer l'homme sur toute la terre et à fonder un droit uni à la force. Entre la destination animale et la destination humaine il y a opposition. Le problème le plus important de Rousseau est celui-ci : quel est l'état vrai de l'homme? est-ce l'état de nature ? est-ce l'état de société civile? Ses inclinations semblent se rattacher au premier. Ceci nous donne lieu de rechercher comment l'état de société civile doit être organisé pour que le conflit avec l'état de nature soit supprimé. L'homme à l'état de nature est plus heureux et plus pur que l'homme civilisé dans un sens seulement négatif. Il n'a pas la misère, il n'a pas le vice, sans être pourtant heureux et vertueux dans notre sens à nous. Rousseau n'a pas voulu dire que la destination de l'homme fût l'état sauvage, mais que pour la culture tous les avantages de l'état de nature ne devaient pas être sacrifiés. L'homme est destiné, comme membre de la société, à devenir parfaitement heureux et bon. Cet état ne sera atteint que lorsque tous les hommes, toute la société seront pénétrés de la même culture. Provisoirement ce qui règne parmi nous, c'est la contrainte du droit et des convenances extérieures ; il manque encore la contrainte morale qui fait que tout homme redoute le jugement moral d'autrui, et la contrainte de la conscience personnelle, par laquelle il juge et agit selon la loi morale. C'est seulement quand cet idéal est atteint que le royaume de Dieu est institué sur terre, car la conscience est le « vicaire de la Divinité ». Des moyens impor-

métaphysique[1]. On dirait que Kant conclut par une négation l'examen qu'il a poursuivi depuis 1760. Loin que la métaphysique puisse légitimement prétendre à une extension de notre savoir au delà de l'expérience, elle devrait être plutôt la science des limites de la raison humaine[2]. Ainsi comprise, elle ne manquerait pas de nous apprendre que ce qui échappe invinciblement à notre connaissance est aussi ce qui est inutile pour régler notre conduite et fonder les croyances indispensables à la vie morale. Cette pensée est admirablement exprimée à la fin de l'ouvrage : « Parmi les innombrables problèmes qui s'offrent d'eux-mêmes, choisir ceux dont la solution intéresse l'homme, c'est là le mérite de la *sagesse*. Lorsque la science a achevé le cours de sa révolution, elle arrive naturellement au point d'une modeste défiance, et, irritée contre elle-même, elle dit : *Que de choses cependant que je ne connais pas!* Mais la raison mûrie par l'expérience, et devenue sagesse, dit d'une âme sereine par la bouche de Socrate, au milieu des marchandises d'un jour de foire : *Que de choses cependant dont je n'ai nul besoin !...* Pour choisir raisonnablement, il faut auparavant connaître l'inutile, et jusqu'à l'impossible ; mais finalement la science parvient à la détermination des limites qui lui sont fixées par la nature de la raison humaine ; et toutes les tentatives sans fondement qui peuvent d'ailleurs n'avoir en elles-mêmes d'autre tort que celui de se trouver hors de la portée de l'homme, vont se perdre dans les *limbes* de la vanité. Alors la métaphysique même devient ce dont elle est encore aujourd'hui pas mal éloignée, et ce qu'on devrait au moins attendre d'elle, *la compagne de la sagesse*. Tant que subsiste en effet l'opinion, qu'il est possible de parvenir à des

---

tants pour ce but sont l'éducation, l'établissement d'un sénat universel des peuples chargé d'arranger tous les différends, afin que le développement interne vers la perfection puisse se poursuivre sans trouble et sans arrêt.

1. *Träume eines Geistersehers erläutert durch Träume der metaphysik*, 1766.
2. II, p. 375-376.

connaissances si lointaines, vainement la *sage simplicité*
crie que de si grands efforts sont inutiles[1]. » L'inévitable
conclusion de la pensée philosophique, dès qu'elle juge
ses procédés propres d'investigation, dès qu'elle s'efforce
de connaître, non pas seulement les objets, mais leur
rapport à l'entendement humain, c'est de marquer plus
étroitement les limites dans lesquelles elle doit se mouvoir.
Comment la raison pourrait-elle dépasser l'expérience,
alors qu'incapable de rien définir autrement que par le
principe d'identité ou de contradiction, elle ne peut expliquer, par exemple, comment une chose donnée peut être
cause d'une autre[2]? Qu'elle ne se plaigne pas au reste de
ces invincibles ignorances, sans dommage pour les intérêts moraux qui sont les plus nobles mobiles de sa curiosité. « De même que, d'une part, on apprend à voir, par
une recherche un peu plus profonde, que la connaissance
évidente et philosophique, dans le cas dont il s'agit, est
impossible, de même aussi, d'autre part, on sera forcé
d'avouer, avec une âme tranquille et libre de préjugés, qu'elle
est inutile et *sans nécessité*. La vanité de la science excuse
volontiers son genre d'occupation sous prétexte d'importance, et l'on prétend communément en ces matières que
la connaissance rationnelle de la nature spirituelle de
l'âme est tout à fait indispensable pour assurer la conviction de l'existence après la mort, que cette conviction l'est
à son tour pour fournir le mobile d'une vie vertueuse.
Mais la véritable sagesse est la compagne de la simplicité,
et comme chez elle le cœur commande à l'entendement,
elle rend d'ordinaire inutiles tous les appareils du savoir
appris, et ses fins n'exigent pas de ces moyens qui ne
peuvent être jamais à la portée de tous les hommes. Comment ! N'est-il donc bon d'être vertueux que parce qu'il y a
un autre monde? Ou n'est-il pas vrai plutôt que les actions

---

1. II, p. 376-377.
2. II, p. 378.

sont récompensées, parce qu'en elles-mêmes elles furent bonnes et vertueuses? Le cœur humain ne contient-il pas des prescriptions morales immédiates, et faut-il, pour mouvoir l'homme ici-bas dans le sens de sa destination, appuyer nécessairement les machines à un autre monde? Peut-il bien s'appeler honnête, peut-il s'appeler vertueux, celui qui se laisserait volontiers aller à ses vices favoris, s'il n'avait pas l'épouvante d'un châtiment à venir, et ne faudra-t-il pas dire plutôt qu'à la vérité il craint d'accomplir le mal, mais qu'il nourrit dans son âme une disposition mauvaise, qu'il aime le profit des actions d'apparence vertueuse, mais qu'il déteste la vertu même? De fait, l'expérience témoigne aussi qu'il y a tant d'hommes qui sont instruits et convaincus de la réalité d'un monde futur, et qui cependant, adonnés au vice et à la bassesse, ne songent qu'au moyen d'échapper par fraude aux conséquences menaçantes de l'avenir; mais sans doute il n'a jamais existé une âme droite qui pût supporter la pensée qu'avec la mort tout est fini, et dont les nobles tendances ne se soient pas élevées à l'espérance de la vie future. Aussi paraît-il plus conforme à la nature humaine et à la pureté des mœurs de fonder l'attente d'une autre vie sur les sentiments d'une âme bien née que de fonder au contraire sa bonne conduite sur l'espérance de l'autre vie. Il en est ainsi également de la *foi morale*, dont la simplicité peut être supérieure à bien des subtilités du raisonnement, qui est uniquement la seule à convenir à l'homme dans n'importe quelle condition, puisqu'elle le conduit sans détour à ses véritables fins. Laissons donc à la spéculation et à la sollicitude des esprits désœuvrés toutes les doctrines tapageuses sur des objets si éloignés. Elles nous sont en réalité indifférentes, et ce qu'il y a de momentanément spécieux dans les raisons pour ou contre peut bien décider de l'assentiment des écoles, mais déciderait difficilement en quoi que ce soit de la destinée future des honnêtes gens. Aussi bien la raison humaine n'avait pas des ailes assez puissantes pour fendre les nuages élevés qui dérobent aux yeux les mystères de l'autre monde ; et à ces gens de curiosité ardente qui désirent si vivement savoir ce qui s'y passe, on peut donner le simple, mais bien naturel avis, que sans doute le plus sage pour eux, c'est de *consentir à prendre patience jusqu'au jour où ils y arriveront.* Mais comme notre sort dans la vie future peut selon toute vraisemblance tenir à la façon dont nous aurons accompli notre tâche dans celle-ci, je conclus par ce que *Voltaire* fait dire en fin de compte à son honnête *Candide*, après tant d'infructueuses discussions d'école : *Songeons à nos affaires, allons au jardin et travaillons*[1]. »

Cette belle page nous donne bien la formule de la pensée explicite de Kant à ce moment : l'ancienne métaphysique est condamnée, non seulement pour la vanité de ses prétentions spéculatives, mais encore pour son inutilité pratique ; les affirmations métaphysiques qui sont intimement liées à la moralité sont des croyances fondées sur la moralité même, non des connaissances qui viendraient, après une justification intellectuelle, fournir des titres à la vie morale ; comme discipline théorique, la métaphysique n'est plus que la science des limites de la raison, destinée à libérer d'une science illusoire les préceptes immédiats du cœur avec la foi qui les accompagne. Mais entre ces conclusions expresses de Kant et les secrets besoins de sa pensée il restait sans doute une discordance profonde : dans tout ce travail critique de plusieurs années, qui paraît tant concéder à l'empirisme, on peut relever malgré tout la persistance d'un certain esprit rationaliste qui ne conclut contre lui-même que par impuissance momentanée à se satisfaire ; et il faut ajouter que cet esprit rationaliste reste dans son fond constructif, systématique, et dans une certaine mesure imaginatif. N'était-il pas naturel que dans l'intelligence de Kant cet esprit toujours présent fût comme tourmenté du

---

1. II, p. 380-381.

désir de s'appliquer quand même à l'objet que la critique lui dérobait, qu'il fût enclin à se représenter selon ses exigences ou ses inclinations propres, d'un côté, l'origine de ces principes moraux qui étaient attribués à une inspiration du sentiment, de l'autre, la constitution de ce monde qui restait ouvert à la croyance morale?

Le sérieux et la profondeur de cette tendance se dissimulent mal dans la « philosophie secrète » qu'esquissent les *Rêves d'un visionnaire*[1]. Kant cherche à se figurer ce que peut être ce monde des esprits avec lequel Swedenborg prétend être, par privilège personnel, en communication directe : la matière morte qui remplit l'espace est de sa nature inerte, et c'est son inertie qui permet de donner des explications mécaniques de ses propriétés ; au contraire, les êtres vivants paraissent doués d'une spontanéité essentielle qui s'exerce d'elle-même hors des lois du contact et du choc : n'est-on pas ainsi amené à croire, « sinon par la clarté d'une démonstration, du moins par le pressentiment d'une intelligence exercée[2] » qu'il y a des êtres immatériels qui communiquent entre eux, non seulement par l'intermédiaire des corps auxquels ils sont unis en vertu des lois organiques, mais encore directement en vertu de lois spéciales dites pneumatiques. « Comme ces êtres immatériels sont des principes agissant d'eux-mêmes, par suite des substances et des natures subsistant pour soi, la conséquence à laquelle on arrive de suite est celle-ci : qu'étant immédiatement unis entre eux, ils sont peut-être capables de constituer un grand tout que l'on peut nommer le monde immatériel (*mundus intelligibilis*)[3]. » « L'âme humaine devrait donc nécessairement être regardée comme liée déjà dans la vie présente aux deux mondes à la fois : de ces mondes, en tant qu'elle forme par son union avec un

---

1. V. le chapitre II de la première partie des *Rêves*.
2. II, p. 337.
3. *Ibid.*

corps une unité personnelle, elle ne sent clairement que le monde matériel; au contraire, comme membre du monde des esprits, elle reçoit et elle propage les pures influences des natures immatérielles, de telle sorte qu'aussitôt que la première liaison a cessé, la communauté dans laquelle elle est de tout temps avec les natures spirituelles subsiste seule et devrait se découvrir à sa conscience dans une claire intuition ».[1] « Il serait beau, ajoute plus loin Kant, si une constitution systématique du monde des esprits, telle que nous la représentons, pouvait être conclue ou même simplement présumée avec vraisemblance, en partant non pas seulement du concept de la nature spirituelle en général, qui est bien trop hypothétique, mais de quelque observation réelle et universellement reconnue vraie[2]. »

Or il apparaît à Kant que certains faits pourraient servir de base à l'affirmation de ce monde des esprits, et ce sont précisément des faits de caractère moral. On pourrait d'abord signaler cette disposition qui nous pousse à former avec nos semblables, par la constante comparaison de notre jugement avec le jugement d'autrui, une sorte d'unité rationnelle. Mais il est plus important de constater ces puissances secrètes qui nous obligent, souvent en dépit de nous-mêmes, à régler nos vues sur l'intérêt d'autrui, ou sur une sorte de volonté générale. « De là naissent les impulsions morales qui nous entraînent souvent à l'encontre de notre intérêt personnel, la forte loi de l'obligation stricte, la loi plus faible de la bienveillance, chacune d'elles nous contraignant à maint sacrifice, et quoique toutes deux soient de temps à autre dominées par des inclinations égoïstes, elles ne manquent cependant jamais d'exprimer leur réalité dans la nature humaine. Par là nous nous voyons, dans les plus secrets mobiles de notre conduite, sous la dépendance de la *règle de la volonté universelle*, et il

---

1. II, p. 340.
2. II, p. 341.

en résulte dans le monde de toutes les natures pensantes une *unité morale* et une constitution systématique selon des lois exclusivement spirituelles. Si l'on veut appeler *sentiment moral* cette contrainte de notre volonté que nous sentons en nous et qui la force à s'accorder avec la volonté universelle, on se borne à en parler comme d'une manifestation phénoménale de ce qui en nous a une antériorité réelle, et l'on n'en établit pas les causes. C'est ainsi que Newton nommait *gravitation* la loi certaine des forces par lesquelles toutes les parties matérielles tendent à se rapprocher les unes des autres, voulant par là éviter d'engager ses démonstrations mathématiques dans une fâcheuse participation aux disputes philosophiques qui peuvent s'élever sur la cause du fait. Néanmoins, il n'hésita pas à traiter cette gravitation comme un véritable effet d'une activité universelle de la matière considérée dans les rapports de ses parties, et il lui donna aussi en conséquence le nom d'*attraction*. Ne serait-il pas possible de représenter de même l'apparence phénoménale des impulsions morales dans les natures pensantes, du moment que ces natures sont entre elles dans des rapports de réciprocité, comme la conséquence d'une force réellement active, de telle sorte que le sentiment moral fût cette *dépendance sentie* de la volonté particulière à l'égard de la volonté universelle, une suite de la réciprocité d'action naturelle et universelle par laquelle le monde immatériel conquiert son unité morale, en se constituant, d'après les lois de cet enchaînement qui lui est propre, en un système de perfection spirituelle[1] ? »
Ainsi le sentiment moral vient déterminer selon une signification pratique l'idée d'un monde intelligible et d'une communauté des esprits, et en même temps il trouve dans cette idée la raison supérieure de son influence immédiate sur les consciences : la voie est indiquée par où une notion toute métaphysique peut se développer sans risque d'aberration.

1. II, p. 342-343.

De ce que Kant a développé ces pensées en les rapprochant des visions de Swedenborg suit-il en effet qu'il les ait jugées en lui-même de nulle portée[1]? Il semble qu'on ait exagéré le sens négatif de son ironie, trop pris à la lettre sa profession de se divertir[2]. Qu'il ne veuille point admettre la prétention de Swedenborg à recevoir des révélations sensibles du monde des esprits, ceci ne peut guère être contesté sérieusement[3] : qu'il soutienne nettement l'impossibilité de saisir par une intuition appropriée l'existence d'un monde situé hors des limites de notre expérience, cela est encore certain, et l'on peut ajouter que pour lui la raison ne fait que rêver quand elle croit apercevoir la nature et les rapports des êtres qui peuplent le monde intelligible ; mais le rêve est moins sans doute dans la suite des conceptions qu'elle développe et qui répondent à un plan systématique que dans la puissance spontanée d'illusion qui leur attribue une sorte de vérité sensible et une certitude matériellement démontrable[4]. C'est un jeu, si l'on veut, que cette philosophie secrète de Kant, mais dans un sens qui n'est peut-être pas si éloigné de celui que Leibniz donnait un jour au « jeu » de sa *Théodicée* : « Il ne convient pas

---

1. Kuno Fischer, *Geschichte der neuern Philosophie*, IV, 1, p. 276.
2. Riehl en particulier s'est élevé contre l'opinion de Kuno Fischer qui attribue à Kant une intention de pur persiflage, qui dit que Kant a fait en riant d'une pierre deux coups. « Le rire dans cet écrit n'est pas le rire abandonné, le rire de simple moquerie, c'est un rire humoristique mêlé de sérieux. » *Der philosophische Kriticismus*, I, p. 229, note. V. Em. Boutroux : *Les idées morales de Kant avant la Critique*, Revue des Cours et Conférences, 9ᵉ année, 2ᵉ série, p. 6.
3. Dans l'*Introduction* qu'il a mise en tête d'une réédition d'une partie de la *Métaphysique* publiée par Pölitz, Carl du Prel s'est appliqué à montrer dans Kant un précurseur de la « mystique moderne », et il assigne comme objet à la mystique moderne « les domaines du magnétisme, de l'hypnotisme, du somnambulisme et du spiritisme », *Immanuel Kants Vorlesungen über Psychologie*, p. xi. Cette thèse, contraire à l'esprit et à la lettre du Kantisme (v. en particulier le chapitre III de la première partie des *Rêves*) dénature, pour l'amplifier démesurément, l'influence réelle que Swedenborg a pu exercer sur Kant.
4. On ne saurait, je crois, objecter la lettre à Mendelssohn du 8 avril 1766, dans laquelle Kant déclare qu'il ne faut considérer ses conceptions sur les esprits que comme une fiction (*fictio heuristica, hypothesis*), qu'il ne faut pas prendre au sérieux le rapprochement qu'il a fait entre l'attraction maté-

aux philosophes de traiter toujours les choses sérieusement, eux qui dans l'invention de leurs hypothèses, comme vous le remarquez si bien, font l'essai des forces de leur esprit[1]. » Dès ses premières tentatives de spéculation, Kant a eu le goût très vif, qu'il a toujours quelque peu gardé, des conjectures qui représentent sous une forme à demi fictive ou problématique quelque tendance essentielle ou quelque pressentiment profond de la pensée. Rappelons-nous les brillantes et aventureuses imaginations qui terminent, comme par un mythe platonicien, la *Théorie du Ciel*. De même que le mythe intervient souvent chez Platon par delà le savoir proprement dit pour en combler les lacunes, pour annoncer aux hommes, en un langage qu'ils puissent saisir, une vérité probable ou impossible à justifier scientifiquement[2], ainsi, pour Kant, il y a des vues de l'esprit qui ne sauraient se faire valoir comme connaissances et qui enveloppent cependant des idées vraies en un sens, — vraies par leur rapport à certains intérêts de l'âme. Et ces vues se produisent tout naturellement, comme il le semble aussi des mythes de Platon, dans des discours à double entente,

---

rielle et l'attraction morale (*Briefwechsel*, I, p. 69). Kant veut marquer surtout l'impossibilité de démontrer de pareilles conceptions, et la bien faire sentir à un philosophe habitué à traiter dogmatiquement les idées. Son attitude paraît être celle qu'il a définie plus tard dans le chapitre de la *Critique de la Raison pure*, intitulé *Discipline de la Raison pure par rapport aux hypothèses*, à propos d'hypothèses spéculatives, dont l'une précisément reproduit avec une entière fidélité la conception des *Rêves* : ce sont, dit-il, des hypothèses qu'il est utile d'employer comme armes contre ceux qui nient toute vérité hors du champ de l'expérience sensible ; si elles ne peuvent pas être démontrées, elles ne peuvent pas être contredites, et elles témoignent que la réalité empirique est loin d'épuiser tout le possible, III, p. 515-517.

1. « Neque enim philosophorum est rem serio semper agere, qui in fingendis hypothesibus, uti bene mones, ingenii sui vires experiuntur ». Lettre à Pfaff, 2 mai 1716. *Acta eruditorum* de Leipzig, mars 1728, p. 125. — Cf. ce que dit Kant au début de ses *Conjectures sur le commencement de l'histoire de l'humanité* : « Les conjectures ne peuvent pas élever trop haut leurs prétentions à l'assentiment ; elles doivent s'annoncer uniquement comme une démarche permise de l'imagination accompagnée de la raison, pour le divertissement et la santé de l'esprit. »

2. Ed. Zeller, *Die Philosophie der Griechen*, II, 1, 4ᵉ éd., p. 580-581. — V. Brochard, *Les mythes dans la philosophie de Platon*, dans l'Année philosophique, publiée par F. Pillon, 11ᵉ année, p. 5 sq.

où la part du divin et de l'humain, de la vérité en soi et de la vérité pour nous se mêlent en des proportions variables, mal aisées à fixer du dehors. Ce qu'elles ont de relatif est révélé ici par l'ironie qui en accompagne les formules les plus proches des sens et de l'imagination ; mais lorsque Kant, plus tard, aura mieux conçu que la relation de certaines croyances au sujet peut être rationnellement fondée, sans que le caractère relatif de ces croyances disparaisse, ni doive être marqué par la vanité des intuitions plus ou moins arbitraires qui les accompagnent, il pourra exprimer, d'une façon critique, en dehors de toute représentation par conjectures ou par mythes, l'idée de la *vérité appropriée*. La doctrine des postulats de la raison pure pratique n'a été parachevée qu'après plusieurs degrés d'élaboration : cependant il n'est pas invraisemblable qu'elle ait eu son origine et son soutien dans la disposition de Kant à imaginer ce que peut être pour l'homme un autre ordre de vérités que celles de l'expérience et de la science, qu'elle se relie, tout au moins indirectement, à ses premiers essais d'eschatologie et de pneumatologie[1]. Dans le cas présent, Kant a soin de prévenir que ces conjectures, quelque éloignées qu'elles soient de l'évidence, ne sont pas sans donner quelque satisfaction à l'esprit[2].

Au moins ne peut-on nier qu'elles renferment un certain nombre d'idées dont Kant cherchera dans la suite à déterminer plus positivement le sens et l'application[3]. De-

---

1. Cf. Vaihinger, *Commentar zu Kants Kritik der reinen Vernunft*, II, p. 512 ; *Kant-ein Metaphysiker?* dans les « *Philosophische Abhandlungen* » en l'honneur de Chr. Sigwart, p. 154 sq , reproduit dans les *Kantstudien*, VII, p. 110 sq.
2. II, p. 341.
3. Les rêveries de Swedenborg ont été tout au moins pour Kant l'occasion de faire rentrer dans son esprit la distinction platonicienne du monde sensible et du monde intelligible, et il semble que Kant ait avoué lui-même cette suggestion du visionnaire dans ses *Leçons sur la Métaphysique*, publiées par Pölitz: « A la vérité, cette idée de l'autre monde ne peut être démontrée, mais c'est une hypothèse nécessaire de la raison. — La pensée de Swedenborg sur ce sujet est tout à fait sublime. Il dit : le monde des esprits constitue un

vant les problèmes qui dépassent l'expérience, l'entendement théorique, sans autre mobile que sa curiosité propre, resterait indifférent ; le besoin métaphysique de la pensée humaine n'est si impérieux que parce qu'il tient secrètement à l'espérance d'une autre vie et à la moralité, source pure de cette espérance[1]. Produit le plus rationnel de ce besoin, la conception d'un monde intelligible a d'abord cet avantage très réel, quoique négatif, de marquer avec rigueur les limites de notre connaissance, d'empêcher qu'au nom de l'expérience on ne dogmatise contre l'existence des esprits[2]. Développée en un sens positif, avec une matière spéculative dont la philosophie leibnizienne fournit la plus grande part[3], elle peut paraître, faute d'une faculté qui en

univers réel particulier ; c'est le *monde intelligible* qui doit être distingué du *monde sensible* que voici. Il dit : toutes les natures spirituelles sont en rapport les unes avec les autres ; seulement la communauté et l'union des esprits ne sont pas liées au corps comme condition ; un esprit n'y sera pas loin ou près d'un autre, mais c'est une liaison spirituelle. Or nos âmes, en tant qu'esprits, soutiennent ce rapport et participent de cette communauté, et déjà même dans ce monde-ci ; seulement nous ne nous voyons pas dans cette communauté, parce que nous avons encore une intuition sensible ; mais bien que nous ne nous y voyions pas, nous n'y sommes pas moins. Quand une fois l'obstacle à l'intuition spirituelle sera levé, nous nous verrons dans cette communauté spirituelle, et c'est là l'autre monde : et ce ne sont pas d'autres choses, ce sont les mêmes choses que seulement nous voyons autrement », *Vorlesungen über die Metaphysik*, p. 257. — Un peu plus loin (p. 259), Kant objecte à Swedenborg qu'une intuition présente, c'est-à-dire sensible, du monde intelligible est une faculté contradictoire. — Dans la partie correspondante de Leçons sur la Métaphysique qui sont vraisemblablement de 1790-1791 (manuscrit désigné par Heinze sous la rubrique L2 et édité partiellement par lui) Swedenborg est mentionné sans éloge, et ses idées sur la communication des esprits nettement repoussées, comme échappant à tout contrôle et à toute règle d'analogie sérieuse. Heinze, *Vorlesungen Kants über Metaphysik*, p. 678 [198].

1. II, p. 357.
2. II, p. 359.
3. Kant parlera plus tard de l'univers de Leibniz comme d'« une sorte de monde enchanté » (*eine Art von bezauberter Welt*), *Ueber die Fortschritte der Metaphysik*, VIII, p. 546, et nous avons déjà vu comment un fond de conceptions leibniziennes soutient les conjectures qui terminent la *Théorie du Ciel*. La pensée de Leibniz est apparue à Kant, en ce qu'elle avait à coup sûr de plus superficiel, comme un thème à imaginations séduisantes plus ou moins plausibles, qu'il s'est plu un moment à développer pour son compte, qu'il a de plus en plus condamnées comme impossibles à justifier ; mais en ce qu'elle avait de plus profond, elle a pénétré très avant dans l'esprit de Kant et n'en a pas été facilement rejetée. Des idées de Leibniz, destituées par la *Critique* de toute certitude rigoureusement démontrable, sont demeurées chez Kant, soit par

garantisse l'objet et par sa disproportion avec l'expérience,
une conception mystique¹ ; mais qui sait si elle n'est pas

influence naturelle d'éducation, soit pour des raisons dont lui-même a donné
la formule excellente, à titre d'« opinions privées » (*Privatmeinungen*), *Kritik
der reinen Vernunft*, III, p. 517. A l'arrière-plan de la conception kantienne
du monde intelligible se trouvent des vues empruntées à la doctrine leibnizienne.
C'est ce qu'a montré Benno Erdmann, *Kants Kriticismus in der ersten
und zweiten Auflage der Kritik der reinen Vernunft*, p. 73-75, et d'après
lui Otto Riedel, *Die monadologischen Bestimmungen in Kants Lehre vom
Ding an sich*. C'est ce dont témoignent quelques-unes des *Réflexions* de Kant
publiées par lui. En voici une notamment : « Mundus intelligibilis est monadum,
non secundum formam intuitus externi, sed interni representabilis. » II, n° 1151,
p. 328. Le rapport aperçu par Kant entre la conception leibnizienne des monades et la conception platonicienne des idées fait bénéficier la première, en
lui enlevant le caractère d'une explication physique, de la valeur métaphysique
et pratique de la seconde. « La monadologie ne se rattache point à l'explication des phénomènes naturels ; elle est une notion *platonicienne* du monde
développée par Leibniz, et du reste exacte en elle-même dans la mesure où le
monde, considéré non pas comme un objet des sens, mais comme une chose
en soi, est un pur objet de l'entendement, qui toutefois sert de fondement aux
phénomènes sensibles. » *Metaphysische Anfangsgründe der Naturwissen-
schaft*, 1786, IV, p. 399. — Leibniz d'ailleurs a lui-même employé l'expression de *monde intelligible* pour définir le monde des monades (*Epistola ad
Hanschium*, *Op. ph.*, Ed. Erdmann, p. 445) ou encore le monde des fins
(*Animadversiones in partem generalem principiorum Cartesianorum*,
Phil. Schr., Ed. Gerhardt, IV, p. 389). Il aimait aussi, comme on le sait, à
se rapprocher de Platon : « Si quelqu'un réduisait Platon en système, il rendrait un grand service au genre humain, et l'on verrait que j'y approche un
peu. » *Lettre à Remond*, 11 février 1715, *Phil. Schr.*, Ed. Gerhardt, III,
p. 637. — Ainsi, à des moments et à des degrés divers de sa pensée, Kant est
resté lié à Leibniz soit par un sens imaginatif de l'action et de la destinée des
êtres hors de la réalité donnée et de la vie présente, soit par une adhésion
personnelle à des thèses spiritualistes qui renforcent pour lui les conclusions
publiques et officielles de la Critique contre le dogmatisme matérialiste, soit
enfin par la reconnaissance de ce qu'il y a de fondamentalement vrai dans le
platonisme inhérent à la monadologie. « Les doctrines de Leibniz, a dit justement le philosophe anglais Thomas Hill Green, forment l'atmosphère permanente de l'esprit de Kant. » *Works*, t. III, p. 134.

1. Un texte caractéristique de la *Critique de la Raison pure* montre bien
comment l'idée de la communauté des esprits, revêtue d'abord aux yeux de
Kant d'une forme mystique, s'est déterminée par la suite chez lui dans un
sens pratique. « L'idée d'un monde moral a donc une réalité objective, non
pas comme si elle se rapportait à un objet d'intuition intelligible (nous ne pouvons en rien concevoir des objets de ce genre), mais par son rapport au monde
sensible, considéré seulement comme un objet de la raison pure dans son
usage pratique, et à un *corpus mysticum* des êtres raisonnables en lui, en tant
que leur libre arbitre sous l'empire de lois morales a en soi une unité systématique universelle aussi bien avec lui-même qu'avec la liberté de tout autre. »
III, p. 534. — Un peu plus loin, Kant identifie l'idée d'un accord des êtres
raisonnables selon des lois morales avec l'idée leibnizienne du règne de la grâce,
III, p. 536.

le fondement dernier de ce sentiment moral par lequel notre volonté se sent subordonnée à une volonté universelle, si

Jusqu'à quel point peut-on parler du mysticisme de Kant ? Dans quelle mesure le mysticisme a-t-il été un ingrédient de sa pensée ? Hamann, après l'apparition de la *Critique*, parle d'un amour mystique pour la forme et d'une haine gnostique contre la matière comme de traits saillants dans la philosophie kantienne. *Metakritik über den Purismum der reinen Vernunft*, Ed. Roth, VII, p. 7. Voir également sa lettre à Reichardt du 25 août 1781, *ibid.*, VI, p. 212-213, et sa lettre à Herder du 2 décembre 1781, *ibid.*, p. 227-228. — Un élève de Kant, Willmans, avait écrit une dissertation : *De similitudine inter mysticismum purum et Kantianam religionis doctrinam*, 1797, dans laquelle il faisait ressortir l'analogie des idées de Kant avec celles de ces séparatistes qui se nomment eux-mêmes mystiques, qui veulent avant tout une vie nouvelle et sainte et interprètent la Bible par le seul moyen de ce Christianisme intérieur, éternellement présent en nous. Kant inséra, avec quelques réserves, mais en somme avec une approbation très élogieuse, une lettre de Wilmans jointe à cette dissertation dans son livre sur *La Dispute des Facultés*, *Der Streit der Facultäten*, 1798, VII, p. 387-392. Mais d'autre part Jachmann rapporte une déclaration expresse de Kant, selon laquelle il faudrait ne jamais prendre aucune de ses paroles dans un sens mystique et tenir toute sa pensée pour étrangère au mysticisme, *Immanuel Kant in Briefen an einen Freund*, p. 118. V. aussi la *Préface* de Kant à l'ouvrage de Jachmann, *Prüfung der kantischen Religionsphilosophie in Hinsicht auf die ihr beigelegte Aehnlichkeit mit dem reinen Mystizism*, 1800, reproduite dans Reicke, *Kantiana*, p. 81-82. En outre, à maintes reprises, Kant a directement répudié cette exaltation mystique des facultés qu'il appelle *Schwärmerei*. V. *Ueber Schwärmerei und die Mittel dagegen*, 1790. Il a parlé notamment du saut mortel que fait le mysticisme dans l'inconnu et l'incompréhensible (*Von einem neuerdings erhobenen vornehmen Ton in der Philosophie*, VI, p. 473 sq.), de cet illuminisme des révélations intérieures qui aboutit aux visions d'un Swedenborg (*Der Streit der Facultäten*, VII, p. 363), tandis que le Criticisme de la Raison pratique tient le milieu entre l'orthodoxisme sans âme et le mysticisme mortel à la raison « *zwischen dem seelenlosen* ORTHODOXISMUS *und dem vernunfttödtenden* MYSTICISMUS » (*Ibid.*, p 376). Il semble bien par là que l'on commette, en parlant du mysticisme de Kant, un grave contresens. V. Robert Hoar, *Der angebliche Mysticismus Kants.* — Il y a lieu cependant de distinguer dans le mysticisme entre les conceptions dont il s'inspire et les facultés qu'il met en œuvre ; Kant assurément s'est refusé, pour des raisons qui sont essentielles à la doctrine criticiste, à admettre au moins dans l'intelligence humaine des facultés capables de saisir, soit par une intuition intellectuelle qui nous dépasse, soit par une intuition sensible qui irait contre son objet, des vérités supra-sensibles, et il a du même coup exclu cette puissance de communication directe qui ne se ramène à aucun des deux types définis d'intuition ; mais si des conceptions supra-sensibles peuvent être appelées mystiques, alors même qu'elles comportent une expression rationnelle, et, si elles peuvent l'être parce qu'elles posent *a priori* une unité ou une communion des choses, des êtres ou des personnes, antérieures et irréductibles à l'entendement analytique autant qu'à l'expérience sensible, il paraît difficile de contester que des conceptions de ce genre, à titre d'inspirations primitives, n'aient contribué à former le système kantien. Plus particulièrement manifestes dans l'idée que Kant s'est faite d'une société spirituelle des êtres raisonnables, elle ne peut pas se déterminer ainsi dans l'idée d'une république spirituelle des âmes¹? Ainsi se trouvent déjà rapprochés, sans être encore bien fondus, trois éléments constitutifs de la pensée kantienne, l'élément mystique, l'élément critique, l'élément pratique ; l'élément mystique, présent peut-être sous des formes plus ou moins épurées à toute haute entreprise spéculative, c'est l'affirmation primordiale, avant tout travail de la réflexion analytique, de l'unité vivante de l'être ou d'une intime communauté des êtres, pour laquelle ni l'expérience sensible, ni l'intelligence logique, isolément ou ensemble, ne sauraient nous fournir d'expression adéquate, qu'elles peuvent et doivent cependant figurer ; l'élément critique, c'est la reconnaissance justifiée de notre incapacité à donner par la science un contenu déterminé à cette affirmation ; l'élément pratique, c'est l'obligation éprouvée de la réaliser en acte par nous-mêmes dans la vie morale, de façon à préparer l'avènement de ce qui sera plus tard nommé le « règne des fins ».

Ce qui tombe surtout de la métaphysique, c'est une organisation logique, tout à fait extérieure, de connaissances mal fondées, dans lesquelles on croyait voir, bien à tort, à la fois des expressions de la pensée pure et des moyens d'explication du réel, et selon lesquelles on voulait, avec moins de raison encore, régler la vie morale. Mais la

---

transposition humaine de la Cité de Dieu (V. Erdmann, *Reflexionen*, II, n° 1162, p. 333), elles n'ont pas même été inactives dans l'œuvre théorique, qui, pour fonder l'unité de l'expérience, a introduit, en face de l'inintelligibilité apparente du donné, la spontanéité synthétique de l'esprit. M. Boutroux a dit excellemment : « Même les philosophes allemands de la réflexion et du concept, les Kant et les Hegel, si l'on considère le fond et l'esprit de leur doctrine, et non la forme sous laquelle ils l'exposent, sont moins exempts de mysticisme et de théosophie qu'il ne semble et qu'ils ne le disent. Car eux aussi placent l'absolu véritable, non dans l'étendue ou dans la pensée, mais dans l'esprit, conçu comme supérieur aux catégories de l'entendement, et eux aussi cherchent à fonder la nature sur cet absolu. » *Etudes d'histoire de la philosophie : Le philosophe allemand Jacob Bœhme*, p. 212. — Cf. Gizycki, *Kant und Schopenhauer*, p. 39 sq. — V. *Kritik der praktischen Vernunft*, V, p. 74-75.

1. II, p. 344, note.

métaphysique en elle-même, — « la métaphysique, dit Kant, dont le sort a voulu que je fusse épris, quoique je ne puisse me flatter d'en avoir reçu que de rares faveurs[1] » — est si peu condamnée définitivement, que, malgré toutes les fausses prétentions élevées en son nom, elle accorde son titre à la discipline même qui les censure[2], comme aux œuvres en projet où doivent être établies la philosophie de la nature et la philosophie pratique[3], qu'elle reste en outre le suprême idéal de l'activité de l'esprit[4]. Une fois supprimée l'interposition de la didactique wolffienne, une double libération s'opère, qui rend à l'idée d'un monde intelligible ainsi qu'à l'expérience la plénitude de leurs significations respectives. Certes la faculté reste encore assez indéterminée, par laquelle nous pouvons avoir accès au monde intelligible, et c'est cette indétermination qui fait le crédit des visions d'un Swedenborg; mais il semble que la vie morale, posée d'abord très résolûment en dehors de la connaissance, plus directement approfondie en elle-même, plus étroitement rattachée au pouvoir interne dont elle dérive, soit l'immédiation la plus positive du monde intelligible et de nous-mêmes; déjà le sentiment dont parle Rousseau, entendu sans doute comme il devait l'être, moins comme un mode de notre sensibilité individuelle que comme une aperception spontanée de la vérité pratique universelle, nous restitue le droit à l'affirmation métaphysique[5]. Ainsi la critique, délibérément conduite, de

1. II, p. 375.
2. *Ibid.* « La métaphysique est une science des *limites de la raison humaine.* »
3. Dans la lettre à Lambert du 31 décembre 1765, Kant disait que ses efforts avaient principalement pour objet la méthode propre à la métaphysique, mais que plus capable de dénoncer les fausses méthodes que de montrer *in concreto* la vraie, il allait publier auparavant de moindres travaux dont la matière était prête : les *Principes métaphysiques de la philosophie de la nature* et les *Principes métaphysiques de la philosophie pratique* (*Briefwechsel*, I, p. 53). — V. la lettre du 8 avril 1766 à Mendelssohn (*Ibid.*, p. 67-68).
4. II, p. 375.
5. Un terme comme celui de sentiment, plus facile à définir en ces matières par ce qu'il exclut que par ce qu'il implique, ne peut révéler sa signification

la métaphysique de Wolff ruine surtout un prétendu savoir qui ne s'imposait que par une autorité intellectuelle tout abstraite, tandis que la force intrinsèque des obligations et des croyances morales ramène la pensée aux sources de ses inspirations métaphysiques essentielles. A la fin de cette période il y a dans l'âme de Kant un réveil de platonisme.

*
* *

C'est à ce moment que les deux séries de réflexions auxquelles Kant avait été conduit sur la science et sur la

positive que par l'usage qui en est fait. Sur l'usage qu'on a fait Rousseau, M. Renouvier a dit non sans justesse : « On confond ordinairement (c'est un grand tort, dont on serait préservé si l'esprit de la *raison pratique* du criticisme était mieux compris) le *sentiment*, en tant que nom familier de l'un des éléments de conscience qui entrent dans l'affirmation des postulats dépendant de la loi morale et dans la croyance à la réalité suprême de cette loi elle-même, et le *sentiment* comme principe de l'éthique, tenant lieu de tout ce qui s'appelle devoir et primant toute règle des relations humaines. C'est dans le premier de ces deux sens du mot seulement qu'on peut dire que le sentiment a dicté les croyances de Rousseau exprimées dans la *Profession de foi du vicaire savoyard*. Rousseau, dans cet ouvrage, s'est énergiquement prononcé contre l'eudémonisme et contre le système qui fait de l'intérêt ou du plaisir le mobile unique des actes. Il a formulé l'opposition entre le « principe inné de justice et de vertu » et le « penchant naturel à se préférer à tout. » Il a rattaché cette opposition à l'existence d'une loi universelle de justice et d'ordre, dont la conscience porte témoignage. Il a enfin expliqué le devoir par la liberté, établi la responsabilité, subordonné le bonheur et regardé le mal comme l' « ouvrage » de l'homme. Si c'était là une philosophie du sentiment, la doctrine de Kant en serait donc une aussi. » *Esquisse d'une classification systématique des doctrines philosophiques*, cinquième partie, dans la Critique Religieuse, septième année, 1885, p. 166-167, note. Et plus loin : « La vraie doctrine de Rousseau en appelle du dogmatisme philosophique au sentiment, dans le sens criticiste, et n'oppose pas le sentiment à la raison et au devoir. » P. 194, note. — V. également : *Philosophie analytique de l'histoire*, t. III, p. 648-651.

Voici, d'autre part, une réflexion de Kant qui date très vraisemblablement de cette époque, et qui montre comment l'adoption du terme de sentiment pour désigner la faculté du jugement moral s'alliait dans son esprit avec la tendance à déterminer cette faculté par une conception rationnelle et systématique. « Le sentiment spirituel est fondé sur ce que l'on se sent prendre sa part dans un Tout idéal. Par exemple l'injustice qui frappe quelqu'un me touche aussi moi-même dans le Tout idéal. Le Tout idéal est l'idée fondamentale de la raison aussi bien que de la sensibilité qui lui est unie. C'est le concept *a priori* dont doit être dérivé le jugement juste pour tout le monde. Le sentiment

morale, au lieu de continuer à se développer presque séparément, arrivent à se rencontrer par une sorte de convergence spontanée. Si l'on persiste à voir dans les *Rêves d'un visionnaire* surtout une œuvre de critique négative, qui s'arrête seulement devant les droits naturels de la conviction morale, les idées catégoriquement rationalistes de de la *Dissertation* de 1770 sont une surprise[1]. En réalité il y a eu un passage régulier de l'un à l'autre de ces ouvrages : avec le premier Kant conçoit pour lui-même que la morale pourrait être positivement fondée, si l'affirmation d'un monde intelligible pouvait être rationnellement justifiée ; mais il a conscience que cette justification rationnelle lui manque, définitivement ou provisoirement ; avec le second il se croit à même de la fournir. Quel obstacle dans l'intervalle avait-il fallu lever ? Ce ne pouvait être que ce dogmatisme, avoué ou non, de l'expérience sensible, qui produisait selon les cas deux tendances opposées, d'un côté

moral, même dans les devoirs envers soi-même, se considère dans l'humanité et se juge, en tant qu'il a part à l'humanité. La faculté qu'a l'homme de ne pouvoir juger le particulier que dans l'universel est le sentiment (*das Sentiment*). La sympathie en est tout à fait distincte, et elle ne se rapporte qu'au particulier, quoique elle s'y rapporte chez autrui ; on ne se met pas dans l'idée du Tout, mais à la place d'un autre. » Extrait de *Réflexions* de Kant encore inédites, communiquées par Benno Erdmann à Foerster : *Der Entwicklungsgang der kantischen Ethik*, p. 29.

[1]. Pour écarter cette surprise, plusieurs hypothèses ont été proposées. Mentionnons celle de Windelband (*Die verschiedenen Phasen der kantischen Lehre vom Ding an sich*, Vierteljahrsschrift für wissenschaftliche Philosophie, I, p. 233-239 ; *Geschichte der neuren Philosophie*, II, 1880, p. 30 sq.), d'après laquelle la lecture des *Nouveaux Essais* de Leibniz, parus pour la première fois en 1765, aurait ramené Kant à un rationalisme qu'il avait senti plus profond et plus décisif que celui de l'école wolffienne. Vaihinger (*Commentar*, I, p. 48, II, p. 429) se rallie à cette hypothèse. Benno Erdmann la repousse (*Kants Reflexionen*, II, p. xlviii) en raison de la différence qu'il y a entre la doctrine leibnizienne et les idées de la *Dissertation* sur le fondement de la distinction des deux mondes ; et il est bien certain qu'établir ce fondement a été l'objet principal des pensées de Kant à cette époque. V. encore là-dessus, Adickes, *Kant-Studien*, p. 152 sq. Ce qui paraît plus juste, ce que soutient Adickes et ce que ne contredit pas Benno Erdmann c'est que la lecture des *Nouveaux essais* a pu renouveler et fortifier dans Kant la notion d'une connaissance pure et de principes *a priori* ; mais l'élaboration de la forme spécifique de son rationalisme l'a vraisemblablement beaucoup plus préoccupé alors que la simple acceptation du rationalisme en général.

la tendance à soutenir que le monde donné est la mesure du connaissable et du concevable, de l'autre la tendance à user plus ou moins inconsciemment des figures et des notions suggérées par les sens pour représenter le monde intelligible. Mais pour renverser ce dogmatisme il fallait autre chose qu'un acte de foi arbitraire, ou qu'un vague sentiment des limites de l'expérience. C'était précisément le grand défaut de l'école wolffienne que de n'avoir pas su approfondir la distinction qu'elle établissait, selon la tradition platonicienne et métaphysique, entre une partie empirique et une partie pure de la connaissance, que de l'avoir bien souvent elle-même effacée par une application banale du principe de continuité, que de l'avoir réduite à n'être qu'une différence de clarté dans la perception des objets. Supposons au contraire que l'on découvre des conditions de l'expérience sensible, qui du même coup en limitent strictement la portée, et l'empêchent d'étendre au delà d'elle son mode propre de connaissance : dès lors les concepts intellectuels, purs de tout mélange, exempts de toute fausse application, reprennent leur valeur originaire ; il y a deux mondes véritablement distincts sans communication équivoque de l'un à l'autre. Or ce résultat d'extrême importance était préparé par la thèse purement spéculative soutenue dans le petit écrit de 1768, sur *le Fondement de la différence des régions dans l'espace*[1]. Kant y affirmait, en vertu de considérations géométriques, qu'il y a un espace absolu, ayant une réalité propre, à tel point distincte de l'existence des corps, qu'elle est la condition première sans laquelle les corps ne pourraient ni être donnés, ni être en rapport les uns avec les autres[2] : ainsi les déterminations de l'espace ne dépendent plus des positions des parties de la matière, mais les positions des parties de la matière dépendent des déterminations de l'espace[3] ;

---

1. *Von dem ersten Grunde des Unterschiedes der Gegenden im Raume.*
2. II, p. 386.
3. II, p. 391.

l'espace est un concept fondamental auquel sont subordonnées les choses sensibles ; par suite les choses sensibles, rapportées à l'espace comme à leur condition, vont perdre leur caractère de choses en soi pour n'être plus que des phénomènes. Seulement, pour que leur existence purement phénoménale fût indiscutablement reconnue, il fallait que ce concept d'espace fût dépouillé de tout attribut plus ou moins ontologique qui aurait pu pénétrer dans les objets eux-mêmes, que la réalité de l'espace devînt une réalité en quelque sorte idéale et formelle, la simple loi de l'acte de la perception. Ce progrès décisif fut sans doute accompli dans cette année 1769 dont Kant a dit, qu'elle lui donna une grande lumière[1]. Il fut dû, semble-t-il, à la conscience nette que prit Kant de la portée et de l'origine de ces antinomies qu'il avait de tout temps discernées dans la science et dont il se plaisait à reprendre, pour les développer dans toute leur force, les thèses contradictoires[2]. Les antinomies provenaient maintenant à ses yeux de la tendance de l'esprit, aussi inévitable qu'illusoire, à prendre les objets de la sensibilité pour des choses en soi. Mais du moment que les propriétés originaires de l'espace empêchent que les données qu'il enveloppe soient comprises en lui comme choses en soi, n'est-il pas naturel d'admettre que la faculté de percevoir repose, non pas essentiellement sur les objets qu'elle embrasse, mais sur sa façon constitutive de les embrasser, qu'il y a, en d'autres termes, des conditions *a priori* de la faculté de percevoir, qui déterminent les objets par rapport à elle, mais qui ne valent aussi que pour elle ? De la sorte, la distinction du monde sensible et du monde

---

1. « Das Jahr 69 gab mir grosses Licht. » Benno Erdmann, *Kants Reflexionen*, II, n° 4, p. 4.
2. Benno Erdmann, *Kants Reflexionen*, II, n° 4, n° 5, p. 4-5. V. *Ibid.* l'Introduction, p. xxxiv sq. — Riehl, *Der philosophische Kriticismus*, I, p. 272-275, II₂, p. 284. — V. le § 1 de la première section de la *Dissertation* de 1770 (*De la notion du monde en général*), où sont signalées les contradictions auxquelles se heurte l'esprit dans la regression des composés au simple et dans la progression des parties au tout, quand il ne respecte pas la distinction essentielle de la sensibilité et de l'entendement.

intelligible est, en même temps que la vérité requise par la morale, la vérité théorique essentielle qui affranchit la science de la contradiction. Fondé en principe, l'idéalisme transcendantal sert à la fois à justifier et à définir le rationalisme, et le rationalisme va revendiquer dans la pensée de Kant le droit qu'il a de garantir par lui seul la certitude de la moralité, comme toute certitude en général.

CHAPITRE III

LES ÉLÉMENTS DE LA PHILOSOPHIE PRATIQUE DE KANT (DE 1770 A 1781). — LA PRÉPARATION DE LA CRITIQUE. — LA DÉTERMINATION DES PRINCIPAUX CONCEPTS MÉTAPHYSIQUES ET MORAUX.

La *Dissertation* de 1770, ainsi que l'indique son titre[1], traite de la forme et des principes du monde sensible et du monde intelligible, respectivement considérés. Au point de vue spéculatif, elle annonce une issue pacifique au combat que se livraient, dans l'esprit de Kant, le partisan de la science newtonienne et le disciple de la tradition métaphysique. Comment admettre à la fois, d'une part que l'espace, et avec l'espace le temps, soit une grandeur infinie et infiniment divisible, d'autre part que l'idée du simple et celle du tout soient des éléments constitutifs de la connaissance du monde? L'opposition ne semble pouvoir être résolue que si l'espace et le temps d'un côté, les concepts intellectuels de l'autre déterminent des façons de connaître essentiellement distinctes. Et c'est bien là la vérité. L'erreur consiste, au contraire, à ne diversifier le savoir que du dehors et comme par accident, d'après le degré de clarté qu'il apporte à l'esprit. Seulement, pour établir la vérité et ruiner l'erreur, il faut nier résolument certaines idées qui sont communément reçues.

L'une de ces idées consiste à représenter la connaissance sensible comme une connaissance imparfaite, qui ne vaut ce qu'elle vaut que par sa participation plus ou moins

[1]. *De mundi sensibilis atque intelligibilis forma et principiis.*

indirecte à une science supérieure résultant de purs concepts. Or la géométrie, qui est une science parfaitement exacte et évidente, a besoin de l'intuition sensible pour construire ses objets ; elle est un prototype de connaissance sensible, en même temps que rigoureusement démonstrative[1]. Il y a donc lieu de tenir pour faux le principe selon lequel le sensible, c'est ce qui est connu confusément, tandis que l'intellectuel serait ce qui est connu distinctement ; des choses sensibles — la géométrie avec sa certitude en témoigne — peuvent être très distinctes ; des choses intellectuelles — la métaphysique avec ses incertitudes en témoigne — peuvent être très confuses. « Je crains donc que Wolff, en établissant entre les choses sensitives et les choses intellectuelles la distinction qu'il a établie, et qui n'est pour lui-même que logique, n'ait complètement aboli, au grand détriment de la philosophie, ces très nobles principes de discussion sur *le caractère des phénomènes et des noumènes* posés par l'antiquité, et qu'il n'ait souvent détourné les esprits de l'examen de ces objets vers des minuties logiques[2]. »

Mais qu'est-ce qui autorise la connaissance sensible à se considérer comme vraie, et qu'est-ce qui l'oblige en même temps à se limiter ? C'est ici qu'apparaît la grande découverte de Kant, celle qui est restée à ses yeux fondamentale et définitive. La sensibilité est justifiée comme faculté de connaître en ce qu'elle suppose, non seulement une matière fournie par la multiplicité des sensations, mais une forme qui coordonne cette multiplicité selon des lois, et cette forme, c'est l'espace et le temps. L'espace et le temps sont des intuitions pures qui se soumettent la diversité des intuitions empiriques ; ce ne sont ni des substances, ni des accidents, ni de simples rapports ; ce sont des conditions simplement idéales ou subjectives, quoique nécessaires, de cette faculté qu'a l'esprit d'être affecté par les choses, et qui

1. II, p. 402, 403.
2. II, p. 402.

est proprement la sensibilité ; les données sensibles, comme telles, ne peuvent donc être que des phénomènes, et cela, non pas seulement à cause de la relativité plus ou moins momentanée de leur contenu matériel, mais surtout à cause de la relation essentielle qu'elles ont avec les principes formels qui permettent de les saisir ; elles ne peuvent légitimement remonter au delà des conditions grâce auxquelles elles apparaissent, et qui, servant à constituer une faculté de percevoir, ne sauraient constituer même pour une part la faculté de comprendre par purs concepts[1].

Tout en réhabilitant la sensibilité comme source positive de connaissance, la *Dissertation* la place donc à un rang complètement subordonné dans le système du savoir. Tandis que dans la *Critique de la Raison pure,* la sensibilité, sans déterminer les concepts intellectuels, les ramène cependant à ses objets propres pour les rendre capables de la science possible à l'homme, ici elle doit se laisser entièrement dépasser par l'entendement, si elle veut rester dans les limites strictes de sa fonction. En dehors de son usage logique qui peut s'appliquer aussi bien aux données sensibles qu'aux données intellectuelles, l'entendement pur a un usage réel qui lui permet d'atteindre par concepts, au moyen d'une connaissance non intuitive à coup sûr, mais symbolique, les êtres, leurs rapports réciproques et leur principe commun[2]. Parce que nous ne disposons que d'intuitions sensibles, nous sommes tentés de nier le monde intelligible ; mais nous oublions alors que par delà nous il y a une intuition intellectuelle pure, affranchie des lois de la sensibilité et absolument spontanée, cette intuition divine que Platon appelle Idée, principe et archétype de la réalité de ce monde[3]. Quoique ébauchée ainsi en un certain sens, la distinction de l'entendement et de la raison est infiniment moins profonde que la distinction de l'enten-

1. V. surtout la 3ᵉ section, II, p. 405-413.
2. V. la 4ᵉ section, II, p. 413-417.
3. II, p. 404, 419-420.

dement et de la sensibilité, puisque l'entendement et la raison ne diffèrent que par la façon de comprendre un même objet, à savoir les êtres tels qu'ils sont réellement ; ce qui importe surtout à Kant, c'est que le monde intelligible reste, dans la connaissance que nous en prenons, inaltéré par des notions venues de la sensibilité. C'est à empêcher cette corruption que doit servir une science propédeutique comme celle dont la *Dissertation* fournit un spécimen[1]. « La méthode de toute métaphysique touchant les choses sensibles et les choses intellectuelles se réduit essentiellement à ce précepte : veiller soigneusement à ce que *les principes propres de la connaissance sensible ne franchissent pas leurs limites et n'aillent pas toucher aux choses intellectuelles*[2]. » Kant dénonce les principaux « axiomes subreptices » qui viennent de l'infraction à cette règle ; mais il ne se borne même pas à affirmer une suprématie authentique de l'intelligible sur le sensible ; dualiste, quand il veut circonscrire rigoureusement le domaine de la sensibilité, il se laisse entraîner par les tendances monistes du rationalisme métaphysique quand il en vient à voir dans le monde intelligible le principe fondamental de cette relation de toutes les substances qui, intuitivement considérée, prend le nom d'espace[3], ou lorsque, ne s'écartant de Malebranche que par un prudent désaveu, il indique que l'espace exprime dans l'ordre des phénomènes l'omniprésence de la cause universelle[4]. Ainsi il attribue plus ou moins explicitement au monde intelligible ou à son principe une sorte de causalité à l'égard du monde sensible.

Bien que les déterminations de ce monde intelligible soient ici purement spéculatives, qu'elles consistent surtout à représenter l'univers comme un système de substances réciproquement liées entre elles et dépendant toutes d'un

---

1. II, p. 402-403. — V. la lettre à Lambert du 2 septembre 1770, *Briefwechsel*, I, p. 94.
2. II, p. 418.
3. II, p. 414.
4. II, p. 416.

Être unique, on comprend qu'elles autorisent l'espoir, énoncé hypothétiquement dans les *Rêves*, d'appuyer les convictions morales sur un fondement rationnel [1]. Au fait, nous voyons Kant réagir avec vigueur contre la tendance extérieurement très manifeste qu'il avait eue à chercher le principe de la moralité hors de la raison, développer au contraire la tendance plus invisible et plus intime qui l'avait porté déjà à découvrir dans ce principe, même quand il l'appelait du nom de sentiment, des caractères d'universalité. Il affirme nettement que les notions morales sont des connaissances intellectuelles, qu'elles viennent, non de l'expérience, mais de l'entendement pur [2]. Il condamne avec une sévérité très sommaire les moralistes anglais dont il s'était inspiré : « La *Philosophie morale*, en tant qu'elle fournit des premiers *principes de jugement*, n'est connue que par l'entendement pur et fait elle-même partie de la philosophie pure ; Épicure qui en a ramené les critères au sentiment du plaisir et de la peine, ainsi que certains modernes qui l'ont suivi de loin, Shaftesbury par exemple et ses partisans, sont très justement sujets à la critique [3]. » Voilà donc, énoncée par Kant, l'idée au nom de laquelle il combattra toutes les morales qui ne se fondent pas sur la seule raison pure : tout sentiment, dira-t-il plus tard, est sensible [4]. A coup sûr cette nouvelle adoption explicite

---

1. L'idée d'un monde intelligible, en exprimant le maximum de ce que peut concevoir la raison, devient par là une sorte d'exemplaire. « En toute espèce de choses dont la quantité est variable, le *maximum* est la mesure commune et le principe de la connaissance. Le *maximum de la perfection* s'appelle maintenant l'idéal ; pour Platon c'était l'idée (comme son idée de la République). » II, p. 403.

2. II, p. 402.

3. II, p. 403. — Mendelssohn, dans une lettre à Kant du 25 décembre 1770, proteste contre ce rapprochement de Shaftesbury et d'Épicure : « Vous rangez lord Shaftesbury parmi ceux qui suivent au moins de loin Épicure. J'ai cru jusqu'à aujourd'hui qu'il fallait soigneusement distinguer de la volupté d'Épicure l'instinct moral de Shaftesbury. Celui-ci est simplement aux yeux du philosophe anglais une faculté innée de distinguer le bien et le mal par le sentiment. Pour Épicure au contraire, la volupté devait être non seulement un critérium du bien, mais le souverain bien lui-même. » *Briefwechsel*, I, p. 109-110.

4. « ... weil alles Gefühl sinnlich ist ». *Kritik der praktischen Vernunft*, V, p. 80.

du rationalisme en morale n'a pas pu exclure du fond de la pensée de Kant certaines notions acquises au cours de son examen du rationalisme wolffien, la notion, en particulier, d'une différence essentielle entre les facultés de connaître et les facultés morales ; mais des deux conceptions qu'il tâchera ultérieurement d'unir, la conception de l'unité de la raison, et la conception de la diversité de ses usages dans l'ordre théorique et dans l'ordre pratique[1], il semble bien que ce soit la première qui en 1770 soit prépondérante ; c'est ainsi que l'idée de perfection, qui avait été ramenée par Kant à n'avoir qu'une signification pratique, redevient le principe commun de la pratique et de la théorie[2]. En tout cas, une tâche pour Kant reste désormais prescrite : c'est qu'il faut à nouveau chercher dans la raison ce qui explique et ce qui justifie la moralité humaine.

*
* *

Kant avait conscience d'avoir dans sa *Dissertation* établi des principes fermes pour le développement ultérieur de sa pensée. Il écrivait à Lambert le 2 septembre 1770 : « Il y a un an environ, je suis arrivé, je m'en flatte, à cette conception que je ne crains pas d'avoir jamais à changer, mais que j'aurai sans doute à étendre, et qui permet d'examiner les questions métaphysiques de toute espèce d'après des critères tout à fait sûrs et aisés, et de décider avec certitude dans quelle mesure elles peuvent être résolues ou non[3]. » Il ajoutait : « Pour me remettre d'une longue indisposition qui m'a éprouvé tout cet été, et pour ne pas être cependant sans occupations aux heures de liberté,

---

1. La distinction du théorique et du pratique est indiquée par Kant en note : « Nous considérons une chose théoriquement, quand nous ne faisons attention qu'à ce qui appartient à un être, pratiquement au contraire, quand nous avons en vue ce qui doit être en lui par la liberté », II, p. 403. Kant conservera cette définition de ce qui est pratique.
2. II, p. 403.
3. *Briefwechsel*, I, p. 93.

je me suis proposé pour cet hiver de mettre en ordre et de rédiger mes recherches sur la philosophie morale pure, dans laquelle on ne doit pas trouver de principes empiriques ; ce sera comme la métaphysique des mœurs. Ce travail, sur beaucoup de points, fraiera la voie aux desseins les plus importants en ce qui concerne la forme renouvelée de la métaphysique, et il me semble en outre être tout à fait indispensable touchant les principes, si mal établis encore aujourd'hui, des sciences pratiques[1]. »

Dans plusieurs des lettres adressées pendant cette période à Marcus Herz, on voit Kant travailler d'abord à constituer, d'après les principes de la *Dissertation*, un système d'ensemble qui, naturellement, comprenne la morale, puis, après avoir poussé assez loin cette extension de sa pensée, s'arrêter devant un problème dont le sens profond lui avait d'abord échappé, devant le problème de la valeur objective des concepts. Or tout en poursuivant la solution de ce problème, qui devait enfermer dans les limites de l'expérience la connaissance par l'entendement, il retrouve par une autre voie cette distinction du théorique et du pratique que la *Dissertation* avait quelque peu effacée, et il est conduit à se demander comment la raison peut être pratique réellement, c'est-à-dire agir sur les volontés humaines. Voici donc ce qu'il écrivait le 7 juin 1771 : « Vous savez quelle influence a dans la philosophie tout entière et même sur les fins les plus importantes de l'humanité l'intelligence certaine et claire de la différence qu'il y a entre ce qui dépend de principes subjectifs des facultés humaines, non pas de la sensibilité seulement, mais encore de l'entendement, et ce qui se rapporte précisément aux objets. Quand on n'est pas entraîné par l'esprit de système, c'est les unes par les autres que se vérifient les recherches que l'on institue dans les applications les plus éloignées sur une règle fondamentale toujours la même. Aussi me suis-je maintenant occupé de

1. *Ibid.*

composer avec quelque détail un ouvrage intitulé : *Les limites de la sensibilité et de la raison*, qui doit contenir le rapport des concepts fondamentaux et des lois déterminés pour le monde sensible, en même temps que l'esquisse de ce qui constitue la nature de la doctrine du goût, de la métaphysique et de la morale. Pendant l'hiver j'ai recueilli tous les matériaux en vue de ce travail, j'ai tout passé au crible, tout pesé, j'ai ajusté toutes les parties entre elles, mais ce n'est que dernièrement que j'ai achevé le plan de l'ouvrage[1]. » Dans une lettre du 21 février 1772, après avoir rappelé qu'il s'était efforcé d'étendre à la philosophie tout entière les considérations dont il avait disputé avec Marcus Herz, il ajoutait : « Dans la distinction du sensible et de l'intellectuel en morale, et dans les principes qui en résultent, j'avais déjà depuis longtemps poussé mes recherches assez loin. Déjà même depuis longtemps j'avais retracé de façon à me satisfaire suffisamment les principes du sentiment, du goût, de la faculté de juger, avec leurs effets, l'agréable, le beau, le bien, et je me faisais le plan d'une œuvre qui aurait pu avoir un titre comme celui-ci : *Les limites de la sensibilité et de la raison*. Je la concevais en deux parties, l'une théorique, l'autre pratique. La première contenait en deux sections : 1° la phénoménologie en général ; 2° la métaphysique, mais seulement dans sa nature et dans sa méthode. La seconde contenait de même ces deux sections : 1° les principes généraux du sentiment, du goût et des désirs sensibles ; 2° les premiers principes de la moralité. Tandis que je parcourais méthodiquement la première partie dans toute son étendue, et en suivant les rapports réciproques de toutes les parties, je remarquais qu'il me manquait encore quelque chose d'essentiel, quelque chose que dans mes longues recherches métaphysiques j'avais, tout comme les autres, négligé, et qui constitue en réalité la clef de tous les mystères de la métaphysique, jusque-là encore obscure

---

1. *Briefwechsel*, I, p. 117.

pour elle-même. Voici en effet ce que je me demandais : sur quel fondement repose le rapport de ce que l'on nomme en nous représentation à l'objet[1] ? » C'était là, nettement posé, le problème dont la *Critique* devait apporter la solution : problème qui tient, selon la remarque de Kant, à ce que l'entendement humain, d'un côté, ne reçoit pas ses représentations des objets, mais, de l'autre, ne crée pas non plus comme l'entendement divin, des objets par ses représentations, « sauf en morale les fins qui sont bonnes[2] ». Cette dernière restriction révèle bien la tendance de Kant à admettre une causalité inconditionnée du vouloir au-dessus de la causalité conditionnée de l'entendement théorique. En tout cas, dans le plan de ce qui est déjà appelé une critique de la raison pure, la distinction est bien marquée entre la connaissance théorique et la connaissance pratique, en même temps qu'est catégoriquement affirmé le caractère intellectuel, non empirique, de cette dernière. Kant se croyait en état de publier la première partie de cette œuvre dans un délai d'environ trois mois[3]. Près de deux ans après, vers la fin de 1773, il expliquait pourquoi rien n'en avait encore paru ; au lieu de se laisser aller, par « démangeaison d'auteur », à chercher et à entretenir une notoriété facile, il aimait mieux poursuivre jusqu'au bout, sans en distraire prématurément des parties, l'œuvre de rénovation complète et méthodique qu'il avait entreprise. Il espérait beaucoup d'ailleurs de ce grand effort ; il pouvait dire en confidence à un ami, sans être soupçonné de fatuité extrême, qu'il allait engager la philosophie dans une voie où elle pouvait se développer régulièrement par des procédés qui lui vaudraient la considération du mathématicien le plus pointilleux, et où elle apparaîtrait infiniment plus avantageuse à la religion et à la moralité. Sachant que Herz avait en projet un travail sur la morale, il ajoutait : « Je suis désireux de voir paraître votre

---

1. *Briefwechsel*, I, p. 124.
2. *Briefwechsel*, I, p. 125.
3. *Briefwechsel*, I, p. 126-127.

essai sur la philosophie morale. Je souhaiterais cependant que vous n'y fissiez pas valoir ce concept de réalité, si important dans la plus haute abstraction de la raison spéculative, si vide dans l'application à ce qui est pratique. Car ce concept est transcendantal, tandis que les éléments pratiques suprêmes sont le plaisir et la peine, qui sont empiriques, de quelque provenance que soit la connaissance de leur objet. Or il est impossible qu'un simple concept pur de l'entendement fournisse les lois et les préceptes de ce qui est uniquement sensible, parce qu'au regard de ce qui est sensible, il est entièrement indéterminé. Le principe suprême de la moralité ne doit pas seulement faire conclure au sentiment du plaisir ; il doit produire lui-même au plus haut degré ce sentiment ; c'est qu'il n'est pas une simple représentation spéculative ; il doit avoir une force déterminante : aussi, bien qu'il soit intellectuel, il n'en doit pas moins avoir un rapport direct aux mobiles primitifs de la volonté [1]. » Ainsi, ce qui semble préoccuper Kant, c'est qu'ayant attribué au principe moral un caractère intellectuel et à la volonté qui s'en inspire un pouvoir direct d'action, il se demande comment la raison peut, au point de vue pratique, se rapporter à la sensibilité, comment la causalité du vouloir peut être efficace. Préoccupation très naturelle en soi et très considérable, puisqu'elle avait pour objet l'accord à établir entre l'idée pure et les moyens de réalisation de la vie morale, fortifiée peut-être encore par le souci qu'avait Kant de définir, dans un autre domaine, la relation exacte des concepts purs de l'entendement à l'expérience sensible.

*
* *

Le grand ouvrage dont le plan avait été plusieurs fois exposé, et dont la publication avait été plusieurs fois annon-

---

1. *Briefwechsel*, I, p. 137-138.

cée comme prochaine, ne parut qu'en 1781[1]. Très peu de temps après l'apparition de la *Critique*, Kant écrivait à Marcus Herz (11 mai 1781) : « Pour moi, je n'ai jamais cherché à en *imposer par des prestiges*, je ne me suis pas procuré à tout prix des *semblants de raisons* pour en *rajuster* mon système ; j'ai mieux aimé laisser passer les années afin d'arriver à une conception achevée qui pût me satisfaire pleinement[2]. » Au fait, pendant cette période de plus de dix ans, Kant ne se laisse distraire par aucune publication importante de la méditation de son système. Il ne donne, et encore par occasion, que deux écrits : en 1771, un très bref *compte rendu de l'écrit de Moscati* (anatomiste italien) *sur la différence de structure des hommes et des animaux*[3] ; en 1775, pour l'annonce de ses leçons de géographie physique, des aperçus *sur les différentes races d'hommes*[4], qu'avec quelques remaniements et additions il publie en 1777 dans le *Philosoph für die Welt* de J. J. Engel[5]. Cependant dans ces deux courts travaux se révèlent certaines des dispositions avec lesquelles il essaiera de constituer sa philosophie pratique.

L'anatomiste italien Moscati s'était appliqué à démontrer que l'homme est originairement un animal à quatre pattes, que la faculté de se tenir et de marcher droit est une acquisition contraire à sa nature primitive, qu'il en est résulté une foule d'inconvénients et de maux dans le fonctionnement de son organisme. Voilà donc, remarque Kant, grâce à un ingénieux anatomiste, l'homme de la nature remis sur ses pattes, ce que n'avait pas réussi à faire un sagace philosophe comme Rousseau. Et si paradoxale que soit cette

---

1. Sur les indices extérieurs de l'élaboration de la *Critique de la Raison pure*, v. Emil Arnoldt, *Kritische Excurse im Gebiete der Kant-Forschung*, 1894, p. 99-189.
2. *Briefwechsel*, I, p. 252.
3. *Recension der Schrift von Moscati über den Unterschied der Structur der Menschen und Thiere*; Reicke, *Kantiana*, p. 66 ; II, p. 429-431.
4. *Von den verschiedenen Racen der Menschen*, II, p. 435-451.
5. Ajoutons les petits écrits de propagande pour le *Philanthropinum*, dont il a été question plus haut.

opinion, elle est du moins vraie en ce qu'elle met bien en lumière l'opposition des fins de la nature et des fins de la raison ; la nature ne vise qu'à la conservation de l'individu comme animal et de l'espèce ; mais dans l'homme a été déposé le germe de la raison qui, en se développant, fait de lui un être pour la société : d'où, pour une plus libre et une plus parfaite communication avec ses semblables, l'avantage de la station et de la marche droites. C'est là pour lui un gain considérable sur les animaux ; mais la rançon en est dans toutes ces incommodités qui lui sont venues « pour avoir élevé si orgueilleusement la tête au-dessus de ses anciens camarades[1] ». Cette idée, que la raison se développe par une lutte persévérante contre la nature, servira plus tard à Kant pour la critique des doctrines qui admettent un passage continu du règne de la nature au règne de la raison et qui représentent la civilisation humaine comme le simple épanouissement de facultés originelles[2].

Quant au problème de la différence des races, il a visiblement pour Kant une importance pratique autant que théorique. Kant ne veut pas admettre que la différence des races résulte uniquement d'une différence dans les conditions physiques d'existence ; il la fait dépendre de dispositions primitives. Mais d'autre part il invoque le critère de la fécondation pour soutenir qu'il n'y a pas plusieurs espèces d'hommes, qu'il n'y en a essentiellement qu'une. Dans ces considérations qui lui tiennent à cœur, puisqu'il en reprendra dix ans plus tard l'exposé[3], il s'efforce sans doute d'apporter plus d'exactitude scientifique en ce qui touche les concepts d'espèce et de race ; mais dans l'affirmation de l'unité de l'espèce humaine[4] ce qui l'intéresse à

---

1. II, p. 431.
2. Cf. *Recensionen von J.-G. Herder's Ideen zur Philosophie der Geschichte*, IV, p. 171-181. Herder faisait précisément de la station droite le seul caractère spécifique de l'homme et la condition suffisante de l'apparition de la raison humaine. V. p. 174.
3. *Bestimmung des Begriffs einer Menschenrace*, 1785, IV, p. 217-231.
4. II, p. 436, 449. — Cf. *Bestimmung des Begriffs einer Menschenrace* : « La classe des blancs ne diffère pas comme espèce particulière dans le genre

coup sûr le plus, c'est la justification qu'elle apporte à l'idée d'une humanité participant à la même histoire, concourant aux mêmes fins, virtuellement en possession des mêmes droits. Ainsi que nous le verrons, c'est seulement dans l'espèce humaine comme telle que se manifeste selon une loi le progrès de la raison.

Ce progrès de la raison, si certain qu'il soit en lui-même, précisément parce qu'il ne s'accomplit que dans l'espèce et qu'il exige une rupture de l'individu avec les instincts naturels, suppose comme ressort, non pas la seule volonté directe du bien, mais un mélange de bien et de mal ; c'est par l'antagonisme des forces contraires que se prépare parmi les hommes le triomphe de l'esprit. Cette idée, dont Kant développera avec tant d'originalité le sens métaphysique et moral [1], se trouve indiquée ici en passant ; à propos de l'opinion de Maupertuis qui proposait de constituer dans quelque province par voie de sélection et d'hérédité une noble race d'hommes se transmettant l'intelligence, l'habileté, la droiture : « Projet, en lui-même, assurément praticable, à mon sens, observe Kant, mais qui se trouve avoir été tout à fait prévenu par la nature plus sage ; car c'est précisément dans le mélange du mal avec le bien que sont les grands mobiles qui mettent en jeu les forces engourdies de l'humanité, qui l'obligent à développer tous ses talents et à se rapprocher de la perfection de sa destinée [2]. »

*
* *

En l'absence de tout autre écrit publié par Kant pendant cette période, est-il possible de satisfaire en quelque mesure à la curiosité de savoir comment sur les problèmes qui

---

humain de celle des noirs ; et il n'y a point des espèces d'hommes distinctes. » IV, p. 225.

[1]. Cf. *Idee zu einer allgemeinen Geschichte in weltbürgerlicher Absicht*, IV, p. 146-148.

[2]. II, p. 437. — Ce passage ne figurait pas dans la rédaction primitive ; il a été ajouté pour la publication nouvelle de 1777.

touchent à la philosophie pratique s'est déterminée, avant la *Critique de la Raison pure*, la pensée kantienne ? Il semble aujourd'hui que l'on puisse, sans un trop grand risque d'erreur, se servir, pour le moment antérieur à 1781, des *Leçons sur la Métaphysique*, publiées en 1821 par Pölitz [1].

Dans ces *Leçons*, les concepts métaphysiques qui intéressent la morale, les concepts de la liberté, de l'immortalité, de Dieu sont considérés à un double point de vue, selon qu'il s'agit d'en établir la valeur rationnelle pure, hors de tout recours à l'expérience, ou d'en établir le rapport soit

---

1. C'est Benno Erdmann qui le premier a eu le mérite de montrer le parti que l'on pouvait tirer des *Leçons sur la Métaphysique* publiées par Pölitz pour connaître l'évolution de la pensée kantienne entre 1770 et 1781. V. *Eine unbeachtet gebliebene Quelle zur Entwicklungsgeschichte Kants*, Philosophische Monatshefte, XIX, p. 129-144 ; *Mittheilungen über Kants metaphysischen Standpunkt in der Zeit um 1774*, Philosophische Monatshefte, XX, p. 65-97. — Benno Erdmann estime que ces *Leçons* ont été faites aux environs de 1774. Il se peut que cette date doive être quelque peu reculée, ainsi que l'a établi Heinze dans le remarquable travail critique qu'il a fait sur le texte de Pölitz et les autres manuscrits de *Leçons sur la Métaphysique* mis au jour depuis, *Vorlesungen Kants über Metaphysik aus drei Semestern*, 1894, p. 29-37 (509-517). En effet dans les *Leçons* publiées par Pölitz il est question de Crusius comme de quelqu'un qui est mort (p. 146) ; une autre mention de Crusius en ce même sens se trouve dans les deux autres manuscrits qui donnent à quelques variantes près le même texte que le manuscrit utilisé par Pölitz (v. Heinze, p. 194 [674]). Or Crusius étant mort le 18 octobre 1775, les *Leçons* ne pourraient avoir été faites au plus tôt qu'en 1775-1776. Il ne semble pas cependant, comme le veut l'adversaire intraitable de toutes les hypothèses de Benno Erdmann, Emil Arnoldt, *Kritische Excurse im Gebiete der Kant-Forschung*, p. 417 sq., que la date ne puisse en être fixée avant 1779 et qu'elle doive selon toute probabilité être reportée à 1783-84. La preuve externe, destinée à montrer que 1779 est la date au delà de laquelle on ne peut remonter, et tirée par Arnoldt d'un passage de *Leçons* qui paraît indiquer que Sulzer à cette époque est mort (Sulzer est mort en février 1779) reste très douteuse, comme l'a établi Heinze, p. 35-36 (515-516). — En revanche la preuve interne qui tend à fixer la date avant la *Critique*, fondée sur le caractère encore très nettement dogmatique par endroit des *Leçons*, surtout des *Leçons* consacrées à la psychologie, sur l'inachèvement du système des catégories par comparaison avec celui qui est exposé dans la *Critique*, paraît avoir, dans l'état actuel de la question, une portée prépondérante. Nous acceptons donc la conclusion de Heinze : c'est entre 1775-1776 et 1779-1780 que les *Leçons sur la Métaphysique* ont dû être professées : une date plus précisément définie est impossible.

Il va sans dire que dans le texte publié par Pölitz nous ne faisons pas usage des *Prolégomènes* et de l'*Ontologie* qui, selon l'avertissement de l'éditeur, sont tirés d'un manuscrit de leçons ultérieures, dont il a, au surplus, mal marqué la date.

à quelque fait directement saisissable, soit à des motifs efficaces de conviction : de là un dualisme, le dualisme, pourrait-on dire, du transcendantal et du pratique, dont la philosophie ultérieure de Kant s'efforcera diversement de définir la proportion.

C'est ainsi que, dans la psychologie empirique, la liberté est traitée comme liberté psychologique ou pratique, tandis que, dans la psychologie rationnelle, elle est traitée comme liberté transcendantale. A dire vrai, la distinction entre ces deux sortes de liberté n'est pas toujours exprimée d'une façon parfaitement nette ; il semble parfois que la liberté transcendantale soit comme la limite supérieure ou l'achèvement de la liberté pratique[1] ; mais ce n'est là sans doute qu'une façon de marquer la relation qu'il y a entre elles sans effacer pour cela la différence originaire de leurs significations.

La liberté psychologique ou pratique est une détermination spéciale de la faculté de désirer[2]. Si, à la différence de l'animal, l'homme a un libre arbitre, c'est que sa faculté de désirer n'est pas contrainte, même par les mobiles sensibles qui l'affectent, et ce qui fait que cette influence des mobiles sensibles n'est pas fatale, c'est que l'homme est capable d'agir, non seulement par l'impression que les objets font sur lui, mais par la connaissance intellectuelle qu'il en prend. La possibilité de substituer des motifs, c'est-à-dire des principes objectifs de détermination, aux mobiles, qui ne sont que des principes de détermination subjectifs, est comme un fait d'expérience : « L'homme sent en lui un pouvoir de ne se laisser contraindre à quoi que ce soit par rien au monde[3]. » Mais ce pouvoir ne se manifeste ou ne constitue dans l'acte que par sa force de résistance aux im-

---

[1]. *Immanuel Kant's Vorlesungen über die Metaphysik*, p. 182, 185.
[2]. Sur les diverses déterminations de la faculté de désirer et leur rapport au libre arbitre, Kant établit ici des définitions et des distinctions qui se trouvent reproduites dans la *Critique de la Raison pure*, au chapitre II, section 1, de la *Méthodologie*, III, p. 530.
[3]. *Vorlesungen über die Metaphysik*, p. 182.

pulsions sensibles ; le triomphe de l'entendement sur la sensibilité, voilà la liberté [1]. « Le libre arbitre, en tant qu'il agit selon des motifs de l'entendement, c'est la liberté, qui est bonne à tous les points de vue ; c'est la *libertas absoluta*, qui est la liberté morale [2]. »

D'une façon plus exacte, les motifs fournis par l'entendement à la faculté de désirer sont de diverse nature et expriment diverses espèces de cette nécessité qui, s'imposant idéalement à nous et acceptée par nous, est la liberté. La nécessité pratique se distingue en nécessité problématique, nécessité pragmatique et nécessité morale. La nécessité problématique est celle qui impose l'emploi d'un moyen sous la condition d'une fin particulière voulue par nous ; la nécessité pragmatique est celle qui impose l'emploi d'un moyen par rapport à ce qui est la fin générale de tout être pensant ; la nécessité morale est celle qui impose un usage du libre arbitre, non pas comme un moyen par rapport à une fin, mais pour sa valeur intrinsèque absolue. Ces différentes sortes de nécessité se traduisent par des impératifs dont la commune signification est que l'action doit se faire, qu'il est bon qu'elle se fasse [3]. Mais comment cette nécessité tout objective devient-elle en nous motif déterminant? C'est là un problème, dont nous avons vu, d'après une lettre à Herz, que Kant se préoccupait ; la solution qu'il indique ici, plus hésitante que celle qu'il donnera plus tard, l'annonce néanmoins très clairement. Quand le sujet moral se porte à une action uniquement pour cette raison que l'action est bonne en elle-même, on peut appeler sentiment moral la force qui le détermine, et ce sentiment doit se trouver en lui toutes les fois qu'il accomplit le bien. Mais ce sentiment, pour être tel, ne doit pas se détacher des motifs rationnels dont il est l'expression subjective, c'est-à-dire qu'il ne doit pas nous gouverner par le plaisir ou la peine, par des influen-

---

1. P. 185.
2. P. 183.
3. P. 186. — V. plus haut, Première partie, Ch. II. p. 99.

ces de nature « pathologique ». « Nous devons donc concevoir un sentiment, mais qui ne nécessite pas pathologiquement, et ce doit être le sentiment moral. On doit connaître le bien par l'entendement, et toutefois en avoir un sentiment. C'est là sans doute quelque chose qu'on ne peut pas bien comprendre, sur quoi il y a encore matière à discussion. Je dois avoir un sentiment de ce qui n'est pas objet de sentiment, de ce que je connais objectivement par l'entendement. Il y a donc toujours en cela une contradiction. Car si nous devons faire le bien par le sentiment, nous le faisons alors parce qu'il est agréable. Or cela ne peut pas être; car le bien ne peut affecter en rien notre sensibilité. Nous appelons donc le plaisir que nous cause le bien un sentiment, parce que nous ne pouvons pas exprimer autrement la force subjectivement excitante qui résulte de la nécessité objectivement pratique. C'est un malheur pour l'espèce humaine que les lois morales qui sont là pour nécessiter objectivement ne nous nécessitent pas subjectivement aussi en même temps. Si nous étions nécessités subjectivement aussi en même temps, nous n'en serions pas moins tout aussi libres, puisque l'action de cette nécessité subjective dérive de l'objective[1]. »

La liberté psychologique ou pratique suffit à garantir la morale ; ce n'est donc pas un intérêt moral, c'est un pur intérêt spéculatif qui porte à s'élever au-dessus de ce qui est proprement pratique, qui fait poser par delà la question déjà résolue de la liberté psychologique, c'est-à-dire de la liberté spéciale au vouloir, la question de la liberté transcendantale, c'est-à-dire de la causalité absolue du moi dans son essence[2]. De même que Kant, après avoir déclaré que nous percevons immédiatement en nous par l'intuition interne le moi substantiel et type de toute substantialité[3],

1. P. 187.
2. P. 204, 207-208.
3. P. 133.

s'efforce d'établir *a priori* dans sa psychologie rationnelle que l'âme selon son pur concept est une substance[1], de même, après avoir admis que la liberté requise pour la morale est saisie par une expérience directe, il s'efforce de démontrer comment le concept de la spontanéité inconditionnée convient au moi. Il écarte d'abord comme illusoire ou insuffisante cette spontanéité interne relative, cette spontanéité automatique qui tient finalement d'une cause extérieure l'action qu'elle paraît produire du dedans, la spontanéité de l'horloge ou du tourne-broche. La liberté transcendantale exclut ces limitations et ces relations. Le moi la possède, parce qu'il est sujet, et qu'étant tel, il rapporte à lui-même, non pas seulement ses actes volontaires, mais toutes ses déterminations en général. Quand je dis : je pense, j'agis, ou bien le mot « je » est employé à contre sens, ou je suis libre. Pour nier la liberté, il faudrait montrer que le sujet n'en est pas un, et cette démonstration serait encore l'affirmation d'un sujet[2].

Seulement, de l'aveu de Kant, s'il est possible de prouver ainsi la liberté transcendantale, il est impossible de la comprendre. Comment un être créé peut-il produire des actions originaires? C'est ce que nous n'avons pas la faculté d'apercevoir. Il nous faudrait saisir les raisons déterminantes de ce qui, par définition, doit être indépendant de ces raisons. Mais cette difficulté ne saurait être tournée contre l'affirmation de la liberté ; car elle tient, non à la nature de la chose, mais à celle de notre entendement qui ne peut comprendre que ce qui arrive dans la série des causes et des effets, qui ne peut saisir de premier commencement. Au surplus, à ce point de vue, le fatalisme ne peut pas plus être démontré que réfuté. L'opposition dialectique des thèses contraires, que Kant paraît déjà signaler ici, mais sans la dégager pleinement, ne saurait faire prévaloir le doute spéculatif sur ce qu'a de certain la liberté

---

1. P. 201-202.
2. P. 206. — Cf. Benno Erdmann, *Reflexionen Kants*, II, n° 1517, p. 435.

pratique; c'est assez de se rappeler que les impératifs pratiques n'auraient pas de sens si l'homme n'était pas libre. Le concept de la liberté est, non pas spéculativement sans doute, mais pratiquement suffisant. L'incapacité d'apercevoir comment il peut se réaliser est simplement la marque des bornes de notre entendement : la religion et la morale restent en sûreté [1].

Nous avons ici la première trace de l'état d'esprit dans lequel Kant, parvenu à l'idée d'une philosophie à la fois rationaliste et critique, a abordé à nouveau le problème de la liberté. Ce problème, il paraît l'avoir délaissé, tout au moins sous sa forme spéculative, pendant tout le temps qu'il a réagi contre la doctrine wolffienne, qu'il a subi l'attrait de la morale anglaise, qu'il a été sous la première influence de Rousseau. La tendance nouvelle de sa pensée exige qu'il le reprenne, pour ainsi dire, en termes de raison pure. Cependant la solution qu'il énonce participe à la fois, avec les restrictions nécessaires et selon les transformations accomplies, des conceptions rationalistes auxquelles il avait été d'abord initié, et des conceptions pratiques ultérieures qui représentaient les vérités morales comme objets d'affirmations immédiatement certaines. Il peut compléter le rationalisme en le rectifiant : pas plus que la différence de l'intelligible et du sensible n'est une différence de degré, pas plus le rapport de la liberté transcendantale à la simple spontanéité ne doit se ramener à une gradation continue; la liberté transcendantale ne peut être que ce qu'exige la pureté de son concept, c'est-à-dire inconditionnée. La notion, qui s'impose alors de plus en plus à l'esprit de Kant, des limites de l'entendement humain, permet d'affirmer cette liberté sans que nous ayons l'in-

---

[1]. P. 208-210. Cf. Benno Erdmann, *Reflexionen Kants*, II, n° 1520, p. 438. — Cette impuissance de notre entendement à apercevoir la possibilité de la liberté est plus fortement marquée encore dans quelques-unes des *Réflexions* que Benno Erdmann place dans cette période, v. n°s 1511, 1521, 1525, 1527, p. 434, 439, 440.

tuition qu'il faudrait pour la saisir [1]. D'ailleurs c'est plutôt le manque de cette intuition que le conflit de la liberté transcendantale avec la nécessité mécanique, que Kant invoque pour expliquer les doutes possibles. Trouvant dans l'expérience de la liberté pratique une sauvegarde suffisante pour les intérêts de la morale, il ne s'est représenté probablement ce conflit comme un conflit de la raison avec elle-même que le jour où il entrevoyait le moyen de le surmonter, le jour par conséquent où il commençait à deviner une distinction à établir entre les antinomies mathématiques et les antinomies dynamiques [2]. Pour l'instant, il ne pose pas le problème de la liberté, dans sa Cosmologie, comme une antinomie, alors qu'il tend déjà assez visiblement à poser de la sorte les problèmes qui seront le fond de la première, de la seconde et de la quatrième antinomie dans la *Critique de la Raison pure* [3]. Il ne paraît pas songer que la solution qui consiste à admettre, avec la série infinie des causes dans le monde, une cause première par delà la série [4], pourrait également justifier à la fois, autrement que par rapport à Dieu, la nécessité naturelle des événements et la spontanéité inconditionnée de la liberté. Il se borne à affirmer que la nécessité aveugle contredit les lois de l'entendement et de la raison; la nécessité est, comme le hasard, en opposition avec la *nature* et la *liberté* qui sont deux principes bien fondés d'explication [5]. C'est donc sous un autre aspect que ressort à ce moment, sur le problème de la liberté, la pensée de Kant; elle travaille à définir, en

---

1. Les *Leçons sur la Métaphysique* témoignent combien difficilement Kant a renoncé à la détermination des choses en soi; mais elles sont très nettes sur ceci, que nous n'avons pas d'intuition intellectuelle. V. p. 99; v. surtout p. 101-102 la critique des conceptions mystiques d'un monde intelligible, qui supposent, comme chez Leibniz, une intuition intellectuelle des êtres pensants.
2. V. l'ébauche des formules qui serviront à établir cette distinction dans quelques-unes des *Réflexions*, II, n°s 1505, 1507, 1508, p. 433.
3. P. 84-87. — Cf. Adickes, *Kants Systematik als systembildender Factor*, p. 64-68, 105-109.
4. P. 87.
5. P. 89.

les distinguant, les deux significations essentielles du concept, d'une part la signification transcendantale, qui dépasse les limites de la volonté proprement dite et qui s'applique au moi-sujet en vertu d'une démonstration rationnelle pure, ensuite la signification pratique, qui est impliquée uniquement dans l'activité du vouloir, qui est vérifiée par l'expérience en même temps que requise par la morale.

Pareil dualisme se retrouve dans la solution que Kant apporte au problème de l'immortalité : d'une part il n'y a que la preuve transcendantale de l'immortalité qui soit rigoureuse ; d'autre part il n'y a que la preuve morale qui, malgré son insuffisance logique, soit efficace, parce qu'elle est liée directement à la conscience du devoir et au système des convictions pratiques. La preuve transcendantale est une sorte de preuve ontologique qui rappelle de près l'argumentation du *Phédon* ; c'est du concept de l'âme que se déduit son immortalité. En effet, le concept de l'âme suppose qu'elle est un sujet capable de se déterminer par soi, d'être par conséquent la source de la vie qui anime le corps. Du corps matériel la vie ne peut dériver, puisque la vie est spontanéité et que la matière est inertie ; loin d'être le principe de vie, le corps matériel est plutôt obstacle à la vie. C'est donc de l'âme que la vie vient essentiellement ; et puisque l'âme produit les actes vitaux indépendamment du corps, elle continue en vertu de sa nature même à les produire après la mort [1].

Les autres arguments allégués en faveur de l'immortalité ne sont pas, à parler strictement, des preuves ; ils ne font que justifier l'espérance de la vie future [2]. Ils la justifient du reste très inégalement. Il y a une preuve empirique, tirée de la psychologie, que Kant expose assez faiblement et qui a selon lui une importance surtout négative ; elle consiste à critiquer la thèse qui fait dépendre le développement des facultés spirituelles du développement des

1. P. 234-238.
2. P. 234.

facultés corporelles : de ce que l'on constate sur l'âme liée au corps il est impossible de conclure à ce que l'âme serait sans le corps[1]. Il y a une autre preuve également empirico-psychologique, mais fondée sur des principes cosmologiques, preuve que Kant appelle encore preuve par analogie, d'importance beaucoup plus décisive, et soutenue par des conceptions téléologiques qui seront pour la pensée kantienne d'un fréquent usage et d'un grand sens. L'immortalité de l'âme est ici conclue par analogie avec la nature. Dans la nature il n'y a pas de forces ou de facultés qui ne soient appropriées à une certaine fin, qu'elles doivent réaliser. Or dans l'âme humaine nous trouvons des forces et des facultés qui n'atteignent pas en cette vie leur fin. Il faut donc que l'âme humaine puisse arriver ailleurs que dans cette vie à l'exercice complet de ces forces et à la complète mise en valeur de ces facultés. Pour appuyer la mineure de ce raisonnement, Kant invoque surtout l'insatiable curiosité de l'intelligence humaine, attirée infiniment au delà de ce qu'exige sa destinée terrestre, et aussi la vocation profonde de la volonté humaine pour la moralité et la justice, infiniment supérieure à ce que la nature sensible de ce monde permet de réaliser[2].

Cette preuve par analogie nous rapproche par quelques-unes de ses considérations de la preuve pratique par excellence, qui est la preuve morale ou, pour mieux dire, théologico-morale[3]. Celle-ci a pour principe que nos actes sont

1. P. 244-245.
2. P. 245-252. Cf. Benno Erdmann, *Reflexionen Kants*, II, n°s 1273, 1274, 1275, p. 362-363. Kant note que la beauté de cette preuve par analogie vient de ce qu'elle évite les explications théoriques compliquées et de ce qu'elle conclut, comme en physique toutes les fois que la nature d'un objet est caché, de ses caractères apparents à ses caractères invisibles. — Il faut remarquer que Kant se servira ailleurs de la majeure et de la mineure du même argument pour conclure que, les fins de l'homme étant disproportionnées avec les résultats obtenus au cours de sa vie, il doit y avoir un progrès de l'espèce humaine qui supprime cette disproportion en recueillant et harmonisant dans une sorte d'œuvre d'ensemble les œuvres incomplètes des individus. Cf. *Idee zu einer allgemeinen Geschichte*, IV, p. 144-145.
3. Dans les *Réflexions*, Kant établit, parmi les preuves morales de l'immortalité, une distinction entre les preuves purement morales et les preuves

soumis à cette règle sainte qui est la loi morale. La loi morale nous est connue *a priori* ; elle exige que nos actions, ou plus spécialement nos intentions, soient en accord avec elle et par là nous rendent dignes d'être heureux. Elle présente donc le bonheur, non pas comme une fin à poursuivre, mais comme un état à mériter. Or, dans ce monde, il n'y a aucune voie qui assure le bonheur à la vertu ; même le vice habile se procure plus sûrement les avantages dont seule la vertu devrait jouir. Dès lors, à ne la considérer que dans son rapport avec la vie présente, la loi morale apparaîtrait sans force et trompeuse. Mais la théologie ou la connaissance de Dieu vient ici à notre secours. En Dieu je conçois un Être qui peut me faire participer à la félicité dont je me suis rendu digne par mon obéissance à la loi morale ; et comme la vie présente a exigé de moi le renoncement à un bonheur temporel, il faut qu'il y ait une autre vie où le bonheur et la vertu soient en parfaite proportion. Cela seul peut faire que l'honnête homme ne soit pas un insensé[1].

Cette preuve peut être dite en un sens *a priori*[2], si l'on admet qu'il y a, à côté de l'*a priori* transcendantal, un *a priori* pratique. Elle n'en est pas moins théoriquement insuffisante : de ce que nous ne voyons pas en ce monde le vice puni et la vertu récompensée, il ne suit point que le vice n'ait pas dès à présent en lui-même sa punition et la vertu sa récompense ; notre jugement sur le rapport des sanctions à la conduite est trop extérieur pour être assuré d'être vrai. D'autre part, la perpétuité infinie de la vie future dépasse trop manifestement les limites des droits que

---

théologiques. II, n° 1270, p. 361, n° 1282, p. 365. Les *Leçons sur la Métaphysique* ne font pas cette distinction.

1. P. 238-241. — C'est la preuve par analogie, en tant qu'elle porte sur l'obstacle opposé en ce monde à notre effort moral, qui fournira surtout dans la *Critique de la Raison pratique* le contenu du postulat de l'immortalité, tandis que la preuve morale fournira surtout le contenu du postulat de l'existence de Dieu.

2. P. 238.

nous avons aux joies et aux peines ultra-terrestres. Enfin les êtres humains qui n'ont pu faire aucun usage de leur raison, les enfants, les sauvages, seraient exclus de l'immortalité. Mais cette preuve est tout à fait suffisante au point de vue pratique ; car elle vaut alors par l'influence qu'elle a sur nous, et du moment qu'elle se lie en nous à notre sentiment moral, elle exclut toutes les objections qui prétendraient l'infirmer[1]. Dès lors il importe peu qu'elle se borne à susciter une espérance au lieu de procurer une certitude ; l'espérance de l'immortalité doit suffire à nous en rendre dignes : une plus claire connaissance nous enlèverait, au contraire, l'ardeur qu'il faut pour y prétendre. Il ne faut pas que le souci de la vie future détermine notre façon d'entendre et d'accomplir actuellement notre destinée. « La grande affaire, c'est toujours la moralité, c'est la chose sainte et inviolable que nous devons préserver, et c'est aussi le principe et la fin de toutes nos spéculations et de toutes nos recherches... Si les idées de Dieu et d'un autre monde n'étaient pas liées à la moralité, elles ne seraient bonnes à rien[2]. »

Nous voyons par là dans quel esprit sera également traitée la théologie rationnelle : la même distinction y apparaîtra entre la rigueur démonstrative de la raison pure, mais qui reste sans efficacité pratique, et l'influence décisive de la conviction morale qui reste, au point de vue théorique, insuffisamment fondée. Seulement cette distinction s'y atténue par endroits en vertu d'une tendance très manifeste à considérer que la raison en général est impuissante à établir la vérité objective de ce qui est premier en soi. La preuve transcendantale de l'existence de Dieu est constituée par ceci, que cette existence supprimée, notre intelligence et notre volonté sont en contradiction avec elles-mêmes. Kant marque la même répugnance qu'il avait déjà autrefois montrée

1. P. 241-243.
2. P. 260-261.

à admettre l'argument ontologique selon la formule qui conclut de l'idée, c'est-à-dire du possible conçu, à l'existence, car l'existence est une position, non un prédicat[1] ; il expose avec de visibles préférences la preuve selon laquelle le possible conçu par la pensée suppose l'Être souverainement réel[2]. Mais cette démarche par laquelle la raison remonte, dans l'usage de ses facultés, à ce qui en est la condition suprême, n'a qu'un caractère hypothétique, puisqu'elle aboutit simplement à une supposition qui lui est indispensable pour ne pas se démentir, qui donc reste relative à elle et ne saurait jamais représenter adéquatement un Être nécessaire en soi. Ce que Kant appellera plus tard l'*Idéal de la Raison pure* ne s'affirme que par une supposition relative[3] : la raison ne peut pas plus conclure par concept à l'existence absolument au-dessus d'elle qu'à l'existence absolument en dehors d'elle. La preuve transcendantale de l'existence de Dieu reste donc frappée de subjectivité, et bien qu'elle exprime une tendance légitime de la raison, elle ne peut malgré tout produire en nous qu'une croyance. Kant arrive ainsi à surmonter le dualisme qu'il avait autrefois admis de la croyance et de la raison et à constituer l'idée de la croyance rationnelle. Seulement tandis que plus tard il fera valoir cette idée principalement dans le domaine de la raison pratique, réservant le nom de maximes régulatrices aux hypothèses de la raison quand elles répondent à une exigence théorique, ici il l'applique aussi bien aux démarches suprêmes de la raison théorique qu'aux convictions dépendantes de la raison pratique. « La connaissance de Dieu n'a jamais été plus qu'une hypothèse nécessaire de la raison théorique et pratique… Elle n'en a pas moins une certitude pratique ou un titre de créance tel que, alors même qu'elle ne pourrait pas être démontrée, celui qui veut user de sa raison et de sa libre

1. P. 281.
2. P. 277.
3. Cf. *Kritik der reinen Vernunft*, III, p. 455-457, p. 460.

volonté doit nécessairement la supposer, s'il ne veut pas agir comme un animal ou un méchant. Or ce qui est une supposition nécessaire de notre raison est tout comme s'il était lui-même nécessaire. Ainsi les principes subjectifs de la supposition nécessaire sont tout aussi importants que les principes objectifs de la certitude. Une telle hypothèse, qui est nécessaire, se nomme *croyance*... La forme croyance, qui résulte simplement de ce que quelque chose est une condition nécessaire, est quelque chose de si complètement sûr, de si bien fondé subjectivement, que rien de ce qui repose sur des raisons objectives ne peut être mieux affermi dans l'âme que cela. — *La solidité de cette supposition est tout aussi forte subjectivement que la première démonstration objective de la mathématique*, quoiqu'elle ne soit pas aussi forte objectivement. Si j'ai une ferme conviction subjective, je ne lirai jamais les objections que l'on élève contre... Cette foi subjective est en moi tout aussi ferme et même plus ferme encore que la démonstration mathématique. Car sur cette foi je peux tout parier; tandis que si je devais tout parier sur une démonstration mathématique, je pourrais hésiter; il pourrait se faire en effet qu'il y eût ici quelque point sur lequel l'intelligence se fût trompée[1]. »

Précisément parce qu'il admet ce rôle de la foi jusque dans la connaissance théorique de Dieu, Kant peut faire une place, tout en la limitant, aux preuves qui ne prétendent pas à une forme rationnelle aussi pure. Même la théologie transcendantale, qui a l'avantage de nous présenter dans sa pureté le concept de l'Être nécessaire ou de l'Être souverainement réel, a le défaut de nous priver du Dieu vivant, que réclament l'intelligence commune et la conscience[2]; et puisque d'autre part elle ne peut malgré tout son effort produire que des affirmations relatives aux besoins spéculatifs de la raison, elle ne saurait em-

1. P. 266-267.
2. P. 270-271.

pêcher, tout en gardant un droit de censure, les autres formes de théologie, dont les affirmations sont relatives aux intérêts pratiques de cette raison même. C'est ainsi que la théologie naturelle qui présente Dieu comme cause du monde par intelligence et liberté, si elle n'atteint pas à une puissance de démonstration parfaite, a du moins une puissance de persuasion très profonde ; l'ordre qu'elle se plaît à découvrir dans l'univers excite l'activité et contribue à la culture de l'esprit ; c'est un ordre de fins, plein d'attrait pour une volonté[1]. Assurément la théologie naturelle est exposée à l'anthropomorphisme, puisqu'elle emprunte à l'expérience de la nature humaine les principaux attributs de Dieu[2] ; mais dès qu'elle prend garde que son procédé est purement analogique et ne doit pas aboutir à des assertions dogmatiques, elle a le droit d'en user[3]. Enfin la théologie morale présente Dieu comme un Être souverainement bon et parfaitement saint ; elle est fondée sur la nécessité d'admettre que la loi morale, aussi certaine que les autres connaissances de la raison, exige pour les actions bonnes qu'elle ordonne un bonheur en proportion avec elles. Si l'on ne reconnaît pas que, grâce à un Dieu qui gouverne le monde par une volonté morale, le bonheur est assuré à celui qui par sa vertu s'en est rendu digne, la loi morale peut être un principe servant à juger, elle n'est pas un principe servant à agir. Cette sorte de preuve n'est seulement tirée de raisons pratiques, elle produit elle-même un effet pratique : d'où son importance extrême dans l'éducation de l'homme[4]. Ainsi, malgré de fréquents retours aux traditions dogmatiques en la matière, surtout sur la question de l'optimisme[5], Kant incline à faire prévaloir la théologie populaire sur ce qu'il appelle

1. P. 287-288.
2. P. 272.
3. P. 309 sq. — V. plus loin deuxième partie, chapitre II.
4. P. 288-294.
5. P. 334 sq.

la théologie arrogante : la théologie arrogante, dit-il[1], se targue de son érudition et de sa science ; mais pour mesurer la hauteur d'une étoile, à quoi sert la hauteur d'une tour par rapport à la vallée ? De même la théologie érudite et raisonneuse apporte bien peu pour la connaissance de Dieu en comparaison de la croyance créée par la considération de la loi morale ; ou plutôt elle est souvent une source de sophismes[2].

L'exposition des preuves de l'immortalité et de l'existence de Dieu enveloppe l'idée que Kant se fait de la moralité. Cette idée est bien loin encore d'être épurée de tout alliage eudémoniste. Si Kant n'admet pas que la recherche du bonheur soit le mobile direct de notre con-

---

1. Passage qu'on ne trouve pas dans le manuscrit édité par Pölitz, mais dans les deux autres manuscrits qui fournissent à quelques variantes près le même texte, — cité par Heinze, *Vorlesungen Kants über Metaphysik*, p. 61 (541).

2. C'est une théologie philosophique qu'expose Kant ici, malgré les tendances et les idées nouvelles par lesquelles il modifie les doctrines religieuses du rationalisme ordinaire. Il ne mentionne qu'en passant le Christianisme. — Dans la nouvelle édition de la *Correspondance* se trouvent, parmi des lettres de Kant à Lavater, une lettre du 28 avril 1775, ainsi qu'une lettre complémentaire simplement en projet, qui indiquent ce qu'était alors le Christianisme pour la pensée de Kant. Kant distingue entre la doctrine fondamentale et la doctrine subsidiaire de l'Evangile : la doctrine fondamentale, la pure doctrine du Christ, c'est que nous devons avoir une foi absolue dans l'assistance de Dieu pour achever de réaliser ce qui dans le bien voulu et énergiquement poursuivi par nous dépasse notre pouvoir ; la doctrine subsidiaire, que constituent les dogmes du Nouveau Testament, définit la nature des pratiques par lesquelles nous pouvons obtenir le secours divin. Il est arrivé que les Apôtres ont fait de cette doctrine accessoire la doctrine principale, en raison de la nécessité où ils étaient de s'approprier à l'état des esprits, d'opposer aux miracles anciens des miracles nouveaux, aux conceptions dogmatiques juives des conceptions dogmatiques chrétiennes. Il y a lieu de rétablir dans sa pure vérité le principe de la foi, qui est essentiellement moral, de se convaincre que des statuts religieux peuvent imposer la stricte observance, mais non produire la pure disposition du cœur, que la Religion ajoute uniquement à la morale la pleine et entière confiance dans l'accomplissement, grâce à Dieu, du bien conforme à nos intentions, mais qu'elle n'a pas à nous fournir la fausse et inutile science des voies par lesquelles nous pouvons solliciter avec succès l'assistance divine. Au surplus, aucun livre, aucun enseignement extérieur ne peut se substituer à l'autorité de la loi sainte qui est en nous. *Briefwechsel*, I, p. 167-172. Il semble que le contenu de ces lettres ruine les arguments de portée d'ailleurs peu décisive par lesquels Em Arnoldt a essayé d'établir une influence de Lessing sur la formation des idées religieuses de Kant. V. *Kritische Excurse im Gebiete der Kant-Forschung*, p. 193 sq.

duite, il conçoit cependant le bonheur plus ou moins idéalisé, non seulement comme la sanction lointaine, mais déjà comme l'effet assez prochain de la vertu. Au-dessus du plaisir animal, au-dessus même du plaisir humain, il y a un plaisir spirituel, tout idéal, qui est défini par de purs concepts de l'entendement[1]. « La *liberté* est le plus haut degré de l'activité et de la vie... Quand je sens qu'une chose s'accorde avec le plus haut degré de la liberté, par conséquent avec la vie spirituelle, cette chose me plaît. Ce plaisir est le plaisir intellectuel. On éprouve en lui une satisfaction sans qu'il y ait jouissance. Un plaisir intellectuel de ce genre se trouve *uniquement dans la morale*. Mais d'où ce plaisir vient-il à la morale ? Toute moralité est l'accord de la liberté avec elle-même. Par exemple, celui qui ment ne s'accorde pas avec sa liberté, parce qu'il est entraîné par le mensonge. *Mais ce qui est d'accord avec la liberté est d'accord avec la vie tout entière. Or ce qui est d'accord avec la vie tout entière cause du plaisir*[2]. » Ainsi l'accord de la liberté avec elle-même, en même temps qu'il constitue l'ordre de la moralité, assure à l'agent le bonheur. Il est concevable par conséquent à un autre point de vue que l'ordre de la moralité puisse avoir pour contenu le bonheur universel auquel tous les êtres moraux participeraient selon ce qui leur est dû, et que chacun d'eux contribuerait par sa conduite à établir. Le bonheur universel, pris pour fin, est pleinement compatible avec la simple intention de bien faire prise comme motif. « Les qualités telles que, par exemple, la force, l'intelligence, etc., dit Kant, ne sont pas encore choses bonnes. L'homme n'est pas encore bon pour cela seul qu'il les possède ; mais la valeur morale tient à l'*usage* qu'il fait de ces qualités. Ce sont des qualités et des facultés pour toutes sortes de fins ; ce n'est pas encore le bien même. Le bien est l'intention de la fin véritable. La disposition bonne, qui

1. P. 170.
2. P. 173.

vise à la fin véritable, est le bien. — Quel est donc le *summum bonum ? C'est l'union de la félicité suprême avec le degré suprême de capacité d'être digne de cette félicité.* S'il doit y avoir un souverain bien, le bonheur réel et le bonheur mérité doivent être unis. Mais en quoi consiste ce *mérite?* Dans l'accord pratique de nos actions avec l'*Idée* du bonheur universel. Si nous nous conduisions de telle sorte que le plus grand bonheur fût la conséquence d'une telle conduite au cas où chacun agirait comme nous, alors nous nous comporterions de manière à être dignes d'être heureux. Le bonheur d'une créature ne peut s'accomplir qu'autant que ses actions sont dérivées de l'idée du bonheur universel et s'accordent avec le bonheur universel. La volonté divine est de telle nature qu'elle s'accorde avec l'idée du bonheur universel ; elle dispensera donc le bonheur à chacun dans la mesure où ses actions s'accordent avec ce bonheur, dans la mesure où il s'en sera rendu digne... Si la conduite est d'accord avec l'idée du bonheur universel, elle est aussi d'accord avec la suprême volonté divine. Tel est le point de vue suprême et le fondement de toute moralité[1]. » Ainsi la doctrine du souverain bien n'est pas encore nettement distinguée de la doctrine du devoir, et il ne semble pas encore que la liberté puisse suffire à constituer et à réaliser le système de la moralité sans se rapporter plus ou moins directement au bonheur. Mais comment ce rapport peut-il s'expliquer ou s'établir plus précisément? C'est un problème dont il semble que Kant, avant l'apparition de la *Critique,* et selon les idées qu'il allait bientôt produire, se soit préoccupé.

**

Il se trouve en effet parmi les *Feuilles détachées* qu'a publiées Reicke un fragment de quelque étendue[2], dans lequel

1. P. 321-322.
2. *Lose Blätter aus Kants Nachlass,* n° 6, I, p. 9-16.

Kant a esquissé une théorie morale fondée sur une relation de la liberté et du bonheur, analogue à la relation que la *Critique* établira entre le moi de l'aperception et l'expérience. Cependant les termes de l'analogie qui sont empruntés à la doctrine de la *Critique* ne sont pas assez nettement définis pour que l'on puisse supposer cette doctrine même complètement achevée; en outre la doctrine achevée paraît avoir exclu, comme cadrant mal définitivement avec elle, l'ébauche de système moral que Kant a ici tracée. Il y a donc tout lieu de croire que ce fragment est antérieur à 1781[1]. Voici ce qu'il contient essentiellement :

Les plaisirs qui affectent notre sensibilité sont relatifs à

1. Reicke, en publiant le fragment, l'avait reporté aux années postérieures à 1780, même à 1790. Interrogé par Höffding sur les motifs qui lui avaient fait fixer ces dates, Reicke a reconnu dans une lettre particulière du 10 novembre 1892 qu'il excluait décidément les années postérieures à 1790, que pour des raisons d'écriture il préférerait les années qui ont suivi 1780, mais que rien toutefois n'empêchait absolument d'accepter les années immédiatement antérieures à 1780. Höffding conclut pour son compte que le fragment a été écrit quelque temps avant la dernière rédaction de la *Critique de la Raison pure*. V. l'article cité de Höffding dans l'*Archiv für Geschichte der Philosophie*, VII, p. 461. — D'après Riehl (Compte rendu de l'*Archiv für Geschichte der Philosophie*) le fragment constitue un document important pour la connaissance de l'évolution de la morale de Kant et doit avoir été composé au plus tard vers le milieu de la période 1770-1780. IV, p. 720. — Förster (*Der Entwicklungsgang der kantischen Ethik*, p. 39) place le fragment aux environs de 1774. — Adickes, dans le compte rendu du travail de Förster (*Deutsche Litteraturzeitung*, 21 avril 1894, p. 487) le place aux environs de 1781, probablement avant 1781. — Menzer, dans l'étude déjà citée (*Kantstudien*, III, p. 70) le place avant la *Critique*. — En revanche, Thon (*Die Grundprinzipien der kantischen Moralphilosophie in ihrer Entwickelung*, p. 35) le place entre 1781 et 1784, plus précisément en 1783; les raisons qu'il invoque se ramènent à celle-ci : la *Critique de la Raison pure* a insuffisamment défini les rapports du problème de la liberté et du problème moral; le fragment apporte une définition plus exacte de ces rapports, qui sera elle-même remplacée par une nouvelle définition, celle-ci décisive, dans la *Grundlegung zur Metaphysik der Sitten*. — Il est vrai que la *Critique de la Raison pure* est loin d'avoir constitué définitivement, même les parties essentielles de la morale de Kant, et qu'elle n'est pas, dans les indications qu'elle fournit là-dessus, pleinement cohérente; mais la conception de la liberté, et incidemment de la moralité, qui est exposée dans la *Dialectique*, origine de la systématisation future, marque un progrès sur les idées du fragment. Thon a invoqué surtout comme terme de comparaison le *Canon de la Raison pure* dans la *Méthodologie transcendantale*; mais outre que le rapprochement ainsi opéré ne serait pas aussi concluant qu'il le croit, il y a, comme nous le verrons (deuxième partie, chapitre premier), des motifs sérieux de penser

des manières d'être, individuelles ou spécifiques, du sujet ; par suite ils ne dépendent pas de causes nécessairement et universellement valables. Au contraire, les lois qui mettent la liberté en accord avec elle-même dans le choix de ce qui cause le plaisir, fondent pour tout être raisonnable, doué de la faculté de désirer, la réalité objective du bonheur ; et dans ce bien général se trouve aussi son bien [1].

« La matière du bonheur est sensible ; mais la forme en est intellectuelle ; or cette forme ne peut être que la liberté sous des lois *a priori* de son accord avec elle-même, et cela non pas pour rendre le bonheur réel, mais pour que l'idée en soit possible [2]. » « La fonction de l'unité *a priori* de tous les éléments du bonheur est la condition nécessaire de sa possibilité et de son essence. Or l'unité *a priori* est la liberté sous les lois universelles de la volonté de choisir, c'est-à-dire la moralité [3]. » « La moralité est l'idée de la liberté conçue comme principe du bonheur (principe régulateur du bonheur *a priori*). Aussi faut-il que les lois de la liberté soient indépendantes de toute intention qui aurait pour but le bonheur propre, bien qu'ils doivent en contenir la condition formelle *a priori* [4]. » Le principe qui renferme la condition formelle du bonheur est, dit Kant dans une note en marge, « parallèle à l'aperception [5] ».

Quels rapports plus précisément Kant établit-il entre la matière et la forme du bonheur ? D'abord il y a des données ou des exigences naturelles de la sensibilité contre lesquelles la libre volonté ne saurait aller [6] ; Kant paraît même

---

que les idées et les formules de cette dernière partie de la *Critique* sont d'un moment antérieur à l'élaboration définitive des thèses du reste de la *Critique* qui concernent le problème de la liberté et le problème moral. — Il nous semble donc que le fragment a dû être écrit au moins peu de temps avant la *Critique*.

1. P. 9.
2. *Ibid.*
3. P. 10.
4. P. 13.
5. P. 14.
6. P. 10.

soutenir que le principe formel du bonheur n'en saurait créer la matière, qu'il n'enferme pas en lui de mobiles pratiques d'action [1]. Mais on ne saurait non plus composer le bonheur de la somme des plaisirs sensibles : car il manquerait toujours ce qui est capable de les unir entre eux et de les rattacher à l'action du sujet. En ce sens même on peut dire que le bonheur n'est rien de senti, qu'il est quelque chose de conçu [2] ; il est plutôt dans la forme intellectuelle d'unité que dans la matière sensible. D'autre part, il se distingue profondément de ces plaisirs qui dépendent de la satisfaction apportée par le hasard à des besoins toujours exigeants, de ces plaisirs mal assurés par la contingence des circonstances favorables et par la brièveté de la vie ; il est une disposition développée par la raison, qui se prive sans peine des causes extérieures de jouissance, qui peut, sans en être atteinte, supporter tous les maux et les tourner même à son profit, au regard de laquelle la mort est un état passif, incapable d'en diminuer la valeur interne [3]. Il est, en d'autres termes, le fonds qui ne doit pas manquer pour que l'on puisse s'éprouver véritablement heureux, hors de ces accidents de la fortune qui ne donnent du bonheur que l'apparence [4]. Car au-dessus du bonheur apparent il y a le bonheur réel ; le bonheur réel est défini par des catégories morales. Ces catégories, au lieu de porter sur des objets particuliers, comprennent les objets de la vie et du monde dans leur ensemble ; elles en établissent l'unité, qui est l'unité d'un bonheur empirique possible ; elles représentent donc moins un bien réel que cette forme de la liberté qui convertit les données empiriques en vrais biens ou biens objectifs. Ainsi, par la moralité, l'homme non seulement se rend digne d'être heureux, mais il se rend capable de produire son bonheur ainsi que le bonheur d'autrui, sans que cet effet de sa vertu

1. P. 13.
2. P. 11-12.
3. P. 10-11.
4. P. 10-12.

en soit le mobile. Le bien, c'est la conscience d'être soi-même l'auteur de son propre contentement, c'est une sorte d'*aperceptio jucunda primitiva* [1]. Mais la liberté d'où dérive le bonheur ne peut être cause en ce sens que si elle s'exerce conformément à une loi; une liberté sans loi, ce serait la faculté de se contredire, d'aller contre la liberté même ; ce serait la source du plus grand mal. Il doit donc y avoir une loi nécessaire *a priori* d'après laquelle la liberté est restreinte aux conditions qui définissent l'accord de la volonté avec elle-même. Cette loi, posée par la raison d'un point de vue universel, détermine ce que l'on peut appeler une volonté pure, un bien pratique pur, qui, quoique formel, mérite le nom de souverain bien; c'est cette union de la liberté et de la raison dans l'homme qui constitue sa valeur personnelle et absolue [2].

Kant explique par ces considérations pourquoi il est défendu de mentir. Dira-t-on avec les Epicuriens que le mensonge doit être évité parce qu'il porte préjudice, soit à mon bonheur, soit au bonheur d'autrui? Mais je peux être assez prudent pour ne mentir que dans des cas qui ne m'exposent point ; et quant au bonheur d'autrui, qu'autrui y veille! Dira-t-on avec les Stoïciens que le mensonge, qui fait tort aux autres, doit m'inspirer de l'horreur ? Mais de ce que j'éprouve je suis seul juge, et il se peut que je n'aie pas de si vives susceptibilités de sentiment. Dira-t-on avec les Platoniciens que, comparé aux idées qui expriment le souverain bien, le mensonge est essentiellement mauvais? Mais je n'ai pas conscience d'être arrivé à une connaissance aussi familière de ces idées. Et puis, ne sont-elles pas des produits contingents de mon éducation et de mes habitudes? Si le mensonge apparaît réprouvé de l'Être suprême, que l'on prétend connaître par la raison, n'est-ce pas parce qu'il est préalablement objet de ma réprobation? Rien ne peut expli-

---

1. P. 11.
2. P. 14-15.

quer le mal qu'il y a dans le mensonge, sinon l'opposition qu'il fait à l'accord de la liberté avec elle-même sous des lois rationnelles[1]. Le principe moral, c'est l'idée d'une volonté universelle et des conditions qui la rendent possible, et cette idée hypostasiée est le souverain bien, source suffisante de tout bonheur[2].

Il semble que ce fragment transpose dans l'ordre de la déduction transcendantale les remarques d'un caractère empirique et psychologique que nous avons relevées dans les *Leçons sur la Métaphysique*, et d'après lesquelles « ce qui est d'accord avec la liberté est d'accord avec la vie tout entière, et ce qui est d'accord avec la vie tout entière cause du plaisir[3]. » Le but de Kant, c'est alors, étant admis que la liberté gouvernée par une loi universelle est la forme de la moralité, de trouver une matière à cette forme. Or il ne croit pouvoir trouver cette matière que dans des états de sensibilité, donnés à leur façon comme le sont les impressions sensibles dans l'expérience ; et, le besoin de symétrie aidant, c'est au niveau de l'entendement, non de la raison, qu'il établit le principe moral. C'est par là, et non pas à coup sûr par un eudémonisme dont les traces subsistent dans la *Critique* et ne s'effaceront jamais complètement, que le fragment peut être considéré comme antérieur à 1781. Certes il faudra encore un temps à partir de 1781 pour que Kant arrive à la conception d'une liberté qui soit à elle-même sa fin et se fournisse à elle-même son contenu, d'une volonté autonome ; mais la *Critique de la Raison pure*, en admettant la causalité pratique des idées par elles-mêmes, affranchissait déjà la liberté de toute relation directe à une matière étrangère ; c'est à la hauteur des affirmations positives réservées par la *Dialectique* qu'elle élè-

---

1. P. 13-14.
2. P. 16.
3. V. dans les « *Lose Blätter* » un autre fragment, qui est comme intermédiaire entre le sens de celui-ci et les vues analogues des *Leçons sur la Métaphysique*. E, 61. II, p. 223-224.

vait définitivement le principe de la moralité. Elle mettait ainsi hors du système la théorie que Kant avait esquissée dans ce fragment.

***

Actuellement il n'est pas d'autres sources auxquelles on puisse se reporter avec quelque confiance pour achever de se représenter ce qu'a pu être la pensée de Kant sur les problèmes pratiques avant 1781[2]. Nous possédons toutefois des éléments considérables du futur système moral, et voici ce que nous en savons : ce système doit être fondé sur la raison ; la raison a un double usage, un usage théorique et un usage pratique ; l'affirmation suprême à laquelle la conduit son usage théorique, l'affirmation de l'existence de

[2]. Sur la foi de Benno Erdmann, Hegler (*Die Psychologie in Kants Ethik*, p. 323-324) a utilisé pour la période antérieure à la *Critique* la *Menschenkunde oder Philosophische Anthropologie* publiée par Starke en 1831 d'après des leçons manuscrites de Kant. Benno Erdmann s'était appuyé sur cette phrase (p. 60), que « l'entendement représente les choses, non pas comme nous en sommes affectés, mais comme elles sont en elles-mêmes » pour soutenir que ces leçons d'Anthropologie dataient d'un temps où Kant n'avait pas encore rompu avec le dogmatisme de la *Dissertation* de 1770, très vraisemblablement de 1773-1774. *Reflexionen Kants*, I, p. 58. Cependant Benno Erdmann eût pu remarquer contre sa thèse, d'abord que pour la *Critique* même il y a une acception dans laquelle on peut dire que l'entendement représente les objets tels qu'ils sont en soi (*Kritik der reinen Vernunft*, III, p. 223), ensuite que, sur la nécessité des sens pour fournir un objet à l'entendement, cette même *Anthropologie* contient des formules d'une précision semblable à celles de la *Critique* (p. 39-41, p. 208). Mais il y a plus : certains indices externes ont été relevés, d'abord par Menzer (*Der Entwicklungsgang der kantischen Ethik*, Kantstudien, III, p. 65-68) puis par Otto Schlapp (*Die Anfänge von Kants Kritik des Geschmacks und des Genies*, p. 8-12, 1899, première partie de l'ouvrage précédemment cité) qui rendent complètement inadmissible la date proposée par Benno Erdmann. Enfin Otto Schlapp a eu sous les yeux une rédaction des Leçons d'Anthropologie de Kant par Chr. Fr. Puttlich, qui est très voisine du texte de Starke et qui porte la date de décembre 1784. Malgré quelques motifs de doute, c'est à cette date de 1784 que conclut finalement Otto Schlapp ; c'était celle qu'avait adoptée, pour des raisons internes, Paul Menzer. Elle est en effet très vraisemblable. L'*Anthropologie* de Starke contient des indications et des développements qui se retrouvent dans les écrits publiés par Kant en 1784-1785 ; p. ex., sur la façon de concilier le droit et le devoir de raisonner en public avec l'obéissance à l'État (p. 215, p. 217) sur la nécessité d'émanciper la raison de toute tutelle extérieure (p. 208), des idées qui seront reproduites dans *Was ist Aufklä-*

Dieu, est nécessaire pour qu'elle ne se contredise pas ; mais comme cette affirmation n'est accompagnée d'aucune intuition intellectuelle qui en saisisse directement l'objet, comme elle ne peut atteindre par pur développement de concepts l'existence qui est, non un prédicat, mais une absolue position, comme enfin elle est une hypothèse pour la raison, non l'expression d'un objet en soi, elle doit être appelée une croyance, — croyance légitime et nécessaire à coup sûr, mais enfin croyance. Dès lors, puisque même théoriquement une place doit être faite à la croyance rationnelle, le rôle qui lui revient au point de vue pratique peut être considérable sans surprendre. L'idée d'une croyance rationnelle exprime bien qu'il y a des exigences et des intérêts de la raison, qui réclament leur satisfaction autrement que par des démonstrations rigoureuses, et qui créent des adhésions là où la certitude proprement dite manque. Il y a donc un ordre de la pratique, qui vaut par des expériences ou des convictions immédiates, — expérience de la liberté, conviction de l'immortalité et de l'existence de Dieu, — dont d'ailleurs la raison théorique épure et développe le concept, mais sans pouvoir leur conférer ni réalité directe, ni efficacité. C'est ainsi que Kant n'arrive pas encore à concevoir que la liberté transcendantale puisse être liée à des motifs d'action, ou comment elle peut l'être ; il ne paraît en élever l'idée au-dessus de toute relation et de toute condition que pour le besoin purement spéculatif de la saisir dans sa « pureté » ; ses recherches ou ses tentatives hésitantes pour la déterminer

---

rung; sur l'impossibilité de constituer rationnellement un concept du bonheur total (p. 262), une critique qui reparaîtra dans la *Grundlegung*; sur le progrès de l'humanité vers une constitution juridique universelle, des considérations qui trouveront place dans l'*Idee zu einer allgemeinen Geschichte*. Hegler avait surtout signalé comme préparant la doctrine critique (mais elles en sont, d'après ce que nous venons de dire, contemporaines) les propositions de l'*Anthropologie* qui veulent que l'action morale repose, non sur des sentiments, mais sur des principes (p. 92, p. 213, p. 275, p. 347, p. 349) et qui distinguent profondément entre ce que l'homme est par sa nature et ce qu'il doit se faire lui-même par sa liberté (p. 349).

plus positivement n'arrivent pas à surmonter le dualisme encore plus fort du transcendantal et du pratique. C'est à la liberté pratique que se rattache la loi morale, ou même que se rattachent les divers impératifs, nettement distingués à nouveau, mais sans que cette distinction, plus logique encore que réelle, s'identifie à la distinction des deux mondes. Bien des idées sont donc prêtes pour le système; c'est le système qui manque.

DEUXIÈME PARTIE

LA CONSTITUTION DE LA PHILOSOPHIE PRATIQUE DE KANT

CHAPITRE PREMIER

LA CRITIQUE DE LA RAISON PURE

Dans la pensée de Kant, la *Critique de la Raison pure* contenait les principes d'un système total et définitif, capable de comprendre les deux objets de toute philosophie : la nature et la liberté[1]. Mais les relations exactes entre les parties essentielles du système, et par suite l'unité même du système, ne sont pas faciles à déterminer. Kant, selon les époques, semble s'être placé à des centres de perspective différents pour considérer son œuvre; et peut-être que, croyant simplement la mieux apercevoir, il l'a assez sensiblement transformée. Certes, si nous nous en rapportons aux déclarations qu'il a faites à un certain moment, nous avons pour expliquer sa philosophie pratique, sans l'isoler artificiellement du reste de la doctrine, un fil conducteur très simple à suivre : « Le concept de la liberté, en tant que la réalité en est démontrée par une loi apodictique de la raison pratique, forme la *clef de voûte* de tout l'édifice d'un système de la raison pure, y compris la spéculative[2]. » Étudier comment Kant a défini et justifié ce concept de la liberté, c'est en effet le meilleur moyen d'orienter, à travers un système aussi complexe que le sien, l'exposé de sa philosophie morale. Mais il n'est pas sûr que l'on soit par là absolument dans le sens du système tel que le présente la *Critique de la Raison pure*. L'idée de la liberté

---

[1]. III, p. 553. — Il va sans dire que, sauf avis contraire, tous les textes cités ou visés dans ce chapitre sont de la première édition de la *Critique*.
[2]. *Kritik der praktischen Vernunft*, Vorrede, V, p. 4.

n'a peut-être pas immédiatement conquis la puissance et la plénitude de signification, qui l'ont érigée en principe de toute la doctrine. Dans la *Critique de la Raison pure*, il se pourrait qu'elle fléchît sous l'importance de la théorie de l'expérience, au point d'avoir paru, à tort d'ailleurs, introduite du dehors. Mais il reste alors à rechercher par quelle évolution de pensée Kant l'a dégagée pour constituer sous elle sa philosophie. N'a-t-il fait que la prendre et la développer telle qu'elle était déjà dans la *Critique de la Raison pure* ? N'y a-t-il, pour toute la période « critique », qu'une idée de la liberté ? Dans ce cas, l'embarras doit être grand pour la reconstruire avec une parfaite cohérence, si l'on tient compte de tous les textes. Non seulement les divers ouvrages de Kant ne s'accordent pas pour lui attribuer un même sens et un même rôle ; mais le désaccord semble être déjà dans tel de ces ouvrages pris isolément. Quelle est la notion de la liberté essentielle à la *Critique de la Raison pure* ? Est-ce la liberté cosmologique conçue comme idée de la raison, et indépendante de l'expérience ? Est-ce la liberté pratique, connue directement par expérience ? A laquelle de ces deux espèces de liberté se rapporte la liberté que réclame l'*Établissement de la métaphysique des mœurs*, identique à la volonté autonome ? Et la liberté intelligible, qui, selon la *Religion dans les limites de la simple raison*, après avoir produit le mal, se convertit au bien, quel rapport a-t-elle, d'une part avec la volonté autonome qui par définition ne peut se mettre hors de la législation morale qu'elle pose, d'autre part avec la liberté intelligible de la *Critique de la Raison pure*, qui est au-dessus de tout changement, par suite de toute conversion possible ? Dans la *Critique de la Raison pratique*, comment se fait-il que la liberté soit d'abord déduite comme un principe, puis admise par postulat ? Il n'est pas étonnant, dans ces conditions, que la théorie kantienne de la liberté ait été jugée obscure et contradictoire[1].

1. V. en particulier, Fr. Zange, *Ueber das Fundament der Ethik*, 1872,

Cependant il faut se demander si, pour la juger ainsi, on n'a pas trop supposé d'avance que la pensée de Kant a cessé d'évoluer à partir de 1781 pour ne faire que s'étendre et s'organiser, si les diverses conceptions de la liberté qu'elle a produites n'expriment pas, en même temps que des points de vue divers sur la vie morale et religieuse, des moments divers de son développement. Il y a lieu, en outre, de tenir compte d'un fait : c'est que les ouvrages de Kant les plus considérables, à commencer par la *Critique de la Raison pure*, malgré leur prétention à l'unité systématique, renferment des morceaux disparates, de date différente quant à leur origine et à leur raison d'être[1]. Et ceci tient à la façon même dont Kant a philosophé, surtout pour la préparation de la *Critique* : en procédant, comme il l'a dit, des parties au tout, non du tout aux parties[2].

*
* *

Donc il est arbitraire de vouloir reconstituer par le développement logique de quelques motifs prépondérants d'inspiration la doctrine mise au jour dans la *Critique de la Raison pure* ; il paraît plus juste de chercher à y démêler certains courants principaux d'idées qui viennent s'y rejoindre sans s'y confondre entièrement[3]. La *Critique de*

---

p. 118 sq. — C. Gerhard, *Kant's Lehre von der Freiheit*, 1885. — Fr. Jodl, *Geschichte der Ethik in der neueren Philosophie*, II, 1889, p. 27-38. — A. Fouillée, *Critique des systèmes de morale contemporains*, 1883, p. 156 sq.

1. Il est séduisant, mais très téméraire, de chercher à distinguer selon leur date de composition les diverses parties de la *Critique de la Raison pure*, ainsi que l'a fait Adickes dans l'édition qu'il en a donnée, selon le procédé que Benno Erdmann avait appliqué aux *Prolégomènes* dans de meilleures conditions de vraisemblance.

2. V. plus haut le chapitre III de notre *Introduction*.

3. On a singulièrement abusé contre Kant de cette méthode de reconstitution systématique, que lui-même semble d'ailleurs avoir autorisée en quelque mesure quand il dit à propos de Platon : « Il n'y a rien d'extraordinaire à ce que, soit dans la conversation commune, soit dans les livres, par le rapprochement de pensées qu'il exprime sur son objet, on comprenne bien mieux un auteur qu'il ne s'est compris lui-même, cela parce qu'il n'avait pas suffisamment déterminé sa conception et qu'ainsi il parlait et même pensait quelquefois

la *Raison pure* a été beaucoup moins une conciliation des systèmes opposés[1] qu'une conciliation de Kant avec lui-même ; elle a été l'expression d'un accord laborieusement et méthodiquement poursuivi entre les premières affirmations constitutives de sa pensée et certaines conceptions, lentement formées et plus ou moins imparfaitement, qui lui avaient été suggérées, soit par l'examen de la nature de la science et des titres de créance de la métaphysique, soit par une compréhension plus directe de la vie morale. A cette œuvre de réédification ont concouru tous les efforts antérieurs par lesquels Kant avait confronté et tâché de mettre en rapport les caractères propres des connaissances théoriques, telles qu'elles sont réalisées, et des croyances pratiques, telles qu'elles sont supposées par la conscience, avec les conditions de toute certitude. Or le fond et, si l'on peut dire, la tradition permanente de son esprit, c'est le rationalisme. Kant a été rationaliste par sa première éducation philosophique ; on peut présumer qu'il n'a pas cessé de l'être dans son for intérieur, même pendant la période où il s'attaquait aux procédés de l'école wolffienne ; c'est à l'établissement d'un rationalisme nouveau qu'aboutit la *Critique de la Raison pure.*

Ce qui en fait, semble-t-il, la nouveauté, c'est, non point une réduction du rôle de la raison[2], mais une autre conception de ce rôle. Kant s'est avisé que la raison par elle seule ne produit pas pour nous des connaissances, et, du même coup, que nos connaissances, actuelles ou possibles, ne mesurent pas toute la portée de la raison. Il y a des conditions spéciales à la raison, en tant qu'elle prétend connaître : mais l'indispensable aveu de ces conditions

---

contrairement à ses propres vues. » III, p. 257. Soit ; mais il se peut que la doctrine des plus grands philosophes ne soit jamais achevée au point de ne contenir aucune cause de dissidence avec elle-même ; et l'achèvement qu'on lui impose peut la détourner de sa direction réelle.

1. Vaihinger, *Kommentar zur Kritik der reinen Vernunft*, I, p. 37-59.
2. « Aucune question concernant un objet donné à la raison pure n'est insoluble pour cette même raison humaine. » III, p. 339.

restrictives ne limite pas la puissance d'affirmation légitime qu'elle enveloppe. La raison, tout au moins chez l'être fini que nous sommes, ne connaît qu'autant que ses concepts s'appliquent au donné de l'expérience. Comment la raison peut comprendre par la science ce qui est donné ou susceptible d'être donné dans l'expérience : c'est ce que la *Critique de la Raison pure* semble d'abord avoir surtout pour but de montrer. Mais il ne faut pas oublier qu'indépendamment de son application à l'expérience, la raison a un contenu propre, une faculté de produire et de lier des concepts, même de poser des objets en idée ; il y a une égale erreur, à prétendre d'une part que toute la raison se réduit à cette raison empiriquement conditionnée d'où résulte le savoir, à croire d'autre part qu'un savoir doit accompagner tout exercice régulier de la raison[1].

Au fond, l'œuvre de Kant s'appuie sur tout l'ensemble des conceptions élaborées par le rationalisme traditionnel, plus particulièrement par le rationalisme de Platon et par celui de Leibniz ; seulement elle n'admet pas que ces conceptions soient indifféremment affectées à tout emploi ou qu'elles soient constitutives de la vérité sur un même plan ; elle les considère, non pas comme déterminées dans leur sens et leur valeur par la réalité dont elles paraissent être les expressions, mais comme susceptibles de se déterminer par la fonction qu'elles sont aptes à remplir ; elle les mesure, autrement dit, moins à leur puissance de représenter des choses en général qu'à leur puissance de s'actualiser utilement. Or, à des degrés et à des points de vue divers, il n'est

[1]. C'est ce que Kant exprime nettement dans un passage en note de la 2ᵉ édition de la *Critique* : « Les catégories dans la *pensée* ne sont pas bornées par les conditions de notre intuition sensible ; elles ont au contraire un champ illimité ; seule la *connaissance* de ce que nous nous représentons par la pensée, la détermination de l'objet, a besoin d'une intuition. En l'absence de cette intuition, la pensée de l'objet peut du reste avoir toujours encore ses conséquences vraies et utiles sur l'*usage de la raison* par le sujet ; or comme cet usage n'a pas pour fin la détermination de l'objet, et par suite la connaissance, mais la détermination du sujet et de son vouloir, le moment n'est pas encore venu d'en traiter. » III, p. 135.

aucune des notions fondamentales du rationalisme qui, dans la doctrine de Kant, ne finisse par recevoir la consécration d'un certain juste usage : principes constitutifs, principes régulateurs, d'application théorique ou d'application pratique, maximes de recherche, postulats, etc.., ce sont là comme les formes différentes sous lesquelles leurs rôles se redistribuent. Réfutation, si l'on veut, mais, en un autre sens, transposition critique de la pensée du dogmatisme, selon laquelle les idées sont des existences ou représentent des existences ; pour Kant, les idées, uniquement parce qu'elles sont telles, doivent être aptes à quelque fonction, qu'il s'agit seulement de bien définir[1].

Or une des conceptions les plus familières à la pensée rationaliste, c'est la distinction d'un monde de l'apparence et d'un monde de la réalité, du monde sensible et du monde intelligible. Cette distinction est vraie pour Kant avant les déterminations spéciales dont la revêt l'idée criticiste : la signification en est logiquement antérieure à la reconnaissance du domaine que gouvernent les catégories. Par là, il semble possible de dissiper quelques-uns des malentendus auxquels a donné lieu la doctrine kantienne des choses en soi. Si Kant fût exclusivement parti de la notion de phénomène, telle qu'elle est déterminée par l'usage immanent des catégories, il n'eût pu proclamer la réalité des choses en soi qu'au prix de la grave contradiction qui lui a été si souvent reprochée. Mais le problème a consisté surtout pour lui, cette distinction étant d'abord pleinement acceptée de son esprit, à expliquer ce qui peut en maintenir et en renouveler la vérité[2]. Aussi le voit-on

---

1. « Les idées de la raison pure ne peuvent jamais être dialectiques en elles-mêmes ; seul l'abus qu'on en fait est nécessairement cause qu'il y a en elles une source d'apparence trompeuse pour nous ; car elles nous sont données par la nature de notre raison, et il est impossible que ce suprême tribunal de tous les droits et de toutes les prétentions de notre spéculation renferme lui-même des illusions et des prestiges originels. Il est donc probable qu'elles auront une destination bonne et appropriée à une fin dans la constitution naturelle de notre raison. » III, p. 450-451. — III, p. 435-436.
2. III, p. 216-217, note.

se servir de l'argumentation proprement criticiste quand il s'agit d'établir que les objets compris dans l'expérience ne sont rigoureusement que des phénomènes, non pas, comme le voulait l'École wolffienne, des choses confusément perçues, tandis qu'il se sert de l'argumentation rationaliste traditionnelle pour conclure que ce qui est phénomène, étant apparence, est l'apparence de quelque chose et suppose derrière soi une réalité[1].

Il est tout d'abord évident que l'existence attribuée aux choses en soi n'est pas l'existence qui figure dans les catégories de la modalité, l'existence qui a pour caractère de ne pouvoir être saisie que dans une intuition sensible. La remarque de Schopenhauer, que la chose en soi n'a jamais été chez Kant l'objet d'une déduction régulière, est parfaitement juste, pour cette raison que la chose en soi est une présupposition indispensable de la doctrine kantienne. Si l'on voulait du reste rechercher pourquoi Kant n'a pas songé un moment à s'interdire l'usage en apparence transcendant du concept d'existence, peut-être y aurait-il lieu d'observer que l'usage transcendant des concepts n'est illégitime qu'autant qu'il vise à fournir des connaissances, et qu'en outre l'existence, dès qu'elle est prise dans son sens complet, et non pas seulement comme expression de ce qui se rattache aux conditions matérielles de l'expérience, est une position absolue, indépendante de toutes les déterminations empiriques qui en feraient une chose relative à d'autres[2].

---

1. Par là s'explique que Kant ait paru tour à tour conclure à l'existence des choses en soi en partant du concept des phénomènes, et conclure au caractère phénoménal des représentations en partant de l'affirmation des choses en soi. Il n'y a pas pour cela cercle vicieux dans sa pensée. Ce qui est fondamental à ses yeux, c'est la nécessité de distinguer les choses en soi et les phénomènes, nécessité qui est déjà manifeste quand on présuppose, comme il le fait, l'existence des choses en soi et que par là on détermine négativement ce que sont ces phénomènes, mais qui est réellement fondée lorsque, selon l'idéalisme transcendantal, on définit positivement les phénomènes par les conditions qui les font apparaître à l'esprit,

2. V. Benno Erdmann, *Kant's Kriticismus*, p. 45-47. — Volkelt, *Immanuel Kant's Erkenntnisstheorie*, p. 93 sq.

Mais Kant ne se borne pas à affirmer l'existence des choses en soi ; il les conçoit comme des causes dont les phénomènes donnés dans la représentation sont les effets [1]. Or il a averti lui-même que la causalité conférée aux choses en soi n'est pas la causalité conçue comme catégorie [2], que c'est une causalité purement intelligible [3]. Aussi, bien qu'indéterminées pour la connaissance humaine, les choses en soi n'en répondent pas moins, par leur réalité et leur causalité, à une exigence de la pensée qui établit en elles le fondement de toutes les données empiriques.

De plus, si ce qu'elles sont dans leur nature reste invariablement inaccessible à notre savoir, la conception du rapport qu'elles peuvent avoir avec les phénomènes — et ceci est important pour l'explication de la doctrine ultérieure — se diversifie en quelque sorte selon les facultés de l'esprit humain devant lesquelles elles se posent. Dans l'*Esthétique transcendantale*, les choses en soi sont simplement la contre-partie de la réceptivité de nos sens ; ayant plus de relation avec la matière qu'avec la forme de nos intuitions sensibles, elles paraissent avoir pour fonction essentielle de nous affecter du dehors et de faire ainsi apparaître la multiplicité de nos sensations. Dans l'*Analytique*, elles sont surtout l'objet transcendantal « correspondant à la connaissance et par conséquent distinct aussi de la connaissance [4] ». Si l'objet transcendantal se distingue de la connaissance, cela tient à la double condition que la connaissance doit respecter, de se limiter à des phénomènes, qui ne sont que des représentations sensibles, et cependant de se rapporter à un objet, qui échappe aux vicissitudes de ces représentations ; l'objectivité des données de l'expérience, telle que la connaissance l'établit, n'est qu'une détermination, relative à nous, de cet objet transcendantal,

---

1. III, p. 241 ; p. 612.
2. III, p. 241.
3. III, p. 349. — V. Benno Erdmann, *op. cit.* p. 67 sq., 73.
4. III, p. 570.

de cette X dont nous ne pouvons rien savoir, et dont le rôle consiste à fonder pour nos concepts empiriques en général un rapport à un objet[1]. Mais d'un autre côté, tout en étant distinct de la connaissance, l'objet transcendantal correspond à cette connaissance; en effet, si nos connaissances doivent s'accorder entre elles par rapport à un sujet, révélant par là l'action d'une conscience pure et originelle que l'on peut appeler aperception transcendantale, elles doivent aussi s'accorder entre elles par rapport à l'objet, et leur accord, à ce nouveau point de vue, les fonde dans une réalité non-empirique, c'est-à-dire transcendantale[2]. L'objet transcendantal est le corrélatif de l'unité de l'aperception transcendantale[3]. Pour la cohérence et l'objectivité de notre savoir, la fonction de la chose en soi et la fonction de l'aperception transcendantale coïncident pleinement[4]. Ici, la chose en soi se trouve avoir plus de relation avec la forme qu'avec la matière de l'entendement.

Toutefois dans cette affirmation de l'objet transcendantal nous ne dépassons pas la portée d'un entendement lié à une sensibilité. Si Kant admet en effet que la catégorie pure, c'est-à-dire détachée de toute intuition sensible, détermine selon divers modes, à défaut d'un objet particulier, la pensée d'un objet en général[5], s'il soutient ainsi qu'elle s'étend au-delà de ce que fournissent les sens, il la regarde cependant en elle-même comme constitutive d'un entendement fini, par suite comme incapable de concevoir, sans la présence contraignante des phénomènes, la chose en soi implicitement conforme à sa nature[6]. Aussi peut-il sembler que dans la doctrine kantienne l'entendement reçoit de la sensibilité, en même temps que la matière de

1. III, p. 573.
2. *Ibid.*
3. III, p. 217, note.
4. V. Benno Erdmann, *Kant's Kriticismus*, p. 28.
5. III, p, 214, note; p. 215; p. 482.
6. « Cet objet transcendantal ne se laisse en aucune façon séparer des données sensibles, parce qu'alors il ne resterait rien pour le faire concevoir ». III, 217, note.

l'expérience, l'affirmation de la chose en soi, et qu'à cette affirmation, dont par lui seul il ne devrait subir pas plus qu'il ne pourrait justifier la nécessité, il ajoute simplement l'attribut corrélatif à sa fonction, l'objectivité intelligible. En d'autres termes, si la sensibilité n'avait pas dû supposer la chose en soi, l'entendement ne l'eût pas supposée, et il eût pu tenir l'objet transcendantal pour une simple projection de ses tendances; mais, parce que les choses en soi sont par ailleurs posées comme existantes, il s'appuie sur elles pour achever d'affranchir la connaissance de la subjectivité de la conscience empirique.

Dès lors, le problème est de définir de quelle faculté relève, non plus indirectement par une sorte de contrainte extérieure ou d'acceptation à demi passive, mais directement et par un acte spontané, l'affirmation des choses en soi. C'est là un problème nécessaire à poser, alors même qu'il serait impossible à résoudre. Admettons qu'il soit résolu. Les choses en soi seraient des objets saisis par une intuition, parce qu'il n'y a qu'une intuition qui puisse nous donner la connaissance d'une existence, et par une intuition de la raison, puisque par définition les choses en soi ne peuvent être données dans une représentation sensible : ce seraient des *noumènes*[1]. Mais cette intuition intellectuelle qu'il nous

---

1. Riehl soutient que le noumène et la chose en soi ne sont pas identiques, que le noumène est une détermination plus particulière de la chose en soi, une détermination, à ses yeux, purement imaginaire. Il insiste sur la réalité et la légitimité de l'affirmation de la chose en soi dans le kantisme, au point de prétendre que la chose en soi, comme objet indépendant de la conscience, est le principe réel de l'unité des phénomènes, dont la conscience ne fournit que la forme idéale. Kant aurait eu le tort de convertir, en vue de la morale, le fondement du sensible en un fondement du supra-sensible et de prendre au sérieux, quand il parle d'un autre mode d'intuition que le nôtre, un simple jeu de possibilités. *Der philosophische Kriticismus*, I, p. 387, p. 423-438. — La distinction de la chose en soi et du noumène peut en effet se justifier, mais par ceci seulement, que l'idée du noumène intervient quand il s'agit de marquer plus précisément le caractère intelligible de la chose en soi, indépendamment de cette contrainte qui nous la fait supposer comme cause de la diversité de nos sensations, et de cette action purement formelle de l'entendement qui projette en elle l'objet transcendantal. D'une façon générale, Riehl me paraît avoir méconnu tout l'idéalisme métaphysique impliqué dans le réalisme kantien de la chose en soi. — A l'extrémité opposée, Hermann Cohen résout le réalisme

faudrait pour unir indissolublement, dans un acte de savoir, la réalité et l'intelligibilité des choses en soi nous manque, et l'idée même de noumènes, pour être possible et même nécessaire, n'en reste pas moins négative. Elle est possible, car il n'y a pas de contradiction à admettre un autre mode d'intuition que la sensibilité ; elle est nécessaire, car elle répond à la conscience de la nature subjective de l'intuition sensible, et elle empêche que les données en soient prises pour des choses en soi. Mais elle est négative, car non seulement nous n'avons pas le genre d'intuition qui en réaliserait l'objet pour la connaissance, mais aussi nous ne comprenons pas comment cette intuition peut se produire. Elle apparaît donc surtout comme un concept limitatif, destiné à restreindre les prétentions de la sensibilité ; seulement elle n'est telle que parce qu'en sa signification propre elle dépasse ce qu'elle doit limiter. Qu'est-ce à dire, sinon qu'elle ne peut donner lieu à aucune solution théoriquement déterminée, mais qu'elle est la source de problèmes inévitables dont la position s'exprime par des actes propres de la raison ?

Donc, tandis que dans la doctrine kantienne l'esprit persistant du rationalisme métaphysique restitue, par delà le monde des phénomènes, le monde des choses en soi, la tendance proprement criticiste se manifeste surtout par la recherche des rapports que ce monde des choses en soi peut et doit avoir, autrement qu'au moyen d'une science impossible, avec les facultés humaines. Des choses en soi qui s'imposeraient du dehors à notre raison la convertiraient en une sorte de sensibilité ; des choses en soi qui seraient produites par notre raison ne seraient telles que

---

de la chose en soi en un pur idéalisme ; la chose en soi comme intérieur des êtres, c'est ce que Kant a déclaré inconnaissable, et ce qui d'ailleurs est illusoire ; mais la chose en soi, en tant qu'elle existe, c'est l'idée. *Kants Theorie der Erfahrung*, 2ᵉ éd., 1885, p. 501-526 ; *Kants Begründung der Ethik*, 1877, p. 18-55. — Il se peut que ce soit là l'une des directions ultérieures de la doctrine de Kant, mais ce n'est pas la doctrine conforme à la *Critique de la Raison pure*.

par illusion, puisqu'elles resteraient relatives à la puissance qui les aurait engendrées. La difficulté ne paraît pouvoir être levée que s'il y a des actes positifs et nécessaires de l'esprit réalisant d'eux-mêmes en quelque façon la signification inconditionnée qui appartient aux choses en soi sans cependant être convertis en objets réels pour une connaissance, ou encore déterminant dans le sens d'un usage pratique l'existence des choses en soi. Or il y a de tels actes, par lesquels s'achève régulièrement l'exercice de la raison, et ces actes sont, selon un terme renouvelé du Platonisme, les idées [1]. Mais comment établir que les idées sont conçues à juste titre, non arbitrairement ? Par un procédé analogue à celui qui a mis en évidence la dérivation légitime des catégories ; les catégories, ce sont les formes logiques du jugement, mises en rapport avec la notion d'existence objective ; les idées, ce sont les formes logiques du raisonnement, mises en rapport avec la notion d'existence absolue. Le propre du raisonnement, c'est en effet de faire rentrer de proche en proche les lois les moins générales sous les lois les plus générales, de façon que la majeure initiale offre les caractères d'une complète universalité. Or à cette complète universalité correspond, dans la synthèse des intuitions, la totalité des conditions. Une idée, ce sera donc ce qui représente la totalité des conditions d'un conditionné. Mais comme il n'y que l'inconditionné qui rende possible la totalité des conditions, et comme inversement la totalité des conditions doit elle-même être inconditionnée, une idée peut être définie : le concept de l'inconditionné, en tant qu'il contient un principe de synthèse pour le conditionné [2]. En un sens on peut dire que la raison ne produit aucun concept nouveau, en dehors des concepts de l'entendement ; seulement elle affranchit ces derniers des restrictions de l'expérience ; elle les étend au delà des données empiriques, tout

---

1. III, p. 256 sq.
2. III, p. 261-265.

en les maintenant en rapport avec elles. Les idées ne sont autre chose que des catégories pures élevées à l'absolu, et capables de se rapporter aux catégories ordinaires, de manière à en prolonger sans limites l'application à des objets d'expérience [1].

C'est le rôle le plus manifestement assigné par Kant à la *Dialectique transcendantale*, que de dénoncer l'illusion naturelle et inévitable dans laquelle la raison se perd toutes les fois qu'elle prétend développer des connaissances sur le rapport de l'idée à l'existence de l'objet inconditionné qu'elle exprime. Mais précisément parce que cette illusion est naturelle et inévitable, parce qu'elle ne ressemble pas à ces erreurs qui résultent d'une déviation plus ou moins momentanée de l'esprit et qui peuvent être redressées par une plus sévère application des règles logiques, il faut qu'elle ait un fondement positif dans la nature de la raison [2]. Autant donc la *Dialectique* a souci de ruiner toute présomption d'un savoir plus étendu qui accompagnerait la production des idées, autant elle incline, par une tendance compensatrice, a démontrer que l'acte qui les produit est régulier et essentiel. Si les idées ne comportent pas une déduction de tout point semblable à celle des catégories, il n'y en a pas moins pour elles une espèce de déduction transcendatale, qui établit encore leur rapport à l'expérience possible [3].

Mais comment mettre en relation les objets de la raison qui sont, si l'on peut dire, de la nature des choses en soi, avec les objets de l'expérience, qui ne peuvent être que des phénomènes ? Il y a lieu de distinguer, répond Kant, entre un objet pris absolument et un objet en idée. Les objets fournis par la raison sont des objets en idée, c'est-à-dire que la signification peut en être positive sans qu'ils soient posés absolument en eux-mêmes ; ils valent, non comme

1. III, p. 294 ; p. 436.
2. III, p. 244 sq.
3. III, p. 451.

choses, mais comme maximes de recherche dans la poursuite indéfinie de l'unité complète de la connaissance : ils ne seraient des choses en soi que si nous pouvions les dériver de leur essence même, tandis que nous ne pouvons les supposer, tout inconditionnés qu'ils sont, que relativement à nos facultés. Mieux vaut dire encore que ce ne sont pas des objets, mais des schèmes idéaux sous lesquels se représente une unité systématique des objets donnés, achèvement de leur unité empirique. Ainsi les idées ne sont pas des principes constitutifs ; ce sont des principes régulateurs dont la fonction est d'indiquer la marche suivant laquelle les objets de l'expérience peuvent être ramenés, dans l'intérêt du savoir, à la plus grande unité possible [1].

Il semble donc que les idées se définissent par une double analogie : l'analogie avec les choses en soi dont elles traduisent à notre usage la rationalité pure et absolue, dont elles aspirent à atteindre et dont il se peut qu'à l'extrême limite elles s'approprient, sous un certain aspect, l'existence ; d'un autre côté l'analogie avec les concepts de l'entendement, vers lesquels elles se retournent, non pas pour leur imposer d'autres objets que les objets empiriques qui sont les leurs, mais pour les stimuler dans leur tâche intellectuelle et pour symboliser ce qu'il y a d'illimité dans les recherches qu'ils gouvernent. La locution *comme si* vaut également pour exprimer le rapport des idées avec les choses en soi et leur rapport avec les catégories sous lesquelles se comprennent les réalités empiriques. À l'égard des objets de l'expérience, quand il s'agit d'en fixer les limites, de façon à circonscrire « ce quelque chose de tout à fait contingent qu'est l'*expérience possible* » [2], elles se comportent comme si les objets inconditionnés qu'elles expriment existaient en soi ; mais quand il s'agit de réclamer pour les objets de l'expérience la plus complète explication, elles se

---

1. III, p. 447 sq. ; p. 451 sq.
2. III, p. 491.

comportent comme si elles étaient, non des choses, mais des lois d'activité intellectuelle indéfinie, posant incessamment des problèmes, au lieu de s'immobiliser en des objets absolus. C'est ainsi que dans l'idée s'unissent l'expression d'une causalité transcendante, indéterminable pour notre savoir, comme celle que doivent posséder les choses en soi, et l'expression d'une causalité immanente telle qu'elle est impliquée dans la catégorie : l'idée tient sa vertu de ce double symbolisme.

L'usage théorique des idées, comme principes régulateurs ou comme maximes, représentant, non pas une détermination directe d'objets, mais l'achèvement en quelque sorte obligatoire de l'action de la raison, découvre déjà ce qui est l'usage véritable et complet des idées, leur usage immanent, c'est-à-dire l'usage pratique. Platon, au dire de Kant, trouvait principalement les idées dans ce qui est pratique, dans ce qui repose sur la liberté[1]. Leur caractère intrinsèque qui est d'élever leur objet au-dessus de l'expérience sensible les met en accord avec les principes fondamentaux de la morale, supérieurs et irréductibles aux règles empiriques. « En effet, à l'égard de la nature, c'est l'expérience qui nous fournit la règle et qui est la source de la vérité ; mais à l'égard des lois morales, c'est l'expérience (hélas !) qui est la mère de l'apparence, et c'est une tentative au plus haut point condamnable que de vouloir tirer de ce qui *se fait* les lois de ce que je dois faire, ou de vouloir les y réduire[2]. » Dans certaines façons de rejeter les idées au nom de l'expérience se révèle bien moins une connaissance positive de la nature humaine qu'une limitation arbitraire de sa puissance. « Quel peut être le plus haut degré auquel l'humanité doit s'arrêter, et combien grande peut être par conséquent la distance qui subsiste nécessairement entre l'idée et sa réalisation, personne ne peut et ne doit le déterminer, précisément parce

---

1. III, p. 257.
2. III, p. 260.

que la liberté est ce qui peut dépasser toute limite assignée[1]. » C'est un préjugé déplorable que celui qui consiste à convertir en obstacles absolus des empêchements momentanés, résultant le plus souvent de l'ignorance ou du mépris de la vérité. La prétendue chimère de la *République* de Platon apparaît comme l'idéal pratique par excellence, dès qu'au lieu de s'imposer en vertu d'intuitions effectivement impossibles, elle exprime, selon le sens profond de l'idée, une constitution ayant pour fin la plus grande liberté possible, au moyen de lois qui font que la liberté de chacun s'accorde avec celle de tous les autres et qui ont de là pour conséquence le plus grand bonheur[2]. Ainsi, d'un côté, tout jugement sur la valeur morale des actes suppose les idées, la conception de l'unité nécessaire et systématique de toutes les fins possibles ; de l'autre, les idées, étant des règles d'action par rapport non à ce qui est, mais à ce qui doit être, sont, au point de vue pratique, douées d'une causalité efficace. Enfin ce n'est pas seulement pour l'humanité, considérée dans sa destination morale, qu'elles posent un maximum de perfection, c'est aussi pour les êtres de la nature, considérés dans leur arrangement et leur harmonie ; elles sont donc la source de la finalité naturelle ; à ce titre, elles permettent d'établir une transition des concepts constitutifs de la nature aux concepts pratiques[3].

Par conséquent il doit être possible de discerner dans la production et l'emploi des idées spéculatives la vertu pratique qu'elles enveloppent. Du rapport qui existe entre la fonction logique et la fonction transcendantale de la raison il résulte que les idées doivent se ramener à trois classes : d'où trois sortes de problèmes, qui consistent à poursuivre jusqu'à l'inconditionné, le premier, l'unité du sujet pensant, le second, l'unité de la série des conditions des phénomènes ; le troisième, l'unité de la condition de tous les ob-

1. III, p. 259.
2. III, p. 258-259.
3. III, p. 259-260 ; p. 265-266.

jets de pensée en général[1]. De ces trois idées, l'âme, le monde, Dieu, nous ne pouvons tirer aucune connaissance proprement dite ; mais outre qu'il y a un intérêt théorique à développer la connaissance comme si les états internes dérivaient tous d'une substance simple existant en elle-même, comme si les phénomènes naturels devaient se ramener les uns aux autres de façon à fournir des déterminations causales complètes, comme si tous les objets donnés ou concevables formaient une unité absolue dépendant d'une raison originelle et créatrice, cet intérêt théorique laisse apercevoir un intérêt pratique essentiel ; personnalité, causalité libre, finalité, tels sont les aspects sous lesquels l'idée psychologique, l'idée cosmologique, et l'idée théologique se rapportent directement au système de la vie morale.

A dire vrai, dans la première édition de la *Critique*, — et ceci est une marque de l'inachèvement de la doctrine, — la signification pratique de la notion de personnalité est insuffisamment dégagée de l'examen des paralogismes de la psychologie rationnelle[2]. Kant signale surtout les tendances et les convictions morales qui cherchent dans la connaissance dogmatique de l'âme une garantie aussi illusoire qu'inutile pour l'indépendance de la vie spirituelle à l'égard de ses conditions matérielles, et pour la continuation de notre existence après la mort ; ces tendances et ces convictions tirent d'ailleurs leur force et leur valeur ; elles ne peuvent trouver tout au plus dans la *Psychologie rationnelle* qu'un secours négatif contre le dogmatisme matérialiste qui les attaque[3].

Avec l'explication de l'idée cosmologique et de l'anti-

---

1. III, p. 269.
2. Dans la deuxième édition, Kant montrera que par le concept de la volonté autonome nous pouvons nous considérer comme une spontanéité pratique déterminant par des lois *a priori* notre propre existence, que par là peut être résolu le problème, insoluble à la spéculation, du rapport du moi en soi à ses états. III, p. 291. Mais ce concept de la volonté autonome n'était pas encore constitué au moment de la première édition.
3. III, p. 588 ; p. 613 ; p. 606.

nomie qui en découle, nous sommes au cœur de la *Dialectique*, et nous touchons en même temps aux pensées génératrices de la philosophie pratique de Kant. Le système des idées cosmologiques, qui était présenté d'abord comme une partie du système des idées transcendantales, semble au contraire par son importance et son extension absorber ce dernier, puisqu'il prend à son compte des problèmes qui, comme celui de la simplicité de la substance et de l'existence d'un être nécessaire, résultent aussi bien de l'idée psychologique et de l'idée théologique. C'est ici qu'est vraiment engagé le procès de toute la métaphysique dogmatique. Mais c'est ici que se découvre le mieux également le rapport qui existe dans l'esprit de Kant entre certaines conceptions métaphysiques fondamentales et les principes de la morale; il s'agit surtout de voir dans quelle mesure ces conceptions subsistent telles que le rationalisme antérieur les avait élaborées, dans quelle mesure elles sont proportionnées à l'usage pratique qu'elles comportent.

Tout d'abord, ce n'est pas précisément la conception d'un monde comme chose en soi qui engendre les antinomies, car l'existence des choses en soi sera invoquée comme la solution de deux d'entre elles. Mais les antinomies proviennent de ce que, dans les raisonnements sur le monde, tour à tour nous nous représentons comme une connaissance[1], ce qui est jugé par la raison nécessaire en soi, et comme nécessaire en soi ce qui est une connaissance déterminée par l'entendement. En d'autres termes, nous donnons à la catégorie, considérée dans son application immanente, la valeur d'une idée, et nous détournons l'idée, considérée dans sa pureté transcendantale, vers des modes de savoirs pareils à ceux que fournit la catégorie. Le monde a-t-il un

---

[1]. « Aussi n'avez-vous qu'à prendre soin de vous mettre d'accord avec vous-mêmes et d'éviter l'amphibolie qui convertit votre idée en une prétendue représentation d'un objet empiriquement donné, et par suite aussi susceptible d'être connu d'après des lois de l'expérience. » III, p. 343.

commencement dans le temps et une limite dans l'espace ; ou bien est-il infini dans l'espace et dans le temps ? Toute substance composée est-elle composée de parties simples ; ou bien n'existe-t-il que le composé ? Existe-t-il pour l'explication des phénomènes, outre les causes naturelles, une causalité libre ; ou bien tout dans le monde arrive-t-il uniquement selon les causes naturelles ? Y a-t-il dans le monde, soit comme sa partie, soit comme sa cause, un être nécessaire ; ou bien n'existe-t-il nulle part, ni dans le monde ni hors du monde, un être qui en soit la cause ? Pour chaque ordre de questions, la thèse et l'antithèse se peuvent également soutenir, du moment que l'on ne distingue pas entre les fonctions respectives de l'entendement et de la raison.

Admettons que le conflit créé par l'opposition des arguments ne puisse avoir de terme. Dans cet embarras, il est du moins possible de rechercher ce qui peut, en dehors de la vérité, nous décider à prendre parti en un sens plutôt qu'en un autre. Les thèses et les antithèses peuvent plus ou moins convenir à certaines dispositions ou à certaines exigences de nos facultés, et, abstraites de leur forme dialectique, marquer des directions de l'esprit, comparables à d'autres points de vue[1]. C'est ainsi que les partisans des antithèses, empiristes ou épicuriens, trouvent dans la position qu'ils ont choisie un avantage surtout spéculatif ; ils laissent l'entendement opérer dans le domaine de l'expérience sans restreindre sa tâche, ici incontestablement féconde, sans lui imposer la poursuite vaine des objets qu'imagine la raison idéalisante. S'ils se bornaient à rabattre par là la présomptueuse curiosité de la raison, à l'avertir que ce qu'elle prend pour un savoir n'est qu'une suite d'affirmations soutenues dans un intérêt moral, non seulement ils échapperaient à toute censure, mais ils rendraient le plus grand des services, en laissant le champ libre, pour ce qui est de la pratique, aux suppositions intellectuelles et à la

---

[1]. III, p. 330-338.

croyance. Malheureusement ils sont d'ordinaire les dogmatistes ; ils nient la possibilité de tout ce qui dépasse l'intuition sensible ; ils se laissent aller à une intempérance d'esprit qui porte aux intérêts pratiques de la raison un préjudice irréparable. De leur côté, les partisans des thèses, dogmatiques ou platoniciens, ont, dans la position qu'ils ont choisie, l'avantage de satisfaire à cette tendance de la raison qui exige une explication achevée, et réclame l'inconditionné pour fonder la série des conditions ; ils sont ainsi d'accord avec l'intelligence populaire, incapable de supporter l'inquiétude d'une recherche sans commencement ni fin, naturellement accommodée à la notion de principes arrêtés et de causes premières. Mais l'avantage qu'ils ont surtout, et dont ne participent pas leurs adversaires, c'est de satisfaire à un intérêt pratique, vivement ressenti par tout homme de jugement sain. « Que le monde ait un commencement, que mon moi pensant soit d'une nature simple et par suite incorruptible, qu'il soit en même temps libre dans ses actions volontaires et élevé au-dessus de la contrainte de la nature, qu'enfin l'ordre entier des choses qui constitue le monde dérive d'un être premier, à qui il emprunte son unité et son enchaînement en vue de fins, ce sont là autant de pierres angulaires de la morale et de la religion [1]. » C'est par là que devant la conscience humaine l'équilibre des thèses et des antithèses est rompu. « Si un homme pouvait s'affranchir de tout intérêt, et, indifférent à l'égard de toutes les conséquences, ne faire entrer en ligne de compte les affirmations de la raison que d'après la valeur de leurs principes, cet homme-là, à supposer qu'il ne connût pas d'autre moyen, pour sortir d'embarras, que d'adopter l'une ou l'autre des doctrines en présence, serait dans un état d'oscillation perpétuel. Aujourd'hui il se trouverait convaincu que la volonté humaine est libre ; demain, s'il considérait la chaîne indissoluble de la nature, il tiendrait pour certain

---

1. III, p. 332.

que la liberté n'est qu'une illusion de son moi, que tout est *nature* uniquement. Mais s'il venait à la pratique et à l'action, ce jeu de la raison simplement spéculative s'évanouirait comme les fantômes d'un rêve, et il choisirait ses principes seulement d'après l'intérêt pratique[1]. »

En invoquant pour les thèses, antérieurement à l'examen critique des antinomies, des titres de créance fournis surtout par l'intérêt pratique, Kant témoigne à quel point les principes de la morale lui paraissaient liés au sort du rationalisme métaphysique. Car le fond de l'argumentation en faveur des thèses est emprunté à des déterminations d'idées par la raison, telles qu'elles s'opéraient dans l'école de Leibniz et de Wolff, affectées seulement en outre d'une application empirique spéciale qui alors les met en opposition directe avec les antithèses ; et la solution des antinomies consiste pour une part à supprimer cette affectation spéciale comme illégitime, de façon à laisser subsister en un certain sens la valeur des affirmations rationnelles. Kant du reste a découvert lui-même son procédé quand il a dit qu'à l'inverse des antithèses qui ne développent qu'une maxime, la maxime du pur empirisme, les thèses s'appuient, non seulement sur le mode d'explication empirique des phénomènes, mais sur des principes intellectuels, qu'elles révèlent une dualité de maximes[2]. La vérité est que les thèses dérivent essentiellement des principes intellectuels, si bien qu'elles seront finalement sauvegardées par cette dérivation même ; qu'elles ne deviennent la contrepartie des antithèses que parce que Kant suppose ces principes engagés dans une connaissance, et dans une connaissance qui selon lui ne peut se réaliser que par l'intuition sensible ; qu'en vertu de l'impossibilité de tout savoir rationnel pur, ces principes sont contraints provisoirement, pour devenir des termes d'antinomie, à se déterminer dans

1. III, p. 337.
2. III, p. 332.

un savoir empirique, jusqu'au moment où, dégagés de leur affectation spéciale et renonçant à produire une science, ils se reconnaissent comme causes d'affirmations légitimes, à coordonner avec les affirmations contraires.

Peut-être la seule thèse de la première antinomie requiert-elle une connexion plus intime des principes intellectuels purs et de leur application à l'expérience, puisqu'elle spécifie que le commencement du monde doit être posé dans le temps comme sa limite dans l'espace. Toutefois Kant observe lui-même que les partisans de la thèse admettent plus ou moins secrètement pour borner le monde sensible, non pas un espace et un temps infiniment vides, mais une sorte de monde intelligible, et il les rappelle à la question, qui concerne, d'après lui, la connaissance et son seul objet possible, à savoir les phénomènes. « Le monde intelligible n'est rien que le concept d'un monde en général, dans lequel on fait abstraction de toutes les conditions de l'intuition de ce monde, et au regard duquel par conséquent il n'est aucune proposition synthétique, ni positive, ni négative, qui soit possible[1]. » Déjà donc, malgré tout, c'est bien la conception métaphysique d'un monde intelligible qui pousse à affirmer la thèse, et qui, libérée de toute prétention à engendrer un savoir, l'affranchirait de son caractère antinomique. Mais cette tendance à reproduire dans les thèses les assertions du rationalisme métaphysique, tout en les contraignant à se chercher une application dans un savoir impossible en soi ou contradictoire avec elles, apparaît bien nettement dans la seconde antinomie. Kant reproduit le raisonnement leibnizien selon lequel le composé implique le simple; seulement tandis que chez Leibniz ce raisonnement conclut, non à des objets de l'intuition sensible, mais à des objets de purs concepts, qui sont les monades, Kant constitue l'opposition à l'antithèse en représentant les substances simples dans l'espace et en

1. III, p. 311.

convertissant les monades en atomes : c'est ainsi qu'il crée « le principe dialectique de la monadologie » en imposant l'établissement d'une monadologie physique[1].

Toutefois pour la solution des deux premières antinomies le moment n'est pas venu de déployer entière cette affirmation d'un monde intelligible qui, plus ou moins transposée, inspire les arguments des thèses. Selon le procédé que nous avons tâché d'analyser, Kant approprie cette affirmation à la diversité des questions qu'il doit résoudre. Or les problèmes des limites du monde et de l'existence du simple sont des problèmes essentiellement théoriques, dont la portée pratique n'est qu'indirecte. Des thèses que doit-il donc rester à ce point de vue ? Négativement, la puissance d'opposition restrictive qui empêche les objets des antithèses de s'ériger en absolus et l'entendement de se prendre pour la faculté de l'inconditionné ; positivement, la notion de principes régulateurs qui imposent à la science de ne pas s'arrêter dans la poursuite sans fin des limites du monde et des éléments simples du réel, qui aiguillonnent ainsi l'entendement sans lui permettre de se croire jamais en possession d'une explication totale et suffisante. Le rapport entre le monde intelligible et le monde sensible, que l'interprétation dogmatique des thèses et des antithèses fausse également, devient le rapport entre les problèmes dont la solution adéquate, impossible pour nous, constituerait l'achèvement rationnel du savoir, et les solutions effectives qui, dans les conditions de notre science finie, doivent tendre à cet achèvement sans y prétendre[2].

Mais avec la troisième antinomie, comme d'ailleurs avec la quatrième qui par la nature des arguments opposés n'est guère qu'une reproduction de la troisième, la conception d'un monde intelligible, au lieu de se resserrer en des maximes théoriques idéales, s'identifie avec le principe

---

1. III, p. 313-317.
2. III, p. 356 sq.

transcendantal de la réalité. Le rationalisme métaphysique, qui reste l'inspirateur des thèses, est reconnu dans sa vérité totale et essentielle ; sans doute la relation du monde intelligible au monde sensible est autrement exprimée ici que dans les doctrines traditionnelles ; la pensée criticiste intervient, selon laquelle cette relation doit être mise à la portée de la raison finie qui est la nôtre, et qui ne saurait être, ni intuitive, ni créatrice ; mais l'identité, ailleurs plus ou moins latente, de la chose en soi et de la causalité rationnelle pure se découvre ici avec évidence.

C'est en parfait accord avec les tendances et les exigences du rationalisme moderne que le problème de la liberté est énoncé maintenant comme un problème cosmologique ; dès le jour où la science a aperçu ou réclamé l'universelle solidarité des choses, il n'a pas été possible de poser et de résoudre le problème de la liberté en fonction des simples données de la conscience ; il a fallu se mettre en quête d'une espèce de liberté qui fût apte comme la nécessité, et concurremment avec elle, à être constitutive du tout cosmique ; de là, au détriment très visible des formes spécifiquement humaines de la liberté, du libre arbitre notamment, la conception d'une liberté en quelque sorte universelle, capable de se réaliser, à des degrés divers, en tous les êtres. En tous les êtres se rencontrent ainsi et se combinent les effets de deux sortes de causalité : de la causalité externe, qui met les états de chaque être sous la dépendance des autres états de l'univers ; de la causalité interne, qui pose chaque être par une opération spontanée dans sa nature propre, qui le fait tel et non pas tel. La principale difficulté devait consister dès lors à définir les rapports de la causalité interne et de la causalité externe en observant scrupuleusement leur signification respective : on les distinguait en les rapportant à deux mondes différents, le monde des substances ou des essences d'un côté, le monde des apparences ou des phénomènes de l'autre ; on les rapprochait en admettant que la causalité externe exprime la causalité interne, comme des apparences bien liées, des phénomènes bien fondés expriment des êtres en soi. Enfin les déterminations morales étaient ajoutées par une relation analytique plus ou moins implicite à la reconnaissance rationnelle de la causalité interne, de la causalité libre. Tel est, si l'on peut dire, le fonds que le rationalisme moderne offrait à Kant sur le problème de la liberté : la solution que lui-même en propose consiste moins à exclure les concepts traditionnellement usités qu'à les approfondir, les épurer, et réformer le genre de relation établi entre eux. Sur quoi se fonde la distinction des deux mondes, le monde de la causalité externe et de la nécessité, le monde de la causalité interne et de la liberté? De quelle manière peut-on concevoir l'expression des êtres en soi dans et par les phénomènes? Comment les déterminations morales se réfèrent-elles à la liberté?

Tout d'abord, selon l'antithèse de la troisième antinomie, la nécessité des lois naturelles ne peut souffrir aucune exception ; comme c'est elle qui fonde l'objectivité des événements, si elle venait à se laisser interrompre en quelque endroit, tout moyen nous manquerait de distinguer le rêve de la réalité. Or la liberté implique une dérogation absolue à la nécessité des lois naturelles ; elle est en effet un pouvoir de commencer inconditionnellement une action, c'est-à-dire de produire un état qui, étant dynamiquement premier, n'ait aucun rapport de causalité avec l'état antécédent de la même cause ; donc la liberté s'oppose à la nécessité, comme l'irrégularité sans loi à la régularité de la loi; elle rend impossible l'unité de l'expérience ; elle ne nous affranchit de la contrainte de la nature qu'en nous privant du fil conducteur qui guide sûrement notre pensée. Dira-t-on qu'on ne peut comprendre cette dérivation de phénomènes se poursuivant à l'infini sans se rattacher à aucun terme originaire? Mais la nature a bien d'autres énigmes que celle-là : comprendrait-on mieux le changement, c'est-à-dire une succession perpétuelle d'être et de non être, si l'expérience n'en attestait l'existence? Une pareille raison ne saurait nous arrêter quand il s'agit de garantir l'universalité des lois et la réalité empirique des faits.

Cependant c'est cette raison qui a été invoquée par la thèse pour prouver l'existence de la liberté. Il est impossible de remonter la série des causes sans supposer une cause douée d'une spontanéité absolue. Causalité signifie en effet détermination complète. Or la causalité des lois naturelles ne fournit qu'une détermination incomplète, parce que toute cause reconnue à ce titre doit s'expliquer par une cause antécédente, celle-ci par une autre cause antécédente, sans que jamais l'explication puisse pleinement suffire. Il reste donc de l'indéterminé dans la série des conditions qui devrait être et qui ne peut pas être inconditionnellement déterminante; et un ordre de choses qui apparaît indéterminé à son origine même n'est plus pour la pensée qu'une simple possibilité. Ainsi il faut admettre une cause capable de produire quelque chose sans dépendre, pour cette production, d'autres causes antérieures. Dira-t-on que le mode d'opération d'une telle cause reste incompréhensible et mystérieux? Mais on est mal venu à en requérir la claire intelligence, quand on admet la causalité naturelle sans être mieux capable d'expliquer comment elle peut unir par un lien nécessaire des termes hétérogènes. C'est assez que la raison démontre l'existence de la liberté; et elle la démontre avec une insistance dont témoignent à leur façon tous ces philosophes qui, pour rendre compte du mouvement du monde, se sont crus obligés d'affirmer un premier moteur[1].

Ainsi sans la nécessité le monde ne serait qu'imaginaire; sans la liberté il ne serait que possible. Le problème de la nécessité et de la liberté, c'est le problème de la réalité du monde. Pour que le monde soit réel, il faut qu'il soit également constitué par la nécessité et par la liberté. C'est ce

---

1. III, p. 316-323.

qu'avait déjà soutenu la métaphysique rationaliste, et aussi que la liberté fonde le réel en son principe, tandis que la nécessité le fonde en ses dérivations. Cette solution n'était grosse de l'antinomie développée par Kant que parce que la liberté et la nécessité étaient des concepts objectivés sans critique sous la forme d'une connaissance, et que le rapport en était établi *in abstracto* en dehors de leurs usages, uniquement selon le degré du savoir concomitant. Et ainsi, pour s'unir, la liberté et la nécessité ne pouvaient que se contredire. Car les phénomènes, auxquels s'appliquait plus spécialement la nécessité externe, étaient pris pour des choses en soi à l'état de manifestation confuse : comment donc, hors d'un incompréhensible syncrétisme, la nécessité pouvait-elle s'accorder avec la liberté ?

Entre la nécessité et la liberté l'accord n'est possible que grâce à la doctrine par laquelle Kant a définitivement justifié la vieille distinction du monde intelligible et du monde sensible. Du monde sensible il y a une réalité empirique certaine, fondée sur cette double condition, que les phénomènes sont donnés en intuition sous les formes *a priori* de la sensibilité et qu'ils sont enchaînés selon des lois imposées par les catégories de l'entendement ; mais comme les formes de la sensibilité ainsi que les catégories de l'entendement expriment la nature du sujet, il se trouve que les phénomènes ne sont que des représentations ; étant tels, ils reposent sur l'existence des choses en soi. Il serait donc faux de prétendre réduire l'existence du monde à sa réalité empirique, puisque ce serait porter à l'absolu notre entendement et notre sensibilité. En outre, c'est le sens strict de la causalité, d'établir des rapports dynamiques du conditionné à la condition, sans être tenue de représenter ces rapports dans l'intuition sensible, dès qu'elle ne vise pas à une connaissance ; comme alors elle ne conclut à des objets que pour leur existence, elle peut poser la condition hors de la série des termes conditionnés. Ainsi,

grâce au caractère phénoménal, désormais pleinement
garanti, du monde sensible, grâce au caractère essentiellement synthétique en lui-même du concept de causalité,
capable de souffrir l'hétérogénéité la plus extrême du
conditionné et de la condition qu'il lie, le monde a à la
fois une réalité empirique et une réalité transcendantale, et
les choses en soi qui constituent sa réalité transcendantale
peuvent être considérées comme les causes de sa réalité
empirique[1].

Rien n'empêche donc d'identifier la liberté avec la causalité des choses en soi. La liberté, en effet, au sens cosmologique, c'est « la faculté de commencer de soi-même un
état dont la causalité n'est pas subordonnée à son tour,
suivant la loi de la nature, à une autre cause qui la détermine quant au temps. La liberté est, dans cette signification, une idée transcendantale pure qui d'abord ne contient rien d'emprunté à l'expérience, et dont, en second
lieu, l'objet ne peut être donné d'une façon déterminée
dans aucune expérience[2] ». C'est, en d'autres termes,
« l'idée d'une spontanéité qui pourrait commencer d'elle-même à agir, sans qu'une autre cause ait dû la précéder
pour la déterminer à l'action selon la loi de l'enchaînement
causal[3] ». Sur cette liberté transcendantale est fondée la
liberté pratique, ou indépendance de notre volonté à
l'égard de toute contrainte des mobiles de la sensibilité. A
vrai dire, cette liberté pratique, telle que nous la révèle
l'expérience psychologique, a un contenu plus compliqué
et plus divers que celui qui est exprimé par l'idée de la
liberté transcendantale ; et de plus, elle est directement

---

1. III, p. 369-370, p. 372-373. — Caird, qui dans son livre *The critical philosophy of Immanuel Kant*, expose et critique le kantisme d'un point de vue hégélien, note à ce propos (II, p. 64) que la pensée pure chez Kant, hors de l'intuition sensible, est analytique, que par conséquent un tel usage du concept de causalité est contradictoire. Mais il semble bien que pour Kant les concepts peuvent avoir un sens synthétique qui n'a besoin de l'intuition sensible que pour se convertir en connaissance.
2. III, p. 371.
3. *Ibid.*

certaine. Mais elle suppose une spontanéité de l'action qui, théoriquement envisagée, est un problème, juste le problème impliqué dans la conception d'une liberté transcendantale, comme condition première et inconditionnée d'une série de conditions. Les difficultés inhérentes à la question de la liberté sont d'ordre cosmologique et transcendantal, non d'ordre pratique ; la certitude de la liberté pratique nous avertit seulement qu'elles doivent être résolues[1].

Mais nous voyons comment elles peuvent l'être, et nous pouvons récapituler et suivre jusqu'au bout, en les complétant, les moments de la solution. Si les phénomènes prétendaient à la réalité absolue de choses en soi, la liberté serait perdue sans retour. Mais dès que les phénomènes sont tenus pour ce qu'ils sont, c'est-à-dire pour de simples représentations qui s'enchaînent suivant des lois empiriques, d'abord ils n'ont plus le pouvoir d'exclure la liberté pour cela seul qu'elle ne peut pas trouver place parmi eux ; ensuite, n'étant que des phénomènes, ils doivent avoir pour fondement un objet transcendantal qui les détermine comme simples représentations, et il est permis d'attribuer à cet objet transcendantal, avec la propriété de se manifester par des effets qui sont des phénomènes, une causalité qui en elle-même n'est pas phénomène[2]. Ce concept d'une causalité libre en elle-même et tendant d'elle-même à se produire au dehors par des modalités empiriques concorde bien, ainsi qu'on l'a remarqué[3], avec l'ancien concept de la *causa sui*. Volontiers d'ailleurs le rationalisme métaphysique marquait la différence entre la nature de la cause considérée dans son essence et la nature de ses manifestations. Ayant trouvé dans sa doctrine de quoi mieux fon-

1. III, p. 320 ; p. 371.
2. III, p. 374.
3. B. Seligkowitz, *Causa sui, causa prima et causa essendi*, Archiv für Geschichte der Philosphie, V, p. 329. — Wundt, *Kants kosmologische Antinomien*, Philosophische Studien, II, p. 517.

der cette différence, Kant en développe complaisamment le sens. Le propre de la causalité libre, c'est de n'être soumise à aucune détermination de temps, car le temps est la condition des phénomènes, non des choses en soi, c'est par suite d'être immuable, de n'avoir rien en elle qui naisse ou meure, de pouvoir commencer d'elle-même ses effets dans le monde sensible, sans que l'action commence en elle ; tandis que le propre de la causalité naturelle, c'est de ne rien comporter qui commence absolument et de soi-même une série, c'est, en disposant tous les événements dans le temps, d'exiger pour chacun d'eux une condition nécessaire antécédente, qui exclut toute action vraiment première.

Or toute cause agissante doit avoir ce que Kant appelle un caractère, c'est-à-dire une loi de sa causalité sans laquelle elle ne serait pas cause ; en tant que doué de causalité libre, un sujet a un caractère intelligible, tandis qu'il a, en tant que phénomène, un caractère empirique ; par son caractère empirique, un sujet est une partie du monde sensible, et ses actions sont des effets qui découlent inévitablement de la nature ; par son caractère intelligible, il est indépendant de toute influence de la sensibilité et de toute détermination phénoménale. Cette conception d'un double caractère paraît être primordialement chez Kant toute spéculative : le caractère intelligible rappelle d'assez près les essences réelles de la métaphysique rationaliste, et le caractère empirique se rapporte à lui exactement comme le phénomène théoriquement explicable se rapporte à la chose en soi [1]. Mais Kant, surtout quand il cherche à illustrer pratiquement cette conception des deux caractères, tend à déterminer dans un autre sens le rapport qui les lie : tout en posant pour la raison la nécessité de se manifester par un caractère empirique, il fait de ce caractère empirique, non pas l'expression des lois naturelles, mais le

1. III, p. 374-375.

schème du caractère intelligible ; ce que le caractère empirique a de constant à ce point de vue ne tient pas à l'uniformité des conditions phénoménales, mais à l'unité de la règle par laquelle se traduit la causalité de la raison [1] : il y a donc un rapport pratique des deux caractères qui se définit sous leur rapport spéculatif : mais c'est le rapport spéculatif qui, selon la marche de la pensée kantienne, est premier.

De la sorte, sous l'idée métaphysique des choses en soi et de leur rapport avec les phénomènes, se développe une interprétation de la causalité du vouloir humain, déterminée d'un côté par cette idée, de l'autre par ce que contient de nouveau la conception criticiste. Comme l'originalité de la conception criticiste est déjà dans la façon de distinguer le monde sensible et le monde intelligible, elle apparaît encore dans la façon d'établir la communication des deux mondes ; tandis que les doctrines métaphysiques restaient embarrassées dans leur effort pour relier la *causa sui* ou les essences réelles à la réalité donnée, qu'elles recouraient à des explications vainement subtiles, Kant découvre dans la volonté la faculté qui, au lieu de représenter cette liaison, l'accomplit ; par là, on peut dire qu'il soustrait son platonisme aux objections d'un Aristote ; il se défend d'inventer des symboles plus ou moins arbitraires pour expliquer le passage du transcendantal à l'empirique ; il les remplace par le *fait* de la démarche pratique qui enveloppe une raison capable, non pas de comprendre par connaissance l'origine des actes, mais d'en être elle-même l'origine. Dès lors, si les concepts métaphysiques dont il est parti n'ont pas subi en eux-mêmes de transformation radicale, s'ils pèsent encore de tout leur sens traditionnel sur le sens nouveau qu'ils peuvent recevoir de leur application immanente, c'est par une tout autre méthode qu'ils se vérifient et se fournissent un contenu.

1. III, p. 378 ; p. 380 ; p. 382-383.

Donc, sans contredire en rien les lois de la causalité naturelle, il est permis d'admettre, ne fût-on en cela qu'une fiction, que parmi les êtres du monde il en est qui, au-dessus de leurs facultés sensibles, ont une faculté intellectuelle, c'est-à-dire une faculté de se déterminer à l'action, non pas sous des influences empiriques, mais uniquement par des principes de l'entendement. « Appliquons cela à l'expérience[1]. » Nous voyons alors ce qui fait de cette fiction une vérité. L'homme, ainsi que toutes les autres choses de la nature, est soumis, dans ses actions, aux lois de la causalité empirique ; seulement, tandis que pour les êtres inanimés et même pour les êtres vivants, il n'y a pas lieu de concevoir d'autres facultés que les facultés déterminées par des objets sensibles, pour l'homme, il y a lieu d'invoquer son titre de « sujet transcendantal » d' « objet intelligible » ; car l'homme qui ne connaît la nature que par ses sens se connaît lui-même par aperception dans des déterminations intérieures qui ne peuvent être rapportées aux impressions du dehors ; il a ces facultés que l'on appelle entendement et raison ; et la raison surtout, en ce qu'elle n'est pas astreinte comme l'entendement à se contenter d'un usage empirique de ses idées, autorise à faire valoir en lui l'être en soi[2].

Mais tandis que la causalité des choses en soi par rapport aux phénomènes restait, dans son acception générale, uniquement justifiée par l'axiome métaphysique qui réclame pour les phénomènes empiriques un fondement transcendantal, la causalité de la raison, expression déjà plus immanente de la chose en soi par rapport à ces phénomènes particuliers qui sont les actions humaines, est certifiée, dans une acception pour nous très définie, par le sens et la portée des impératifs pratiques. Ces impératifs pratiques supposent le devoir-être (*das Sollen*), au lieu que l'entendement théo-

---

1. III, p. 378.
2. III, p. 378-379.

rique ne peut prétendre à connaître dans la nature que ce qui a été, est, ou sera ; en d'autres termes, ils impliquent un rapport de nos actions, non pas à d'autres phénomènes qui les conditionnent, mais à de purs concepts. Sans doute, les actions en rapport avec ce qui doit être, avec de purs concepts, ne se réalisent empiriquement que sous l'empire des circonstances naturelles ; seulement ces circonstances ne concernent pas la détermination de la volonté en elle-même ; elles n'ont trait qu'aux phénomènes qui la traduisent. Ainsi la raison, en tant que productrice de concepts et de principes, est douée de causalité ; tout au moins devons-nous, pour expliquer le sens des impératifs, nous la représenter comme telle[1].

Cette causalité de la raison apparaît donc en ce que la volonté procède selon une règle indépendante des lois de la causalité empirique ; elle n'est pas garantie uniquement par la valeur morale de cette règle. Même l'apparente adoption des maximes suggérées par la sensibilité implique leur subsomption sous une règle par pur concept : elle fait donc intervenir la causalité de la raison. « Que ce soit un objet de la simple sensibilité (l'agréable) ou un objet de la raison pure (le bien), la raison ne cède point au principe qui est donné empiriquement ; mais elle se fait à elle-même avec une parfaite spontanéité un ordre propre selon des idées auxquelles elle va adapter les conditions empiriques, et d'après lesquelles elle considère même comme nécessaires des actions qui cependant ne sont pas arrivées et peut-être n'arriveront pas, en supposant néanmoins de toutes qu'elle possède la causalité à leur égard, car sans cela elle n'attendrait pas de ses idées des effets dans l'expérience[2]. » Tous les impératifs, quels qu'ils soient, fournissent donc la preuve immanente d'un caractère intelligible dans l'homme, sans préjudice, bien entendu, de la

---

1. III, p 379.
2. III, p. 380.

détermination rigoureuse à laquelle sont soumis les actes de son caractère empirique, et qui permettrait, avec une suffisante connaissance des conditions qui les précèdent ou les accompagnent, de les prédire avec certitude. Est-ce là comme un partage dans l'explication de la volonté humaine ? Faut-il dire qu'il y a un concours de la causalité empirique et de la causalité transcendantale pour déterminer les actes volontaires ? Nullement. « L'on n'envisage point la causalité de la raison comme une sorte de concours, mais on la considère comme complète en elle-même, alors même que les mobiles sensibles ne lui seraient point du tout favorables, mais tout à fait contraires[1]. » C'est ainsi que le dualisme, d'abord purement spéculatif, de la chose en soi et des phénomènes incline à revêtir une autre forme, à devenir le dualisme de la raison en tant qu'elle est par elle-même capable de produire des actes, et de la raison en tant qu'elle travaille par l'entendement à les faire rentrer sous les lois de la nature, de la raison pratique et de la raison théorique. Il peut donc être question d'une pleine et suffisante causalité de la raison dans les actes volontaires ; les causes naturelles et empiriques, telles que l'entendement les détermine, ne sont pratiques à aucun degré.

Ainsi de plus en plus la notion de la chose en soi se prête à des applications qui la rapprochent davantage de ce type immanent de réalité offert par la volonté humaine : elle s'approprie à cette idée de premier commencement qui, en toute rigueur, ne convient pas plus au monde intelligible qu'au monde sensible. Dans le monde sensible, en effet, « aucune action donnée (parce que toute action ne peut être perçue que comme phénomène) ne saurait commencer d'elle-même absolument ». Dans le monde intelligible, « il n'y a ni *avant*, ni *après*, et toute action est, indépendamment du rapport de temps où elle se trouve avec d'autres phénomènes, l'effet immédiat du caractère

---

1. III, p. 384.

intelligible de la raison pure….. Cette liberté de la raison, on ne peut pas la considérer seulement d'une façon négative comme l'indépendance à l'égard des conditions empiriques (car alors cesserait la faculté qu'a la raison d'être une cause de phénomènes), mais on peut aussi la caractériser d'une manière positive comme une faculté de commencer d'elle-même une série d'événements, de telle sorte qu'en elle-même rien ne commence, mais que comme condition inconditionnée de tout acte volontaire, elle ne souffre sur elle aucune des conditions antérieures quant au temps, bien que son effet commence dans la série des phénomènes, mais sans pouvoir y constituer jamais un commencement absolument premier[1]. » Ainsi, bien que dans le monde des choses en soi, rien strictement ne commence, l'idée de premier commencement est tout à fait légitime dans son application à la causalité du vouloir ; elle exprime cet usage analogique de la raison, dont parle Kant ailleurs, et qui consiste à interpréter la réalité empirique comme si elle devait répondre aux exigences des idées. « Dans le cas où la raison même est considérée comme déterminante (dans la liberté), par conséquent dans les principes pratiques, nous devons faire *comme si* nous avions devant nous, non un objet des sens, mais un objet de l'entendement pur, où les conditions ne peuvent plus être posées dans la série des phénomènes, mais hors d'elle, et où la série des états peut être considérée *comme si* elle commençait absolument (par une cause intelligible)[2]. » Dans un monde de phénomènes, qui, soumis aux lois de la causalité naturelle, ne comporte que des commencements relatifs et conditionnés, les actes volontaires doivent être traités comme s'ils étaient des commencements absolus et inconditionnés.

Et c'est ainsi que les traite le jugement moral. « Pour éclaircir le principe régulatif de la raison par un exemple

1. III, p. 382-383.
2. III, p. 460.

tiré de l'usage empirique, non pour le confirmer (car ces sortes de preuves ne conviennent point aux affirmations transcendantales) », prenons une action mauvaise, un mensonge, si l'on veut, qui a jeté un certain trouble dans la société. Il se peut que l'on en détermine de proche en proche à la fois les motifs immédiats, les causes lointaines, toutes les conditions internes ou externes, constantes ou occasionnelles, par les mêmes procédés qui rendent compte de tous les effets naturels : cela n'empêche point cependant d'en blâmer l'auteur. Et sur quoi se fonde ce blâme, sinon sur la pensée que l'action accomplie doit être moralement rapportée, non à ses conditions naturelles antécédentes, mais à la causalité de la raison, qu'elle doit être estimée en soi, en dehors de tout souci d'influence antérieure et de moment, comme une action primitive, immédiatement au pouvoir de la volonté. Nos imputations ne peuvent sans doute se rapporter qu'au caractère empirique, et elles y démêlent souvent mal la part de la nature, du tempérament et de la liberté. Mais identiquement présente à toutes les actions de l'homme dans toutes les circonstances du temps, la raison n'est point elle-même dans le temps, et, par rapport à tout état nouveau, elle est déterminante, non pas déterminable[1].

Le jugement moral est donc fondé sur le caractère intelligible, mais n'en saurait être la règle. Les graduelles appropriations que fait Kant des choses en soi aux exigences de la moralité ne vont pas encore jusqu'à les laisser déterminer par elles dans leur fond ; le sujet moral n'est qu'une dénomination relative du sujet transcendantal. Demander pourquoi la raison ne s'est pas déterminée autrement, c'est une question dépourvue de sens. Demander pourquoi la raison n'a pas déterminé autrement les phénomènes, c'est une question qui, sans être absurde, dépasse de beaucoup la puissance de nos facultés ; c'est comme si l'on deman-

[1]. III, p. 383-384.

dait pourquoi l'objet transcendantal de notre intuition sensible externe ne donne que l'intuition dans l'espace et pas une autre : tout ce que l'on peut dire, c'est que pour un autre caractère empirique, il eût fallu un autre caractère intelligible[1].

Ainsi la solution du problème de la liberté transcendantale se termine par une nouvelle formule de la conception qui en a été le point de départ, à savoir l'identité essentielle de nature entre les causes inconditionnées des phénomènes naturels et les causes libres des actions humaines. En dépit de la tendance que manifeste Kant à réclamer pour les idées comme telles une vertu pratique efficace, l'idée de la liberté reste sous l'empire de la *chose en soi* à laquelle elle emprunte certaines de ses plus importantes déterminations ; avant d'être le principe rationnel dont la signification immanente est déterminée par la pratique, elle est la chose en soi vue sous l'aspect de sa causalité réelle, quoique incompréhensible. Aussi est-ce justement que l'on a montré la métaphysique leibnizienne contribuant encore à déterminer dans l'esprit de Kant la pensée du monde intelligible[2]. Ces êtres en soi, qui se déterminent d'eux-mêmes à être ce qu'ils sont, sont bien voisins des monades de Leibniz, conçus à la source éternelle de leur existence. Même il faut remarquer que sans l'inspiration rationaliste qui pénètre l'affirmation des choses en soi, le rapport de l'idée à la chose ne pourrait que frapper l'idée d'impuissance ; c'est la secrète affinité de l'idée et de la chose en soi, qui permet à l'idée de la liberté de se rapporter aux choses en soi, non seulement sans y perdre, mais plutôt pour y puiser d'une certaine façon sa causalité. Par là on peut dire que l'existence

1. III, p. 384-385.
2. Benno Erdmann, *Kant's Kriticismus*, p. 73-74. V. également son édition des *Prolégomènes*, *Einleitung*, p. LXV. — H. Cohen donne indirectement raison à cette thèse quand il dit que le progrès de la critique a consisté à transformer les conceptions fantaisistes de la monadologie en idées limitatives et régulatives (*Kants Begründung der Ethik*, p. 142). Seulement, au moment de la *Critique de la Raison pure*, cette transformation est loin d'être accomplie

de la liberté, au sens métaphysique, est présupposée avec celle des choses en soi dans le système kantien. Mais la réalité de la liberté, selon les exigences de la conception criticiste, n'est pas démontrée, au dire de Kant, par les considérations de la *Dialectique* : tout ce qui est établi, c'est que la liberté est possible, au sens où elle n'est pas contradictoire en soi, ni avec le mécanisme de la nature ; il n'est pas encore établi qu'elle est possible, au sens où il s'agirait d'une possibilité, non pas seulement logique, mais réelle, fondée sur des principes synthétiques *a priori*. A plus forte raison n'est-il pas légitime encore d'en poser la réalité : on a défini la forme sous laquelle elle est concevable, si par ailleurs il est prouvé qu'elle existe[1].

En nous autorisant à concevoir pour la série des phénomènes empiriques une condition intelligible, la solution de la troisième antinomie nous fournit déjà presque explicitement la solution de la quatrième. Seulement ici, la série des phénomènes empiriques, au lieu d'être une suite d'intuitions, est représentée par un concept, le concept de changement, et la conclusion à laquelle aboutit le partisan de la thèse, ce n'est plus la causalité absolue, c'est l'existence absolue de l'Être nécessaire. Or l'existence absolue de l'Être nécessaire n'est contradictoire avec l'existence conditionnée des phénomènes changeants que si elle est conçue comme se confondant avec elle ou comme en étant une partie. Mais dès qu'il est entendu que les phénomènes ne doivent pas être tenus pour des choses en soi, et qu'ici encore la condition peut être hétérogène par rapport au conditionné, nous pouvons admettre que la série des objets changeants a son fondement dans un Être intelligible, libre de toute condition empirique, raison de la possibilité de tous les phénomènes. Dégagée de toute prétention à constituer un savoir, la thèse se ramène à une maxime, selon laquelle le principe qui fonde l'unité systématique de

1. III, p. 385.

toute l'expérience ne peut être placé dans l'expérience même. Si elle se donnait pour une preuve de l'existence de Dieu, et elle reproduit en effet la marche de l'argument cosmologique, elle tomberait sous les objections qui atteignent dans la philosophie de Kant toute théologie spéculative[1].

Il est remarquable que l'examen de l'antinomie ait eu pour résultat de lier plus immédiatement à l'existence des choses en soi et d'investir du maximum de réalité objective, non pas la conception qui parachève l'explication de la nature en la rapportant à un Être nécessaire, mais celle qui exprime dans l'affirmation de la liberté la plénitude inconditionnée de la détermination causale. Par là, il apparaît bien que le centre d'expansion de la doctrine n'est pas ici au même point que dans les métaphysiques antérieures. Si l'idée de Dieu est la plus haute idée de la raison, elle n'est pas l'idée la plus capable, au regard de notre intelligence finie, de s'actualiser par des déterminations immanentes ; le rapport de la signification transcendantale à l'usage immanent qui chez Kant tend à remplacer le passage de l'essence à l'existence est plus intrinsèque pour l'idée de la liberté que pour toute autre.

Il n'en reste pas moins que l'idée théologique, impuissante comme toute autre idée à fonder une connaissance, ne se borne pas à fournir des maximes régulatrices : elle revêt aussi, sous une certaine forme, une signification pratique. Kant soutient, comme on sait, que la preuve ontologique est, selon la raison pure, la preuve essentielle de l'existence de Dieu, et qu'elle se retrouve au fond des autres preuves ; il prétend ruiner d'un coup toute théologie spéculative en montrant l'impossibilité de tirer l'existence d'un concept ; mais dans sa pensée, selon ce que nous avons du reste déjà constaté dans les *Leçons sur la métaphysique*, il y a une autre preuve qui, en un sens différent, est plus

1. III, p. 386-389.

essentielle, parce qu'elle remplace l'être souverainement
réel de la théologie transcendantale par le Dieu vivant de
la théologie naturelle et qu'elle exprime un usage plus immanent de l'idée théologique : c'est la preuve par la finalité[1]. Insuffisante comme preuve, s'inspirant d'une analogie suspecte entre les productions de la nature et les
produits de l'art humain, elle a l'avantage de révéler dans
la nature une unité faite pour être comprise par une intelligence, de sortir spontanément de la conviction commune
et de la fortifier en retour[2]. Elle est fausse en ce qu'elle
représente l'unité de la nature comme introduite du dehors
par un Être ordonnateur suprême, au lieu de la supposer
a priori dérivée de la nature même et en conformité avec
ses lois générales. Mais la conception même d'une finalité
est tellement connexe avec l'idéal transcendantal que seule
elle peut le déterminer[3].

Au surplus, si la tendance que nous avons à convertir
l'idéal de la raison pure en un être et en une personne ne
peut pas se justifier par la prétendue connaissance qu'elle
engendre, il n'en est pas moins vrai qu'elle répond à un
progrès de la connaissance vers son achèvement normal.
« Cet idéal de l'Être souverainement réel est donc, bien
qu'il ne soit qu'une simple représentation, d'abord *réalisé*,
c'est-à-dire transformé en objet, puis *hypostasié*, enfin
même, par un progrès naturel de la raison vers l'achèvement de l'unité, *personnifié*... C'est que l'unité régulatrice

---

1. III, p. 422-428.
2. « Cet argument mérite toujours d'être nommé avec respect. C'est le plus ancien, le plus clair, le mieux approprié à la commune raison humaine. Il vivifie l'étude de la nature en même temps qu'il en tient sa propre existence, et qu'il y puise toujours par là de nouvelles forces. Il introduit des fins et des desseins là où notre observation ne les aurait pas découverts d'elle-même, et il étend notre connaissance de la nature au moyen d'un fil conducteur d'une unité particulière dont le principe est en dehors de la nature. Or ces connais-sances agissent à leur tour sur leur cause, c'est-à-dire sur l'idée qui les pro-voque, et elles fortifient la foi en un suprême auteur du monde jusqu'à en faire une irrésistible conviction. » III, p. 423-424.
3. H. Cohen (*Kants Begründung der Ethik*, p. 95) et Aug. Stadler (*Kants Teleologie und ihre erkenntnisstheoretische Bedeutung*, p. 36-43)

de l'expérience ne repose pas sur les phénomènes eux-mêmes (sur la sensibilité toute seule), mais sur l'enchaînement de ce qu'il y a de divers en eux par l'entendement (dans une aperception), et qu'en conséquence l'unité de la suprême réalité et de la complète déterminabilité (possibilité) de toutes choses semblent résider dans un entendement suprême, par suite dans une intelligence[1]. »
Kant, selon une tendance dont nous verrons d'autres effets dans la constitution de son système moral, ne s'en tient pas à ce que l'on pourrait appeler le formalisme vide de l'idée : il est convaincu que l'idée tend à conquérir, selon une déduction progressive, des déterminations de plus en plus riches, en rapport seulement avec l'usage positif de nos facultés.

Ainsi l'usage de l'idée théologique est avant tout dans la supposition *a priori* d'un ordre des fins tel qu'une intelligence peut le concevoir et le fonder, et grâce auquel, dans la nature même, une voie s'ouvre à la volonté pratique et à la moralité. Mais ce qui laisse à cette supposition, prise dans son sens général, un caractère hypothétique, c'est qu'elle ne nous confère pas la puissance de déduire le particulier de la règle universelle ; elle énonce comme un problème la tâche de l'y ramener : de là, dans la relation de l'ordre des fins à l'affirmation de Dieu, un certain caractère de subjectivité : on satisfait par là à un intérêt de la raison. Mais s'il existe des règles universelles de la raison, posées *a priori*, dont le particulier doive se déduire (et il en existe,

---

ont bien montré comment la théorie de la finalité dans la *Critique du Jugement* n'a fait que développer le sens de la troisième idée transcendantale. Qu'implique en effet l'idéal transcendantal de la raison spéculative ? D'abord l'absolue déterminabilité des choses ; ensuite et en conséquence leur rapport à l'idée d'un tout de la réalité ; enfin le schéma d'une intelligence par laquelle on atteint la plus haute unité formelle. Or la notion de finalité, selon Kant, a pour objet d'établir l'intelligibilité du réel dans ses formes particulières les plus éloignées de la généralité du mécanisme ; elle pose l'idée du tout comme condition de l'existence des parties ; et elle enveloppe l'affirmation d'une intelligence par laquelle seule nous pouvons expliquer l'appropriation de la nature à nos facultés de connaître.

1. III. p. 400, note.

ce sont les lois morales) leur nécessité intrinsèque suppose la nécessité de leur condition : « Puisqu'il y a des lois pratiques, qui sont absolument nécessaires (les lois morales), si ces lois supposent nécessairement quelque existence comme condition de la possibilité de leur force *obligatoire*, il faut que cette existence soit *postulée*, parce qu'en effet le conditionné dont part le raisonnement pour aboutir à cette condition déterminée est lui-même connu *a priori* comme absolument nécessaire. Nous montrerons plus tard au sujet des lois morales qu'elles ne supposent pas seulement l'existence d'un Être suprême, mais qu'encore, comme elles sont absolument nécessaires à un autre point de vue, elles la postulent à juste titre : postulat, à vrai dire, seulement pratique[1]. » L'affirmation de Dieu est donc liée à nos facultés pratiques par une relation qu'énonce le terme encore imparfaitement défini de postulat. Mais nous sortons alors de cette théologie mixte qu'est la théologie naturelle pour entrer dans la théologie morale proprement dite ; nous passons de conceptions encore à demi théoriques, qui n'intéressent la moralité que par leur contact avec elle, à des conceptions exclusivement pratiques qui rattachent la moralité, comme une solution actuellement nécessaire pour nous, à sa condition suprême. Ce passage se fait par la notion d'un ordre des fins, selon que cet ordre des fins est admis comme réglant la spécification de la nature dans le contingent et le particulier, ou qu'il est posé comme devant résulter de l'obéissance à la règle qui oblige notre volonté.

Cependant s'il est de l'essence de la pensée criticiste d'opposer la théologie morale à la théologie spéculative, cette opposition ne suffit pas pour y satisfaire pleinement : il faut encore que la position primordiale de la loi morale par rapport à toutes les autres affirmations pratiques soit établie. Or Kant pose ici encore la loi morale, si nécessaire qu'elle soit en elle-même, sous la condition d'un Être

1. III, p. 429-430.

suprême qui la fonde. Il paraît sans doute se rapprocher ailleurs davantage de sa future doctrine des postulats quand il invoque l'existence de Dieu, pour expliquer, non pas la force obligatoire intrinsèque des lois morales, mais leur force obligatoire pour nous et leur efficacité comme mobiles [1]; mais là encore la différence n'est pas rigoureusement marquée entre leur autorité directe et l'autorité en quelque sorte additionnelle qu'elles reçoivent de l'affirmation de Dieu. La façon dont la loi morale oblige et nous oblige reste encore insuffisamment définie : il faudrait pour l'éclaircir un principe, qui deviendra plus tard le principe par excellence : la pensée de Kant y tend ; mais elle ne l'a pas dégagé.

* *

Jusqu'à quel point la philosophie de la raison pure détermine-t-elle la doctrine morale dont elle a réservé ou garanti la possibilité? Une fois découverte la signification pratique des idées transcendantales, peut-on en faire le point de départ d'une déduction des principes moraux? Ou bien les principes moraux peuvent-ils être aperçus dans leur ordre d'application propre, sans que la *Critique* ait d'autre objet que de les laisser en toute liberté déployer leur sens et établir leur empire sur la vie humaine? Dans le premier cas, l'extension de la méthode de la *Critique* rendrait plus manifeste l'unité essentielle de la raison dans la diversité de ses usages ; elle donnerait à la morale une certitude comparable à celle de la philosophie transcendantale, elle répondrait mieux à cet idéal rationaliste qui, depuis 1770, avait expressément reconquis l'esprit de Kant. Dans le second cas, l'approfondissement direct des prescriptions morales et des croyances qui y sont liées permettrait mieux d'en comprendre les traits spécifiques et risque-

2. III, p. 403-404.

rait moins d'en altérer le naturel ; et cette mise à part de la morale répondrait assez aux façons de voir plus anciennes que Kant devait surtout à l'influence de Rousseau. Maintenant c'était surtout l'idéal rationaliste systématique qui était le plus fort : mais il était d'autant moins capable de se réaliser dans son intégrité que pendant plus longtemps la pensée de Kant avait considéré la valeur des conceptions pratiques comme indépendante de toute organisation rationnelle. Aussi la *Critique de la Raison pure*, outre qu'elle déclare la morale étrangère à la philosophie transcendantale [1], présente-t-elle dans le chapitre II de la *Méthodologie* une esquisse de philosophie morale et religieuse qui, sur certains points, est en désaccord ou ne concorde qu'extérieurement avec les tendances et les conclusions de la *Dialectique* ; en maint endroit on remonte, semble-t-il, vers les conceptions et les formules des *Leçons sur la Métaphysique* [2].

D'abord l'intérêt spéculatif des idées de la raison y est considérablement atténué au profit presque exclusif de leur intérêt pratique ; la liberté du vouloir, l'immortalité de l'âme et l'existence de Dieu y sont conçues comme les fins

1. « Tous les concepts pratiques se rapportent à des objets de satisfaction ou d'aversion, c'est-à-dire de plaisir ou de peine, par suite, au moins indirectement, à des objets de notre sentiment. Mais comme le sentiment n'est pas une faculté représentative des choses et qu'il est en dehors de la faculté de connaître tout entière, les éléments de nos jugements, en tant qu'ils se rapportent au plaisir ou à la peine, appartiennent par conséquent à la philosophie pratique, non à la philosophie transcendantale en son ensemble, laquelle n'a affaire qu'à des connaissances pures *a priori*. » III, p. 529-530, note. V. p. 532. — « Bien que les principes suprêmes de la moralité, ainsi que ses concepts fondamentaux, soient des connaissances *a priori*, ils n'appartiennent pourtant pas à la philosophie transcendantale ; car les concepts du plaisir et de la peine, des désirs et des inclinations, de la volonté de choisir, etc., qui sont tous d'origine empirique, devraient y être présupposés. » III, p. 51. V. la modification qu'a subie ce dernier passage dans la deuxième édition. — Cf. Vaihinger *Commentar*, I, p. 483, p. 364.

2 Par son contenu tout ce chapitre II de la *Méthodologie*, sauf peut être en quelques passages mis au point de la *Critique*, semble être un morceau antérieurement composé. C'est à cette conclusion qu'arrive aussi, après une analyse d'une extrême minutie, Albert Schweitzer, *Die Religionsphilosophie Kants von der Kritik der reinen Vernunft bis zur Religion*, etc., 1899, p. 67.

suprêmes de la raison dans leur expression en quelque sorte naturelle, sans être enveloppées dans le système général des idées. « Ces trois propositions demeurent toujours transcendantes pour la raison spéculative, et elles n'ont pas le moindre usage immanent, c'est-à-dire recevable pour des objets de l'expérience, et par conséquent utile pour nous de quelque manière ; mais considérées en elles-mêmes, elles sont des efforts de notre raison tout à fait oiseux et par surcroît encore extrêmement pénibles¹. » Au reste, le caractère restrictif de la *Critique* est surtout marqué ; « Le plus grand et peut-être l'unique profit de toute la philosophie de la raison pure n'est sans doute que négatif ; c'est qu'elle n'est pas un organe qui serve à étendre les connaissances, mais une discipline qui sert à en déterminer les limites, et au lieu de découvrir la vérité, elle n'a que le mérite silencieux de prévenir des erreurs². » S'il y a un canon de la raison pure, c'est-à-dire des principes *a priori* de son légitime usage, il ne peut se rapporter qu'à des déterminations pratiques.

Mais l'essence de ce qui est *pratique* ne se comprend pas ici de la même façon que dans la *Dialectique*. « Est pratique, dit Kant, tout ce qui est possible par la liberté³. » Soit ; seulement la liberté n'apparaît ici ni comme une idée, ni comme relevant positivement d'une idée. Tandis que la *Dialectique*, tout en maintenant un certain dualisme entre la liberté transcendantale et la liberté pratique, affirmait cependant, comme une chose à remarquer, « que c'est sur l'idée transcendantale de la liberté que se fonde le concept pratique de la liberté⁴, » la *Méthodologie* expose que « la question relative à la liberté transcendantale concerne seulement le savoir spéculatif », que « nous pouvons la laisser de côté comme tout à fait indifférente quand il s'agit de

1. III, p. 528-529.
2. III, p. 526.
3. III, p. 529.
4. III, p. 371.

ce qui est pratique¹. » La liberté pratique, ou faculté de se déterminer indépendamment des impressions sensibles, « peut être démontrée par l'expérience² ». « Nous la connaissons par l'expérience, dit encore Kant, comme une des causes naturelles », et nous n'avons pas à nous préoccuper de savoir si ce qui s'appelle liberté par rapport aux impressions sensibles ne pourrait pas à son tour être appelé nature par rapport à des causes plus hautes et plus lointaines. On dirait qu'ici la pratique commence à nous-mêmes, à cette expérience directe de la moralité que Kant nous attribue et qui se manifeste par la résistance à nos penchants. La *Dialectique* avait sans doute autorisé une notion empirique de la liberté³ dans laquelle devait être compris le contenu psychologique du vouloir humain ; mais elle n'avait pas admis que, sans l'idée, cette notion pût fonder tout un ensemble d'affirmations corrélatives.

Ce défaut de correspondance, ou même ce désaccord entre la doctrine de la *Dialectique* et celle de la *Méthodologie* tiennent sans doute à l'indécision, parfois illogique, avec laquelle Kant se représente encore la loi morale. Si l'on peut écarter le problème de la liberté transcendantale, c'est que, suivant lui, au point de vue pratique, nous ne demandons en premier lieu à la raison que la règle de notre conduite⁴ ; or, quelque impérative qu'elle soit, la règle ne nous élève pas à la source pure de toute spontanéité. Si d'autre part l'on peut invoquer en faveur de la liberté pratique le témoignage de l'expérience, c'est que nous constatons en nous le pouvoir de ne pas nous laisser déterminer par ce qui attire immédiatement nos sens, c'est-à-dire « une faculté de surmonter, au moyen des représentations de ce qui est utile ou nuisible même d'une façon éloignée, les impressions produites sur notre faculté

1. III, p. 531.
2. III, p. 530.
3. III, p. 320.
4. III, p. 531.

sensible de désirer¹. » Quelque relation qu'elle ait avec la raison, cette liberté qui s'en inspire pour savoir ce qui, par rapport à nous, mérite d'être désiré, « ce qui est bon et profitable », n'est que la liberté fondée sur la clarté intellectuelle des motifs ; c'est donc par une superposition assez injustifiée que Kant passe de la raison qui nous instruit sur les meilleurs objets du désir à la raison qui promulgue des lois pratiques pures, nettement distinctes de tout commandement empiriquement conditionné² : lois de la liberté vraiment objectives, exprimant ce qui doit arriver, tandis que les lois naturelles ne portent que sur ce qui arrive³. « J'admets qu'il y a réellement des lois pures, qui déterminent entièrement *a priori* (sans tenir compte des mobiles empiriques, c'est-à-dire du bonheur) ce qu'il faut faire et ne pas faire, c'est-à-dire l'usage de la liberté d'un être raisonnable en général, que ces lois commandent *absolument* (et non pas seulement d'une façon hypothétique sous la supposition d'autres fins empiriques), et qu'ainsi elles sont nécessaires à tous égards. Je puis supposer à bon droit cette thèse en m'autorisant, non seulement des preuves fournies par les moralistes les plus éclairés, mais encore du jugement moral de tout homme, quand il veut se représenter clairement une loi de ce genre⁴. » Ces lois morales pures témoignent de la puissance qu'a la raison de faire plus qu'unifier en des formules pragmatiques des maximes empiriques de prudence, de constituer une unité systématique absolue des actes humains.

Mais entre ces lois pures et la liberté pratique, telle que Kant l'a entendue, quel rapport peut-il y avoir ? Une certaine hétérogénéité subsiste évidemment, et ne pourrait être effacée que si, dans la liberté pratique, la faculté de se déterminer indépendamment des impulsions sensibles était

1. III, p. 530.
2. III, p. 529.
3. III, p. 530.
4. III, p. 533.

pure comme la loi, c'est-à-dire inconditionnée. Mais il faut dire que la loi morale n'est peut-être pas conçue jusqu'au bout absolument pure. Si en effet, à la différence des lois pragmatiques, elle ne se définit pas pour nous par le bonheur, elle se définit tout au moins par le droit au bonheur [1]. Elle peut se traduire en cette formule : fais ce qui peut te rendre digne d'être heureux [2]. Et ainsi, bien que le bonheur ne soit pas posé comme l'objet, ni comme le mobile immédiat de la volonté, la représentation en reste cependant assez étroitement liée à l'idée de l'action bonne, au point même de concourir par une influence subalterne à la vertu de la loi morale pour la rendre efficace. La limitation de la liberté ici admise à la liberté pratique rendrait en effet paradoxale, sans quelque autre appui, la puissance souverainement déterminante de la loi morale, « qui est une simple idée [3] ». Aussi dans la suite des questions auxquelles se ramène tout l'intérêt spéculatif et pratique de la raison : que puis-je savoir? que dois-je faire? que m'est-il permis d'espérer? la dernière question se rattache à la seconde, non pas seulement pour surajouter à l'obligation certaine et suffisante de la loi morale une pensée de satisfaction finale, mais pour donner à cette obligation une force pratique, et même une sorte de justification [4]. « Tout espoir tend au bonheur et est à l'ordre pratique et à la loi morale juste ce que le savoir et la loi de la nature sont à la connaissance théorique des choses [5]. » Ainsi la conception de la loi morale est fondée sur la conception du souverain bien, c'est-à-dire d'une juste proportion entre la vertu et le bonheur.

Or comment se représenter l'établissement de cette juste

---

1. III, p. 532.
2. III, p. 533.
3. III, p. 536.
4. « Ces problèmes (la liberté, l'immortalité, Dieu) ont à leur tour une fin plus éloignée, savoir *ce qu'il faut faire*, si la volonté est libre, s'il y a un Dieu et une vie future. » III, p. 529.
5. III, p. 532.

proportion ? Ici la pensée de Kant paraît obéir à deux tendances différentes qui revêtiront dans ses œuvres ultérieures une forme plus explicite. Elles se développent toutes les deux à partir de ce fait, que le monde sensible est incapable d'assurer la réalisation du souverain bien, et elles aboutissent toutes les deux à l'affirmation d'un monde intelligible, mais pour en interpréter diversement le rôle. D'une part, la moralité est conçue en principe comme la cause directe du bonheur dans une société d'êtres raisonnables dont les libres volontés s'accordent sous l'unité systématique des lois morales. Cette société, ou ce monde moral, est un monde intelligible, en ce que la conception en est dégagée de tous les obstacles que rencontre la moralité dans les inclinations sensibles ou dans la corruption de la nature humaine ; ce n'est à ce titre qu'une idée, non un objet d'intuition intellectuelle, mais une idée qui peut avoir une influence sur le monde sensible et le rendre autant que possible conforme à elle-même. Donc, dans ce monde intelligible, la liberté gouvernée par les lois morales produirait d'elle-même le bonheur ; chacun serait l'auteur de son bonheur propre, en même temps que de celui des autres. Mais ce système de la moralité qui se récompense elle-même supposerait pour être réalisé que chacun fît ce qu'il doit : il faudrait que toutes les actions des êtres raisonnables fussent comme si elles émanaient d'une volonté suprême réglant les volontés particulières. Or comme l'obligation d'obéir à la loi morale reste entière pour chacun alors même qu'elle serait violée par les autres, l'ordre juste des volontés qui assurerait l'accord de la vertu et du bonheur est constamment menacé et en fait constamment troublé ; on ne peut définitivement espérer l'avènement du souverain bien qu'en posant comme cause de la nature une raison suprême qui la tournera à la satisfaction des lois morales [1]. Cette idée d'un monde intelligible comme société

1. III, p. 534-535.

des êtres raisonnables sera celle qui deviendra fondamentale dans le système de Kant ; en passant à travers sa philosophie de l'histoire, elle perdra l'eudémonisme qui y était attaché, en même temps qu'elle ramènera d'abord à une loi de nécessité rationnelle immanente, puis à une loi d'obligation, l'idée providentialiste, par laquelle se garantit le règne des fins.

D'autre part, le rapport de la moralité au bonheur est conçu, hors de la constitution d'une société idéale des êtres raisonnables, comme indirect ; la moralité est capable de créer le droit au bonheur, non le bonheur qui lui serait proportionné. Les considérations de Kant se réfèrent ici plus visiblement au sujet individuel, qui placé avec sa seule intention morale en face du monde sensible, ne saurait en attendre une satisfaction selon ses mérites. Il faut donc admettre un autre monde que le monde des phénomènes, c'est-à-dire un monde intelligible ; et ce monde intelligible ne pouvant pas être donné ici-bas, il faut nous le représenter comme un monde futur pour nous, conséquence de notre conduite dans le monde actuel. Dieu est le principe de la liaison pratiquement nécessaire entre les deux éléments du souverain bien, qui ne sauraient être naturellement unis[1] ; ici le monde intelligible, c'est avant tout la conception d'une autre vie, compensant, grâce à la médiation d'un sage créateur, l'impuissance de la moralité à créer le bonheur dont elle est digne. « Sans un Dieu et sans un monde actuellement invisible pour nous, mais que nous espérons, les magnifiques idées de la moralité peuvent bien être des objets d'assentiment et d'admiration, mais ce ne sont pas des mobiles d'intention et d'exécution parce qu'elles ne remplissent pas toute la fin qui est assignée naturellement *a priori* précisément par cette même raison à tout être raisonnable, et qui est nécessaire[2] ». « La raison

1. III, p. 535.
2. III, p. 536.

se voit forcée d'admettre un tel être (Dieu), ainsi que la vie dans un monde que nous devons concevoir comme futur, ou bien de considérer les lois morales comme de vaines chimères, puisque la conséquence nécessaire qu'elle-même rattache à ces lois devrait s'évanouir sans cette supposition. C'est pourquoi chacun regarde les lois morales comme des *commandements*, ce qu'elles ne pourraient être si elles n'unissaient *a priori* à leurs règles des suites appropriées et si par conséquent elles ne portaient en elles des *promesses* et des *menaces*. Mais c'est aussi ce qu'elles ne pourraient faire, si elles ne résidaient pas dans un Être nécessaire comme dans le souverain bien qui peut seul rendre possible une telle unité en proportion [1]. » Cette autre conception d'un monde intelligible, en perdant ce qui l'érige encore en principe ou en caution de la loi morale, prendra place, non pas dans le système fondamental de la moralité, mais dans le système des postulats.

Une théologie morale est donc au terme de l'effort tenté par la raison pour développer dans leurs conditions et dans leurs conséquences les faits et les nécessités pratiques, et elle se développe en termes très voisins de ceux qui l'avaient présentée comme une expression immanente de l'idéal de la raison pure. « Lorsque du point de vue de l'unité morale comme loi nécessaire du monde, nous pensons à la seule cause qui peut lui faire produire tout son effet et par suite lui donner aussi une force obligatoire pour nous, il ne doit y avoir qu'une volonté unique suprême qui comprend en soi tous ces lois. Car comment trouver en diverses volontés une parfaite unité de fins ?[2] » Or cette conception de l'unité morale du monde n'explique pas seulement l'ordre concordant des fins à réaliser par les volontés ; elle explique encore, par l'extension qu'elle reçoit, la possibilité concrète de l'action morale au sein du monde donné. Elle conduit en effet à admettre une finalité univer-

---

1. *Ibid.*
2. III, p. 538.

selle de la nature, qui trouve dans la finalité pratique son modèle et sa justification. « Il faut se représenter le monde comme résultant d'une idée, pour qu'il soit d'accord avec cet usage de la raison sans lequel nous nous conduirions nous-mêmes d'une manière indigne de la raison, je veux dire avec l'usage moral, lequel repose absolument sur l'idée du souverain bien[1]. » Voilà pourquoi les recherches sur la nature finissent par se diriger selon la forme d'un système des fins ; seulement cette élévation transcendantale de notre connaissance doit être tenue, non pour la cause, mais pour l'effet de la finalité pratique que nous impose la raison ; même elle se rapporte, en dernier lieu, « à des principes qui doivent être indissolublement liés *a priori* à la possibilité interne des choses et par là à une *théologie transcendantale*, qui fait de l'idéal de la souveraine perfection ontologique un principe d'unité systématique, par lequel toutes choses sont liées selon des lois universelles et nécessaires, puisqu'elles ont toutes leur origine dans l'absolue nécessité d'un Être premier unique[2]. » C'est donc par la notion de finalité, non par celle de liberté, que la doctrine pratique de la *Méthodologie* se lie à la doctrine transcendantale de la *Dialectique*.

Mais la théologie morale qui opère ce lien ne doit servir qu'à nous donner une idée plus complète de notre destination dans le monde ; c'est un motif moral qui la suscite, puisqu'elle cherche à expliquer l'obligation des lois morales et la nécessité d'effets conformes à leur sens ; mais elle ne doit pas aller directement ou indirectement contre ce motif en subordonnant les lois morales, comme contingentes, à une volonté dont nous n'aurions en réalité aucune idée si nous ne nous l'étions pas représentée d'après elles. Les actions obligatoires ne sont pas telles parce qu'elles sont des commandements de Dieu ; mais nous devons les regarder comme des commandements de Dieu parce qu'inté-

1. *Ibid.*
2. *Ibid.*

ricurement nous les reconnaissons obligatoires. Au surplus aucune théologie, moins celle-ci que toute autre, ne doit, sous peine de corrompre la sainteté de la loi morale, servir de prétexte à l'exaltation mystique et aux spéculations transcendantes [1].

Quel nom convient donc aux affirmations requises par la loi morale, qui définisse bien à la fois la conviction ferme dont elles sont l'objet et la signification exclusivement pratique qui leur est propre [2]? Ce qui les caractérise, c'est qu'elles reposent sur des preuves objectives insuffisantes et sur des motifs subjectifs suffisants. Elles sont plus qu'une opinion, moins qu'un savoir. Mais cette façon de les estimer est relative encore à la connaissance théorique et à son idéal de certitude dogmatique ; or c'est seulement leur insuffisance objective qui est théorique ; leur suffisance subjective est pratique : c'est le nom de foi ou de croyance qui leur convient.

La foi peut être plus ou moins ferme ; la pierre de touche ordinaire pour en mesurer la fermeté est le pari. Bien des gens affirment avec une assurance qui semble exclure toute crainte d'erreur. Un pari les embarrasse. A la rigueur, pour telle assertion, pourraient-ils risquer un ducat : si dix ducats étaient en jeu, ils soupçonneraient qu'ils peuvent se tromper. « Représentons-nous par la pensée que nous avons à parier le bonheur de toute la vie, alors notre jugement triomphant s'éclipse tout à fait, nous devenons extrêmement craintifs, et nous commençons à découvrir que notre foi ne va pas si loin [3]. »

La foi diffère, à un autre point de vue, selon le genre d'activité pratique auquel elle est liée. S'agit-il simplement d'habileté ? La foi qui sert de fondement à l'emploi réel de moyens pour certaines actions est contingente, en ce sens que la fin n'a rien de nécessaire. Une autre espèce de

1. III, p. 540.
2. III, p. 541-542.
3. III, p. 543-544.

foi est la foi doctrinale qui introduit dans nos jugements théoriques quelque chose d'analogue aux jugements pratiques ; elle ajoute à l'utilité qu'ont certaines idées pour l'achèvement de la connaissance l'affirmation de la réalité de leur objet ; mais elle reste toujours ébranlée par les incertitudes de la spéculation. Il en est tout autrement de la foi morale : une nécessité est d'abord posée, c'est que je dois obéir à la loi morale ; or, suivant mes lumières, il n'y a qu'une condition qui mette en accord cette fin nécessaire avec toutes les autres fins, c'est qu'il y ait un Dieu et une vie future. Si donc la loi morale est la maxime de ma conduite, je croirai en Dieu et en la vie future, sous peine de me contredire. « La conviction n'est pas ici une certitude *logique*, mais une certitude *morale* ; et puisqu'elle repose sur des principes subjectifs (sur la disposition morale), je ne dois même pas dire : *il est* moralement certain qu'il y a un Dieu, mais *je* suis moralement certain, etc... C'est-à-dire que la foi en un Dieu et en un autre monde est tellement unie à ma disposition morale, que je ne crains pas plus le risque de perdre cette foi que je ne crains de pouvoir jamais être dépouillé de cette disposition[1]. » Si l'on objecte que cette foi rationnelle est beaucoup trop relative à des dispositions morales, il faut admettre alors qu'il y a des hommes auxquels tout intérêt moral est étranger ; or c'est un fait, que l'esprit humain prend intérêt à la moralité. En outre l'homme moralement le plus indifférent ne peut s'empêcher au fond de redouter ce qu'il nie, à savoir Dieu et la vie future ; et il est impuissant, du reste, à convertir par la raison ses négations en certitudes. Dira-t-on enfin qu'en prétendant s'ouvrir des perspectives par delà l'expérience, la raison ne fait que répéter deux articles de foi familiers au sens commun ? Mais veut-on que les affirmations qui intéressent tous les hommes dépassent le sens commun et ne puissent être découvertes que par les philosophes ? N'est-ce pas la meil-

1. III, p. 540.

leure preuve de la vérité d'une philosophie, que sur les fins essentielles de l'action humaine, elle justifie des idées qui ne sauraient être, sans perdre leur sens, conférées par privilège [1]?

* *

Est-ce la même pensée qui a institué cette discipline savante et compliquée de la raison théorique, et qui accepte à son terme, dans leur signification la plus spontanée et la plus simple, les convictions pratiques de l'humanité? Oui certes, et il ne se peut que l'on ne soit pas frappé de la grandeur de l'effort qui a lié en une doctrine deux dispositions d'esprit aussi diverses. Un système nouveau est fondé, nouveau à coup sûr par rapport aux philosophies antérieures, nouveau aussi à bien des égards par rapport aux conceptions précédentes de Kant. Ce n'est pas seulement une certaine organisation d'idées qui a prévalu : organisation importante d'ailleurs déjà par son seul formalisme, puisque l'on sait à quel point la « systématique » de Kant a agi sur la détermination de ses concepts [2]. C'est une idée maîtresse qui se produit, et qui s'établit désormais, comme une force à la fois de combinaison et d'expansion, au centre de l'œuvre kantienne : c'est l'idée, que la raison, la raison souveraine, est pour nous acte, non représentation, et qu'elle ne peut faire valoir ses notions propres que dans des usages définis par les conditions même de notre expérience scientifique et de notre action pratique. Cependant ces notions mêmes restent celles qu'ont reconnue les métaphysiciens de tous les temps, surtout Platon et Leibniz, et il arrive que le sens traditionnel en domine encore la méthode qui les actualise [3].

1. III, p. 546-547.
2. Cf. Adickes, *Kants Systematik als systembildender Factor*.
3. Il y a une part de vérité dans l'interprétation que Paulsen a donnée du kantisme (V. *Kant*, surtout p. 237-282. — V. aussi l'article justificatif des Kantstudien, *Kants Verhältniss zur Metaphysik*, IV, p. 413-447), malgré les critiques plus ne vives qu'elle a soulevées (V. notamment l'article de Goldschmidt,

Ainsi la notion d'un monde intelligible, c'est essentiellement la notion d'un monde de choses en soi qui, tout en restant inconnaissables, n'en imposent pas moins à l'usage de la raison certaines de leurs déterminations : le monde des idées, dans l'acception que Kant donne à ce dernier mot, demeure au-dessous du monde des choses en soi, et, au lieu de le réduire, doit l'exprimer analogiquement ; c'est donc par delà elle-même que l'idée de la liberté, expression suprême de la raison dans son application immanente, cherchera le fondement de sa réalité, et tournée vers la chose en soi, elle laissera subsister entre elle et la liberté pratique un dualisme encore irrésolu. On comprend par là que la pensée de Kant ait dû se porter dans la suite avec insistance sur le point où s'établit, avec la limitation, la communication possible du monde des phénomènes et du monde des choses en soi, au point où les idées de la raison s'exercent activement ; les choses en soi ont été plus positivement intégrées dans le système, mais en se laissant déterminer davantage par la fonction des idées au lieu de la déterminer davantage. Enfin la loi morale, dans la *Critique de la Raison pure*, apparaît assez imparfaitement définie entre la liberté transcendantale qu'elle justifie pour ainsi dire en dessous et la liberté pratique qu'elle règle en dessus ; elle est encore caractérisée par des attributs trop formels pour établir entre les deux sortes de liberté la relation interne ou l'identité par laquelle se constituera le principe suprême de la philosophie pratique de Kant, et indirectement de la spéculative : la *Critique de la Raison pure* ne contient pas encore le mot, ni explicitement l'idée d'autonomie.

Kants Voraussetzungen und Professor Dr. Fr. Paulsen dans l'Archiv für systematische Philosophie, V, p. 280-323.) La pensée de Kant s'est certainement développée sur un fonds de concepts métaphysiques qu'elle a retenus ; mais Paulsen a tort de croire que la méthode kantienne en justifiant autrement ces concepts n'en a pour ainsi dire pas modifié le sens ; il est ainsi amené à représenter comme des pensées après la *Critique* des pensées certainement antérieures, dont les principes posés par la *Critique* devaient réduire peu à peu la signification traditionnelle.

CHAPITRE II

LES PROLÉGOMÈNES A TOUTE MÉTAPHYSIQUE FUTURE. — LES LEÇONS SUR LA DOCTRINE PHILOSOPHIQUE DE LA RELIGION

La *Critique de la Raison pure* n'était pour Kant qu'une propédeutique à un système, qui devait dans sa partie la plus générale comprendre une métaphysique de la nature et une métaphysique des mœurs ; la première devait traiter des principes rationnels, par purs concepts, de la connaissance théorique des choses ; la seconde, des principes rationnels qui déterminent et obligent *a priori* la conduite, sans faire appel à aucune condition empirique, à aucune donnée anthropologique[1]. Nul doute que Kant n'eût poursuivi sous cette forme régulière le développement de son œuvre[2] en exposant tout d'abord peut-être les solutions des problèmes moraux[3], s'il eût vu la *Critique* accueillie selon sa valeur et sa signification par le public savant, et si lui-même en eût été pleinement satisfait. Mais la *Critique* avait paru obscure ; elle avait été aussi inexactement que diversement interprétée ; d'autre part, la déduction subjective des catégories, qui en était un organe essentiel, n'avait pas affecté aux yeux même de Kant la rigueur démonstrative qu'elle eût dû avoir. Aussi Kant méditait-il un

---

1. III, p. 553.
2. Le 17 novembre 1781, Hartknoch, l'éditeur de la *Critique*, demandait à Kant de lui réserver la publication de sa Métaphysique des mœurs et de sa Métaphysique de la nature. *Briefwechsel*, I, p. 261.
3. Nous savons par Hamann qu'au commencement de 1782, Kant s'occupait activement d'établir les principes de la Métaphysique des mœurs. — Ed. Roth, VI, p. 230.

exposé plus simple et plus clair de sa pensée. Dès le mois d'août 1781, il songeait à un résumé populaire de la *Critique*. On sait combien il fut ému, lorsque le compte rendu des « *Göttinger gelehrte Anzeigen*, » écrit par Garve, raccourci et modifié par Feder, vint en janvier 1782, entre autres objections, lui reprocher son idéalisme. Au besoin de se faire comprendre s'ajoutait pour lui le besoin de se justifier. De là sortirent les *Prolégomènes*. Était-ce le résumé auquel il avait songé, uniquement corrigé et complété pour répondre à l'article en question[1]? Toujours est-il que l'ouvrage nouveau, plus élégant et plus lucide, s'appliquait à présenter sous une forme analytique ce que la *Critique de la Raison pure* avait présenté sous une forme synthétique.

Sur les problèmes moraux et religieux, les *Prolégomènes* n'ajoutent sans doute strictement rien de nouveau à ce que contenait la *Critique* ; mais par ce qu'ils omettent ou ce qu'ils font ressortir, ils indiquent en quel sens Kant poursuivait la détermination de sa pensée. Remarquons d'abord que les conceptions auxquelles ils se réfèrent ne sont pas celles qui se trouvent dans le *Canon de la Raison pure*, mais celles qui sont comprises dans la *Dialectique* ; ils rattachent la moralité au système des idées ; ils ne définissent pas la liberté pratique en dehors de la liberté transcendantale[2]. Le souci plus direct ou plus technique que Kant avait à ce moment des questions morales a pu, de concert avec le désir qu'il avait de défendre son œuvre contre les méprises des critiques, le pousser à traduire en formules plus réalistes la notion des limites de l'expérience et à établir plus catégoriquement, à l'intérieur de sa doctrine,

1. Benno Erdmann, *Prolegomena, Einleitung*, p. iv, p. xvi, note; *Kants Kriticismus*, p. 85. — Contre la thèse de Benno Erdmann, v. Arnoldt, *Kants Prolegomena nicht doppelt redigirt*, 1879, et sur l'ensemble de la question, Vaihinger, *Die Erdmann-Arnoldtsche Controverse*, Philosophische Monatshefte, 1880, p. 44-71.
2. *Prolegomena zu einer jeden künftigen Metaphysik die als Wissenschaft wird auftreten können*, 1783; I7, p. 94.

la nécessité d'affirmer les choses en soi[1] ; l'usage pratique de la raison est lié aux choses en soi comme à des principes déterminants[2]. Mais comme d'un autre côté Kant soutient aussi énergiquement que de ces choses en soi nous ne pouvons rien connaître, il s'applique à montrer qu'il y a une façon légitime de concevoir le rapport des choses en soi aux phénomènes. Les concepts de l'entendement n'ont d'usage légitime défini que dans l'expérience et ne comportent pas d'usage transcendant hors de l'expérience ; mais ils peuvent cependant être employés avec des déterminations tirées de l'expérience pour représenter ce rapport des choses en soi aux phénomènes, à la condition de ne pas perdre de vue dans ce cas leur sens exclusivement analogique ou symbolique. L'idée de la liberté, l'idée même de Dieu ne sont intelligibles pleinement pour nous que si elles sont saisies dans ce rapport et ne prétendent pas s'en affranchir.

Assurément, selon la solution de la troisième antinomie, la liberté ne peut être admise que dans le monde des choses en soi, hors du monde des phénomènes régi par la nécessité naturelle ; pourtant une action libre en nous n'est concevable que tout autant qu'elle produit un effet dans la série du temps et que par elle quelque chose commence dans la série des phénomènes. C'est pour cela que nous n'avons pas de concept de la liberté qui convienne à Dieu absolument, en tant que l'action de Dieu, résultant de sa nature uniquement raisonnable, est comme enfermée en elle-même[3]. La liberté, telle que nous la concevons, comporte une influence des êtres intelligibles sur les phénomènes ; elle consiste essentiellement dans le rapport de ces êtres, comme causes, aux phénomènes, comme effets. Elle est donc le pouvoir de déterminer un commencement qui n'a d'autre principe qu'elle-même. Or l'idée d'un premier commence-

---

1. IV, p. 63, p. 99 sq.
2. IV, p. 93-94.
3. IV, p. 92, note.

ment, qui ne saurait valoir exclusivement, ni pour le monde des choses en soi où rien ne commence, ni pour le monde des phénomènes où rien n'est premier, vaut pour signifier la causalité de l'un par rapport à l'autre. Un exemple permet d'éclaircir ce genre de causalité. Il y a en nous une faculté, la raison, dont l'exercice est lié à des principes objectifs de détermination ; ces principes sont des idées pures, et leur puissance déterminante, ne relevant en rien de la nature sensible, n'exprime rien de ce qui est, mais ce qui doit être (*das Sollen*) ; autrement dit, les idées de la raison fournissent des règles universelles, indépendantes de toute condition de temps. Dès lors, quand le sujet raisonnable agit par raison pure, ses actes peuvent être considérés comme absolument premiers, leur rapport au monde sensible n'est pas un rapport de temps ; néanmoins ils se révèlent dans le monde sensible selon un ordre constant, effet des maximes qu'ils ont adoptées. Si au contraire le sujet raisonnable n'agit pas par des principes rationnels, sa conduite reste soumise aux lois empiriques de la sensibilité, à l'enchaînement des causes et des effets dans le temps, bien que sa raison en elle-même reste libre[1]. Ainsi les *Prolégomènes* tendent peut-être davantage à détacher la notion de la liberté de ce qui dans la chose en soi est essentiellement en soi, pour l'identifier au rapport de la chose en soi avec les phénomènes ; ils rapprochent aussi plus directement ce rapport du rapport des principes intelligibles de détermination pratique à l'ordre des penchants sensibles : d'où une réduction déjà marquée de la liberté transcendantale à la forme de la liberté pratique rationnelle qui agit selon ce qui doit être, au lieu qu'elle soit le principe universel de toutes les actions, quelle qu'en soit la moralité. Les *Prolégomènes* semblent donc moins placer les idées de la raison sous l'ombre des choses en soi, pour en expliquer le sens à la lumière des conditions immanentes de l'action.

1. IV, p. 91-93.

Même tendance apparaît dans les éclaircissements que fournit Kant sur la détermination des limites de la raison pure, et qui lui sont en grande partie suggérées par le besoin de répondre aux vues de Hume en matière religieuse.

La *Critique de la Raison pure* ne contient qu'une mention rapide et assez vague des idées théologiques de Hume[1]; elle devait d'ailleurs être terminée ou à peu près, lorsque Kant put prendre connaissance de la traduction que Hamann avait faite des *Dialogues sur la Religion naturelle*[2]. Dans ces *Dialogues*, où la pensée propre de l'auteur ne se révèle pas toujours avec une netteté et une consistance parfaites[3], ce qui apparaît malgré tout comme essentiel, c'est la discussion rigoureuse de l'anthropomorphisme impliqué dans l'usage de la finalité pour la détermination des attributs de Dieu : contre l'orthodoxe Cléanthe, suivant qui « la curieuse adaptation des moyens aux fins dans toute la nature ressemble parfaitement, tout en le surpassant beaucoup, à ce qui se montre dans les produits d'invention humaine : dessein humain, pensée, sagesse, intelligence »[4], le sceptique Philon fait valoir que l'analogie signalée entre les produits de la nature et les œuvres de l'art humain est beaucoup trop incertaine pour fonder un raisonnement qui ne serait décisif que si l'on affirmait la similitude des causes en vertu de la similitude parfaite des effets ; il se plaît à montrer que la nature est trop diverse en ses opérations pour qu'on puisse étendre à l'explication de phénomènes éloignés de nous le mode d'action qui résulte d'une économie des idées dans l'esprit[5]; il soutient que le monde laisse apercevoir trop

---

1. III, p. 496.
2. Benno Erdmann, *Prolegomena, Einleitung*, p. vi; *Kants Kriticismus*, p. 86.
3. V. surtout la dernière partie, dans laquelle Philon semble retirer certaines des objections qu'il avait faites. — V. aussi la lettre de Hume à Gilbert Elliot de Minto (10 mars 1751), dans laquelle il déclare avoir voulu faire de Cléanthe (l'orthodoxe anthropomorphiste) le héros de ses *Dialogues*. Burton, *Life and Correspondence of David Hume*, Edinburgh, 1846, I, p. 331.
4. *The philosophical Works of David Hume*, Edinburgh, II (1866); 2ᵉ partie, p. 440.
5. 2ᵉ partie, p. 441 sq.

d'imperfections, naturelles[1] ou morales[2], pour qu'on puisse conclure de là à la perfection et à la sagesse de la divinité : qu'enfin s'il existe un ordre universel, cet ordre n'exige pas nécessairement de principe au delà de la matière et est certainement compatible avec d'autres hypothèses que celles du théisme anthropomorphique[3].

A la vérité, Kant trouvait dans sa pensée antérieure de quoi répondre à ces observations de Hume. Dans les *Leçons sur la Métaphysique*, il avait déjà défendu le théisme, tout en l'affranchissant de ses expressions dogmatiques ; il avait prévenu que l'on tomberait dans l'anthropomorphisme si l'on oubliait que les attributs transférés de l'homme à Dieu ne sont pas les mêmes chez Dieu et chez l'homme, mais seulement analogues[4]. Il avait donc marqué le caractère purement analogique du procédé par lequel on rattache le monde à Dieu comme à sa cause[5]. Dans la *Critique de la Raison pure*, il avait donné plus de précision à ces remarques, en les reliant à sa théorie sur la fonction régulatrice des idées de la raison. Il avait donc repoussé d'une part cette espèce d'anthropomorphisme qui prétend déterminer par des attributs empruntés au monde donné, fût-ce le monde des êtres humains, ce qu'est en soi l'existence de Dieu ; il avait réservé à la théologie transcendantale, à défaut de pouvoirs d'affirmation plus positifs, un droit de censure et d'épuration sur les concepts de Dieu définis par des éléments em-

1. 5e partie.
2. 10e et 11e parties.
3. 4e, 5e, 6e, 7e et 8e parties.
4. *Vorlesungen über die Metaphysik*, p. 272.
5. « Aucune créature ne peut d'aucune manière saisir Dieu dans une intuition, elle peut le connaître seulement par le rapport qu'il a au monde. Par conséquent nous ne pouvons pas connaître Dieu *comme il est*, mais comme il se rapporte au monde en tant que principe de ce monde ; c'est ce qu'on appelle connaître Dieu par analogie... L'analogie est une proportion entre quatre termes dont trois sont connus et le quatrième inconnu... Nous disons donc : *Le rapport qu'il y a entre les objets des choses et ce que nous hommes en nous entendement, c'est le rapport même qu'il y a entre tous les objets possibles et l'inconnu en Dieu, que nous ne connaissons nullement et qui, loin d'être constitué comme notre entendement, est d'un tout autre genre* », p. 310-311.

piriques, même pratiques[1]. Mais en même temps il justifiait une autre sorte d'anthropomorphisme, un anthropomorphisme, comme il disait, « plus subtil ». En effet l'affirmation de Dieu, comme principe de l'unité systématique du monde, ne peut poser son objet qu'en idée ; elle ne se laisse pas déterminer par les catégories puisque les catégories ne conviennent qu'aux phénomènes et requièrent, pour être appliquées, une intuition ; mais elle peut se laisser schématiser par analogie avec des objets de l'expérience ; dire en ce sens que nous concevons Dieu comme une intelligence suprême, ce n'est pas dire qu'il est tel en soi, mais que nous devons nous le représenter comme tel par rapport au monde[2].

Les *Prolégomènes* confrontent directement les idées de Kant avec la critique de Hume. La raison conçoit Dieu comme l'Être qui contient le principe de toute réalité. Mais veut-elle le penser par de purs concepts de l'entendement ? Elle ne pense alors rien de déterminé. Selon la juste remarque de Hume, il faudrait ajouter aux prédicats ontologiques (éternité, omniprésence, toute-puissance) des propriétés qui définissent l'idée de Dieu *in concreto*. Or ces propriétés ne pourraient être qu'empruntées à l'expérience ; elles seraient dès lors en contradiction avec l'idée à laquelle elles apporteraient un contenu. Si j'attribue à Dieu un entendement, sous quelle forme sera-ce ? Je ne connais positivement qu'un entendement tel qu'est le nôtre, assujetti à recevoir les objets de l'intuition sensible avant de les soumettre aux règles de l'unité de conscience. Si je sépare l'entendement de la sensibilité pour obtenir un entendement pur, je n'ai plus qu'une forme de la pensée sans intuition, incapable par conséquent de saisir des objets ; car d'un entendement qui comme tel aurait une intuition immédiate des objets je n'ai aucune idée. De même, la volonté que je poserais en

---

1. III, p. 433.
2. III, p. 451-452, 460-461, 468-469.

Dieu ne serait jamais qu'une volonté comme celle que je connais par mon expérience interne, c'est-à-dire qui ne peut se satisfaire que par des objets affectant la sensibilité[1]. Hume soutient donc justement que le déisme qui n'aboutit pas au théisme est trop indéterminé pour servir de fondement à la morale et à la religion, et que le théisme ne peut se constituer que par anthropomorphisme. Seulement il n'a pas vu que les concepts anthropomorphiques, contradictoires en effet s'il s'agit de les appliquer à Dieu en lui-même, sont légitimes dès qu'il s'agit d'exprimer dans notre langage le rapport de Dieu au monde sensible, en respectant ce qu'il y a de positif dans la limite qui sépare l'expérience des choses en soi. Un tel usage de ces concepts constitue une connaissance par analogie, non pas au sens où Hume a pris ce dernier mot, comme une ressemblance imparfaite entre deux choses, mais au sens où il faut le prendre, comme une parfaite ressemblance entre deux rapports qui lient des choses différentes. Attribuer à Dieu une raison, c'est à dire que la causalité de la cause suprême est par rapport au monde ce que la raison humaine est par rapport à ses œuvres. La nature de la cause suprême n'en reste pas moins impénétrable : je compare seulement l'effet que j'en connais, l'ordre du monde, aux effets ordonnés de la raison humaine, et je conclus à l'identité du rapport dans les deux cas. Si je dis encore que le soin du bonheur des enfants est à l'amour paternel ce que le salut du genre humain est à cet attribut de Dieu, au fond inconnu, que j'appelle amour, je n'entends pas par là que cet amour en Dieu ressemble à une inclination humaine ; je ne l'introduis que comme le terme qui me permet de définir pour moi par un symbole représentable ce qui est certain tout d'abord, c'est-à-dire l'égalité de deux rapports. Ainsi tombe la critique de Hume. Elle ne peut plus objecter que l'on dé-

---

[1]. Kant ne semble donc pas être encore arrivé à la pleine conception d'une volonté pure.

termine Dieu par des concepts contradictoires avec son essence, ni qu'on le laisse indéterminé au point où une détermination est possible pour nous et nous intéresse. A l'origine de cette critique il y a un principe juste, mais incomplet : à savoir, que nous ne devons pas pousser l'usage dogmatique de la raison au delà du domaine de l'expérience possible. Un autre principe doit intervenir, qui a entièrement échappé à Hume : à savoir, que nous ne devons pas considérer le domaine de l'expérience possible comme une chose qui, au regard de la raison, se limite elle-même ; ce qui limite l'expérience doit être en dehors d'elle, et peut soutenir avec elle des rapports déterminables par analogie [1].

L'insistance avec laquelle Kant marque sur ce sujet l'opposition de sa pensée à celle de Hume, dans l'ouvrage où il a dit le plus explicitement ce qu'il devait à Hume, s'explique sans doute par la crainte de voir opérer quelque rapprochement entre les réserves de sa *Dialectique* contre le dogmatisme et les aperçus sceptiques de Hume en matière religieuse. Le public eût pu croire que le « Hume prussien » suivait en tout le Hume écossais. Et d'autre part Kant, en train de poursuivre les conséquences pratiques de sa doctrine générale, se devait à lui-même de signifier qu'elles l'entraînaient dans une tout autre voie [2].

Cependant les *Prolégomènes* n'esquissent même pas une doctrine positive de la moralité ; ils se bornent à rappeler les services que la discipline critique rend à la morale ; grâce à cette discipline, les idées transcendantales ne doivent plus nous égarer dans des connaissances spécieuses et dialectiques ; mais la nécessité de les concevoir n'en reste pas moins bien fondée et témoigne d'une disposition métaphysique de la raison qui, comme telle, est invincible. Il reste à découvrir le vrai domaine d'application de ces idées, qui est la morale. « Ainsi les idées transcendantales, si elles ne

---

1. IV, p. 103-109.
2. Cf. Benno Erdmann, *Prolegomena, Einleitung*, p. cviii.

peuvent nous instruire positivement, servent du moins à détruire les affirmations du *matérialisme*, du *naturalisme* et du *fatalisme*, affirmations téméraires et qui rétrécissent le champ de la raison, par là à ouvrir un espace libre aux idées morales en dehors du domaine de la spéculation ; et voilà, ce me semble, ce qui expliquerait dans une certaine mesure cette disposition naturelle [1]. »

*

Kant ne semble donc pas avoir encore exactement déterminé le rapport des idées qui doivent constituer le système de la morale, ni clairement aperçu la conception qui organisera le système. On peut suivre la trace de ses hésitations et de ses recherches à cette époque dans ses *Leçons sur la doctrine philosophique de la Religion*, qu'a publiées Pölitz [2] ; c'est dans le semestre d'hiver de 1783-1784 que Kant enseigna à part pour la première fois la théologie philosophique, devant un nombre étonnant d'auditeurs, selon ce que Hamann écrivait à Herder le 22 octobre 1783 [3] ; c'est à cette date que se rapportent, pour des raisons internes [4] et pour des raisons externes [5], avec la plus grande vraisemblance les *Leçons* qui nous ont été conservées.

1. IV, p. 111.
2. *Vorlesungen über die philosophische Religionslehre*, 1re édition, 1817 ; 2e édition, 1830. — Nos renvois se réfèrent à la deuxième édition.
3. Ed. Roth, VI, p. 354. — Cf. Em. Arnoldt, *Kritische Excurse*, p. 591-596.
4. V. Walter B. Waterman, *Kant's Lectures on the philosophical theory of Religion*, Kantstudien, III, p. 301-310.
5. Je m'étais adressé à M. le Prof. Heinze, chargé de préparer une partie de l'édition nouvelle des œuvres de Kant, pour savoir s'il n'avait pas quelque manuscrit permettant de fixer par des signes externes la date des *Leçons sur la doctrine philosophique de la Religion* ; M. le Prof. Heinze a bien voulu me répondre qu'un cahier qui a été conservé, et qui donne presque entièrement le même texte que les *Leçons*, indique comme date du commencement des leçons, le 13 novembre 1783. Ce renseignement est confirmé dans la dernière édition (IXe) du *Grundriss* d'Ueberweg-Heinze, III, 1, p. 295. — A remarquer que ces *Leçons* contiennent quelques passages, p. 65-67, 70-71, littéralement reproduits de la *Critique de la Raison pure*, III, p. 413-414, 417-418.

Ces *Leçons* faites d'après Baumgarten et Eberhard ont de grandes affinités avec la partie des *Leçons sur la Métaphysique* comme avec la partie de la *Critique de la Raison pure* qui sont consacrées à la théologie rationnelle. Elles reproduisent les mêmes grandes divisions de cette théologie en théologie transcendantale, théologie naturelle et théologie morale. La théologie transcendantale, qui essaie de dériver d'un concept l'existence d'un Être nécessaire[1], nous présente de Dieu une idée à coup sûr très épurée, mais très pauvre; elle est surtout, par rapport aux autres sortes de théologie, propédeutique; par son caractère strictement rationnel, elle exclut l'anthropomorphisme, mais au prix de toutes les déterminations de Dieu qui nous intéressent; le déiste qui s'en contente n'est guère en accord avec la conscience du genre humain[2]. La théologie naturelle nous fournit, elle, au lieu d'une substance éternelle agissant aveuglément, un Dieu vivant, cause de toutes choses par son intelligence et sa liberté[3]. Elle ne peut d'ailleurs nous en présenter le concept que comme une hypothèse nécessaire de la raison, qui ne saurait sans danger se convertir en une explication directe des phénomènes de la nature. Elle doit se tenir en garde contre ce qui est son vice naturel, l'anthropomorphisme, non seulement contre l'anthropomorphisme grossier qui, en prêtant à Dieu une figure humaine, trahit trop visiblement son défaut, mais encore contre l'anthropomorphisme subtil, qui en rapportant à Dieu des attributs de l'homme, néglige d'affranchir ces derniers de leurs limites[4]. Ce n'est pas à dire cependant qu'il nous soit défendu de rien affirmer de Dieu qui nous intéresse; et, comme dans les *Prolégomènes*, Kant combat les objections de Hume contre le théisme. Ici, il les combat comme contradictoires avec la finalité de l'univers. Le monde en général, surtout

1. P. 23; p. 360 sq.
2. P. 16.
3. P. 15; p. 96.
4. P. 93-94.

les êtres organisés, ne peuvent être les produits d'une nature brute : par quel concours de contingences aveugles pourrait-on rendre intelligible la production d'une simple teigne? L'hypothèse d'une *summa intelligentia* est incomparablement plus satisfaisante pour la raison que l'hypothèse contraire ; le tout est de se souvenir que cette hypothèse ne saurait prétendre à déterminer ce qu'est Dieu en soi [1]. Le théisme moral est celui qui est vraiment « critique [2] » ; et c'est en même temps celui qui assure l'existence de Dieu sur un fondement inébranlable. En effet, le système des devoirs est connu *a priori* par la raison avec une certitude apodictique ; et ce n'est pas pour le garantir comme tel que Dieu est invoqué ; en ce sens la morale se suffit pleinement à elle-même. Mais du moment qu'elle détermine les conditions sous lesquelles un être raisonnable et libre se rend digne du bonheur, elle doit admettre, sous peine d'infirmer indirectement le système des devoirs dont elle part et d'ébranler la foi en sa réalité objective, que le bonheur doit être réparti à l'honnête homme selon qu'il l'a mérité. Or en fait, dans le cours actuel des choses, non seulement la plus respectable honnêteté ne rencontre pas le bonheur, mais elle est constamment méconnue, persécutée, foulée aux pieds par le vice. Il doit donc y avoir un Être qui gouverne le monde d'après la raison et les lois morales, qui établit pour l'avenir un ordre dans lequel la créature qui s'est rendue digne de la félicité en participera effectivement [3].

Le théisme moral se distingue des diverses formes du théisme spéculatif par le genre de rapport qu'il établit entre l'existence de Dieu et le sujet qui l'affirme. L'affirmation ici ne pourrait être appelée hypothétique que si l'on ramenait toute certitude à la certitude théorique, qui exige pour toute connaissance l'union du concept et de l'intuition : faute

---

1. P. 94 ; p. 123-126.
2. P. 31.
3. P. 31-32 ; p. 139-140 ; p. 156-157.

de pouvoir réaliser cette union, les preuves spéculatives n'ont pas résisté à la critique. Mais, à défaut d'une intuition qui la vérifie, et qui, si elle nous était donnée, aurait pour effet de nous soumettre aux mobiles de l'espoir et de la crainte, l'idée de Dieu peut se rapporter à la condition de l'agent qui doit obéir au devoir, et c'est par là qu'elle se détermine, non plus théoriquement, mais pratiquement. Elle est donc justifiée dès qu'elle se rattache, non pas seulement à des besoins subjectifs, mais à des données objectives de notre raison ; or les impératifs moraux constituent des données de ce genre, aussi certaines que celles qui en mathématiques érigent des suppositions en postulats. Nous dirons donc que l'existence de Dieu est un postulat nécessaire des lois irréfragables de notre nature propre et que la foi qui s'y attache est en elle-même aussi certaine qu'une démonstration mathématique[1]. Cette évidence pratique ne crée pas dans le sujet une disposition à mettre l'affirmation de Dieu au-dessus de la loi morale prise en elle-même[2], mais simplement à rendre la loi efficace comme mobile[3]. Kant insiste sur le danger qu'il y aurait à faire dépendre la morale de la théologie, à confondre par exemple la théologie morale avec la morale théologique[4]; mais il ne paraît pas encore avoir découvert, parmi les motifs de notre conduite en conformité avec le devoir, ceux qui doivent nous déterminer immédiatement. Ce qu'il met en relief, c'est le caractère à la fois rationnel et pratique de la croyance en Dieu, pour laquelle se trouve désormais tout à fait consacré le terme de postulat.

La croyance morale porte plus que sur l'affirmation de Dieu ; elle porte également sur l'affirmation de la liberté et sur celle d'un monde moral ; par ces trois affirmations, d'ailleurs étroitement connexes, elle nous élève à une idée

1. P. 32-34 ; p. 141 ; p. 159-160.
2. « Dieu est en quelque sorte la loi morale même, mais personnifiée », p. 146.
3. P. 4 ; p. 142.
4. P. 17.

qui dépasse l'expérience. Mais devant une part de ses titres à l'insuffisance de la raison spéculative, elle ne saurait laisser dénaturer cette idée par une spéculation visionnaire [1].

En somme, les *Leçons sur la doctrine philosophique de la Religion*, si elles manifestent quelque tendance à rationaliser davantage la croyance morale, ne modifient rien, sur la théologie proprement dite, des conceptions exposées dans les *Leçons sur la Métaphysique* et dans la *Critique*. Même sur le problème de la nature du mal, elles s'en tiennent à l'optimisme leibnizien, qui cependant ne concorde guère avec l'idée assez fortement marquée d'un dualisme entre la nature et la moralité [2], — au point de se référer expressément aux *Considérations sur l'optimisme* [3]. Le mal dans le monde n'est que le développement imparfait d'un penchant originel au bien; il ne saurait résulter d'un principe spécifique et positif [4]. Efforçons-nous de considérer les choses au point de vue du Tout; dans cet effort les astronomes nous aident par leurs découvertes, qui ont indéfiniment élargi notre horizon [5]. En concevant que tout dans le monde est arrangé pour le mieux, nous sommes conduits à admettre une pareille harmonie pour les fins de la raison [6]. C'est cette conception d'une harmonie des fins de la raison qui relie dans ces *Leçons* à la théologie de Kant l'essai plus neuf qu'elles présentent çà et là d'une doctrine positive de la moralité [7].

Cette doctrine consiste à identifier la moralité avec un système universel des fins; l'accord de notre conduite avec l'idée d'un système de toutes les fins est le fondement de la moralité d'une action. C'est pourquoi le bonheur ne doit pas être moralement l'objet immédiat de notre vouloir, car

1. P. 174.
2. P. 166-157.
3. P. 184-185.
4. P. 150.
5. P. 185.
6. P. 185-187.
7. V. Walter B. Waterman, *The Ethics of Kant's Lectures on the philosophical Theory of Religion*, Kantstudien, III, p. 415-418.

il ne peut être qu'un ensemble de fins contingentes, variant selon les sujets [1]. En d'autres termes, la notion du bonheur n'est pas la notion d'un Tout, elle est composée uniquement de parties ; elle ne peut servir de règle. Au contraire, la vraie façon de procéder en morale, c'est de partir de l'idée d'un Tout de toutes les fins pour déterminer la valeur de chaque fin particulière. L'usage moral de notre raison nous rapproche ainsi *in concreto*, et uniquement pour la pratique, de l'acte de l'Intelligence suprême qui va du Tout aux parties. L'homme a l'idée d'un Tout de toutes les fins, bien qu'il ne la réalise jamais complètement [2]. Cette idée est à la fois principe et critère. « On peut concevoir deux systèmes de toutes les fins : ou bien *par la liberté*, ou bien *selon la nature des choses*. Un système de toutes les fins par la liberté est atteint suivant les principes de la morale, et est la perfection morale du monde ; en tant seulement que des créatures raisonnables peuvent être considérées comme membres de ce système universel, elles ont une valeur personnelle. Car une bonne volonté est quelque chose de bon en soi et pour soi, et par conséquent quelque chose d'*absolument* bon (*Denn ein guter Wille ist etwas an und für sich Gutes, und also etwas* ABSOLUT *Gutes*). Mais tout le reste ne peut être que quelque chose de conditionnellement bon. Par exemple, la pénétration d'esprit, la santé ne sont quelque chose de bon que sous une condition bonne, c'est-à-dire sous la condition d'un bon usage. Mais la moralité, par laquelle est rendu possible un système de toutes les fins, donne à la créature raisonnable une valeur en soi et pour soi, en en faisant un membre de ce grand royaume de toutes les fins. La possibilité d'un tel système universel de toutes les fins *ne dépendra uniquement que de la moralité*. Car c'est seulement en tant que *toutes* les créatures raisonnables agissent d'après ces lois éternelles de la raison qu'elles peuvent être unies

---

1. P. 145.
2. P. 113-114.

sous un principe commun et constituer ensemble un système des fins. Par exemple, si tous les hommes disent la vérité, il y a entre eux un système des fins possible ; mais dès que l'un d'eux seulement vient à mentir, sa fin propre n'est déjà plus en accord avec les autres. Voilà pourquoi aussi la règle universelle d'après laquelle est estimée la moralité d'une action est toujours celle-ci : « Si tous les hommes faisaient cela, est-ce qu'il pourrait bien y avoir encore une connexion des fins [1] ? » Se déterminer par les lois de la raison ou agir pour constituer un système des fins, ce sont deux façons à peine différentes de traduire les conditions de la conduite morale. « Une action est mauvaise, lorsque l'universalité du principe d'après lequel elle est accomplie est contraire à la raison [2]. »

Un système de toutes les fins, avons-nous vu, ne peut fournir pleinement son contenu à la moralité que s'il est réalisé par la liberté. La liberté doit être supposée chez l'homme, si l'on ne veut pas que la moralité soit supprimée. Cette liberté est-elle la liberté transcendantale, l'absolue spontanéité, la faculté de vouloir *a priori* ? Certes, si l'homme, comme membre de la nature, est soumis au mécanisme, tout au moins à un mécanisme psychologique, il a conscience de lui-même comme d'un objet intelligible. Seulement cette conscience a peine à se certifier elle-même, par le fait que l'homme a des inclinations subjectives ; et le concept d'une absolue spontanéité, valable sans aucune difficulté pour Dieu, ne peut établir sa réalité, ni même en un sens sa possibilité quand il s'agit d'une créature affectée par les choses. L'homme, en tout cas, possède la liberté pratique, c'est-à-dire l'indépendance à l'égard des penchants sensibles. Bien que Kant ne caractérise encore la liberté pratique que négativement, il la rapproche cependant de la liberté transcendantale, d'abord en ne la

---

1. P. 189-190.
2. P. 145.

donnant plus comme un fait d'expérience, ensuite en la présentant comme une idée d'après laquelle nous devons agir et qui acquiert par là une réalité. « L'homme agit d'après l'idée d'une liberté, *comme s'il était libre*, et *eo ipso* il est libre.[1] »

Cependant la pensée de Kant n'est pas encore arrivée à définir par un principe central le rapport qu'il y a entre ces diverses conceptions, idée de la loi morale, idée de la liberté, idée d'un ordre selon la raison, idée d'un système universel des fins. Il n'est aucune de ces conceptions qui ne soit destinée à trouver une place dans la doctrine intégrale : mais quelle place au juste ? En se posant plus près de la liberté transcendantale, la liberté pratique peut moins se laisser imposer du dehors le système des fins qui répond à la loi morale, et pourtant il faut que ce système des fins ait une valeur objective. Il est temps de voir comment Kant a été plus directement conduit à la notion médiatrice.

[1]. P. 131-132. — Cf. *Grundlegung zur Metaphysik der Sitten*, IV, p. 296.

CHAPITRE III

LA PHILOSOPHIE DE L'HISTOIRE

La volonté est pour Kant la faculté des fins; la volonté est morale lorsque les fins qu'elle poursuit font partie d'un système rationnel; mais cette conception d'un ordre des fins, tout en étant très essentielle à la pensée kantienne, avait gardé un caractère spéculatif assez indéterminé; elle ne s'était pas non plus rattachée par un lien interne à l'idée de la liberté qu'elle suppose. Il semble qu'elle ait dû pour une grande part sa définition pratique à l'effort fait par Kant à cette époque pour esquisser une philosophie de l'histoire.

C'est dans la seconde partie du xviii° siècle que la notion d'une philosophie de l'histoire commence à se produire en Allemagne, et à y engendrer divers essais d'exposition ou d'explication de la marche générale et des fins dernières de l'humanité [1]. Cette notion ne tarda pas à bénéficier du concours de la doctrine leibnizienne. Bien que Leibniz, malgré ses connaissances et ses aptitudes d'historien, n'eût pas cherché à éclaircir didactiquement la signification philosophique de l'histoire, il devait, par son optimisme, par sa conception d'un développement à la fois spontané et régulier des êtres, par son principe des indiscernables comme par son principe de continuité, éveiller au moins de

---

[1]. Robert Flint, *La Philosophie de l'Histoire en Allemagne*, trad. française de Ludovic Carrau, 1878, p. 23.

façon indirecte le sentiment d'un intérêt et d'une valeur de toutes les productions humaines, l'idée d'une suite rationnelle de tous les événements humains. Cependant ce sens de sa pensée fut aussi étranger que possible à Wolff et à ses disciples. Le rationalisme wolffien retranche précisément de la philosophie leibnizienne tout ce que contenait de fécond cette idée d'une évolution à la fois naturelle et rationnelle ; et, préoccupé avant tout de constituer le système logique de la vérité, il ne considère qu'avec indifférence ou même avec mépris toutes les représentations que l'humanité s'est données des choses en dehors de ce système. Avant les lumières du siècle il n'y avait que superstition et que barbarie. L'enthousiasme ingénu avec lequel certains wolffiens se félicitent d'être nés en leur temps[1] trahit, avec leur inintelligence du passé, leur impuissance à concevoir pour les croyances et les œuvres spirituelles de l'homme une autre mesure que leur morale et leur théologie naturelle. Si le mouvement de l'*Aufklärung* ne se termina pas tout entier à cette conception plate et stérile, ce fut grâce à une reprise de ce que la pensée de Leibniz avait comme gardé en réserve. Lessing ressuscite le meilleur de l'inspiration leibnizienne : la raison n'est pas née tout entière à un moment ; elle doit se reconnaître jusque dans les croyances et les œuvres qui paraissent l'avoir contredite ou limitée ; elle est réelle, quoiqu'à l'état confus, dans cette apparente irrationnalité des pensées et des productions humaines d'autrefois. Le propre de la raison, ce n'est pas de faire rentrer le réel dans ses cadres logiques, c'est de voir en tout ce qui est, en tout ce qui arrive, un microcosme, une monade, un miroir vivant de l'ordre universel qu'elle aspire à comprendre. Ainsi, en se retrouvant dans l'histoire, la raison, au lieu de manquer son objet, en prend une pleine et ample possession. L'ensemble des événements et des actes humains forme une

---

1. V. en particulier Mendelssohn dans l'appendice de son *Phédon*.

série ordonnée dont chaque terme est un degré dans l'expression ou la réalisation de la vérité.

* * *

Toutefois, si le leibnizianisme ainsi restauré faisait bien ressortir la finalité de l'évolution humaine, il devait avoir aux yeux de Kant le radical défaut de ne pas la spécifier et de la confondre avec la finalité générale de la nature. Du moment que tout se règle sur la représentation dogmatique d'un ordre de choses sans différences et sans oppositions essentielles, d'un ordre qui ne se manifeste que sous la loi d'un progrès continu et qui ne se diversifie que par analogie avec lui-même, les déterminations de la volonté perdent leur sens originel et leur valeur absolue; les événements historiques aussi bien que les actes individuels de l'homme ne sont plus moralement qualifiables. — La liberté ne peut se sauver que par une opposition irréductible à la causalité mécanique : cette conception caractéristique de la pensée criticiste avait à lutter contre la séduction de l'esprit leibnizien, incomparable dans l'art de rapprocher les contraires et de les réduire à de simples variétés de points de vue et à de simples différences de moments. Kant venait précisément de rencontrer une thèse qui dérivait de cet esprit dans le livre d'un prédicateur de Gielsdorf, Schulz, livre intitulé *Essai d'introduction à une morale pour tous les hommes sans distinction de Religion*. Il l'expose et la combat en un compte-rendu qu'il donne au « *Raisonnirendes Bücherverzeichniss* » (1783)[1]. Il montre les conséquences connexes qu'engendre l'application dogmatique du principe de continuité. Dans l'ordre de l'existence, rien n'est mort, même ce qui semble inorganique: la vie est partout, à des degrés divers; il n'y a donc pas lieu de faire de l'âme, dans une nature universellement animée, un être à part. Dans l'ordre de la con-

[1]. IV, p. 135-139.

naissance, toute affirmation implique une part de vérité, même l'affirmation d'apparence la plus erronée ; il n'y a pas d'erreur absolue ; ce que l'homme affirme, au moment où il l'affirme, est pour lui une vérité : le redressement d'une erreur se fait par l'apparition d'idées qui manquaient encore ; la vérité d'autrefois devient erreur par le progrès même de la science ; s'il y a une critique de la raison par elle-même, elle ne saurait avoir lieu tandis que la raison affirme, mais plus tard, quand la raison n'est plus au même point et qu'elle a acquis de nouvelles lumières. Enfin, dans l'ordre de l'action pratique, la vertu et le vice n'ont rien d'essentiellement distinct ; ils n'expriment qu'un degré inférieur ou supérieur de perfection ; ils résultent d'une inclination fondamentale, qui est l'amour de soi, déterminée, tantôt par des sensations obscures, tantôt par des représentations claires ; le repentir est absurde, dès qu'il signifie, au lieu d'une disposition à agir désormais autrement, la croyance que l'action aurait pu être autre dans le passé. Il n'y a pas de libre arbitre ; la volonté est soumise à la loi stricte de la nécessité : heureuse doctrine, selon l'auteur, et qui donne à la morale tout son prix, qui justifie la sagesse et la bonté divines par le progrès assuré de toutes les créatures vers la perfection et le bonheur. Et il est fort vrai que l'on peut avec de pieuses intentions aller jusqu'à une telle doctrine, et même plus loin : témoin Priestley en Angleterre. Mais ce n'est pas une raison pour adhérer à ce fatalisme universel, qui « convertit toute la façon d'agir de l'homme en un simple jeu de marionnettes » et qui « détruit entièrement le concept d'obligation ». « Le devoir (*das Sollen*) ou l'impératif qui distingue la loi pratique de la loi naturelle nous place aussi en idée tout à fait hors de la chaîne de la nature, tandis que si nous ne concevons pas notre volonté comme libre, cet impératif est impossible et absurde[1]. » Tout en ne voulant considérer ici que la liberté pratique, liée à la

---

1. IV, p. 138.

conscience du devoir, Kant cependant la traite comme une idée, non plus comme un fait d'expérience psychologique. « Le concept pratique de la liberté n'a dans le fait rien du tout à discuter avec le concept spéculatif, qui reste pleinement livré à la métaphysique. Car d'où m'est venu originairement l'état dans lequel aujourd'hui je dois agir, c'est ce qui peut m'être tout à fait indifférent ; la seule question que je me pose, c'est de savoir ce que pour le moment j'ai à faire ; et ainsi la liberté est une supposition pratique nécessaire, et une idée sous laquelle seule je peux considérer les commandements de la raison comme valables. Même le plus obstiné sceptique convient que lorsqu'il est question d'agir, toutes les difficultés sophistiques touchant une apparence universellement trompeuse doivent s'évanouir. Pareillement, le fataliste le plus résolu, celui qui l'est tout le temps qu'il se livre à la pure spéculation, doit cependant, dès qu'il y a matière pour lui à sagesse et à devoir, agir toujours *comme s'il était libre*, — et cette idée produit en réalité l'action qui y correspond, et elle est seule aussi à pouvoir la produire[1]. » Même ce qui fait qu'il y a une vérité, indépendante des façons de voir momentanées, fait aussi qu'il y a une liberté : vérité et liberté sont également garanties par cette raison, dont l'auteur est le premier à se réclamer. « Sans vouloir se l'avouer à lui-même, l'auteur a supposé dans le fond de son âme que l'entendement a la faculté de déterminer son jugement d'après des principes objectifs qui sont valables en tout temps, et qu'il n'est pas soumis au mécanisme des causes qui ne déterminent que subjectivement, et qui peuvent se modifier par la suite ; il admettait donc la liberté dans la pensée, sans laquelle il n'y a pas de raison. Il doit semblablement supposer une liberté du vouloir dans l'action, sans laquelle il n'y a pas de moralité[2]. »

---

1. *Ibid.*
2. IV, p. 139.

*
* *

Voilà comment Kant repoussait en principe cette conception d'origine leibnizienne d'après laquelle les oppositions spécifiques du bien et du mal comme du vrai et du faux se résolvent en des différences de moments et de degrés; il devait donc être prêt à repousser la philosophie de l'histoire qui, suivant cette conception, ne verrait dans la civilisation et la culture humaines que des effets graduellement apparus de l'évolution de la nature, qui par là se montrerait impuissante à discerner les caractères et les fins propres du développement de l'humanité. Cette philosophie de l'histoire, il eut l'occasion de la combattre chez celui qui devait en être le plus brillant interprète, chez son ancien élève, Herder, au temps juste où lui-même venait d'en présenter sommairement une autre, conforme à l'esprit de sa doctrine. Coïncidence avantageuse pour l'intelligence de l'opposition qu'il y avait entre le leibnizianisme renaissant sous une forme nouvelle et la pensée criticiste travaillant à établir les principes d'une philosophie pratique.

Le concept constitutif de la philosophie de l'histoire est en effet pour Kant le concept de la liberté. Autrement dit, la réalisation pratique de la liberté doit être considérée comme la tâche poursuivie par l'humanité dans son développement historique. Cependant n'est-il pas, selon le kantisme, de l'essence de la liberté d'être, non un effet qui se produit dans le temps et sous l'empire de circonstances empiriques, mais une cause supra-sensible qui se détermine hors du temps? Sans doute ; et cette notion de la liberté, telle que l'a exposée la *Critique*, subsiste ; mais, ainsi que nous l'avons dit, la *Critique* laisse mal défini le rapport de la liberté comme cause à l'impératif comme loi. Il semble que Kant ait été conduit à lier intrinsèquement la liberté et la loi dans un système de morale, précisément par la représentation qu'il s'est faite de la liberté comme fin idéalement nécessaire et par suite comme loi de l'évolution de l'humanité. En montrant que l'histoire est le progrès de la liberté, il se préparait à concevoir que la liberté peut se prendre elle-même pour contenu, que, capable de se définir matériellement par elle-même, elle ne laisse pas vide la forme qu'elle est comme causalité pure, qu'étant encore la fin essentielle, la fin des fins, elle explique le passage autant que la subordination de l'ordre des volontés empiriques à l'ordre des volontés raisonnables. Cette conception même, que l'histoire est le progrès de la liberté, sera féconde pour l'idéalisme postkantien, et l'on sait comment Hegel se chargera de l'expliquer systématiquement ; mais les premières conséquences en seront chez Kant lui-même la pensée d'où dérivera la *Grundlegung*, et selon laquelle la liberté a une puissance de réalisation immanente qui dispense de justifier et de déterminer la loi autrement que par elle. Kant avait dû s'affranchir de la métaphysique leibnizienne pour fonder son criticisme moral ; mais il ne l'a fondé qu'en passant par une autre métaphysique, une métaphysique quasi-hégélienne [1], dont le semi-dogmatisme ne se résoudra dans le criticisme qu'en lui laissant des apports très significatifs [2].

C'est dans ses leçons d'anthropologie que Kant avait

---

[1]. Signalons d'après les « *Lose Blätter* » de Reicke, II, 277 sq., 285 sq., que Kant eut l'idée d'une histoire philosophique de la philosophie à la façon de Hegel, d'une histoire *a priori* du développement de la raison à travers les systèmes. — « Il faut avouer, dit M. Renouvier, qu'il y avait à côté de Kant, le créateur du criticisme, un Kant métaphysicien, de qui les doctrines avaient plus d'analogie, quoiqu'il se soit abstenu d'en tirer les conséquences, avec le panthéisme et l'émanatisme qu'avec les postulats de la raison pratique. » *Introduction à la philosophie analytique de l'histoire*, nouvelle édition, 1896, p. 37.

[2]. Sur la philosophie de l'histoire dans Kant, v. outre l'ouvrage cité ci-dessus de Ch. Renouvier, K. Dietrich, *Die Kant'sche Philosophie*, etc., II Theil, p. 35-64. — R. Fester, *Rousseau und die deutsche Geschichtsphilosophie*, p. 68-86. — F. Medicus, *Zu Kants Philosophie der Geschichte*, Kantstudien, IV, p. 61-67 ; *Kants Philosophie der Geschichte*, Kantstudien, VII, p. 1-22, p. 171-229. V. dans Littré, *Aug. Comte et la Philosophie positive*, 2ᵉ édition, 1864, p. 155-156, une lettre dans laquelle Comte, à qui d'Eichthal avait communiqué, en 1824, une traduction des *Idées*, exprime la plus vive admiration pour cet opuscule qu'il trouve « prodigieux pour l'époque » et qui l'aurait fait, dit-il, hésiter à écrire, s'il l'avait connu plus tôt.

d'abord indiqué les vues qui, plus rigoureusement ordonnées et rattachées à des principes spéculatifs, devinrent l'*Idée d'une histoire universelle au point de vue cosmopolitique*[1]. Au reste sa pensée maîtresse sur ce sujet était déjà connue avant qu'il l'eût exposée pour le public. Une note de la « *Gotaische gelehrte Zeitung* » du 11 février 1784, disait ceci : « Une idée chère au Prof. Kant, c'est que le but final de l'espèce humaine est d'atteindre la plus parfaite constitution politique, et il souhaiterait qu'il y eût un historien philosophe pour entreprendre de nous offrir à ce point de vue une histoire de l'humanité et de nous montrer à quel point l'humanité aux diverses époques s'est rapprochée ou éloignée de ce but et ce qui lui reste encore à faire pour l'atteindre. » Kant se crut dès lors obligé de donner une explication, faute de laquelle, disait-il, la note n'aurait aucun sens intelligible, et l'article qu'il écrivit dans la « *Berlinsche Monatsschrift* » de novembre 1784 fut l'*Idée d'une histoire universelle*[2].

Telle que Kant la conçoit, la philosophie de l'histoire ne se confond pas avec la science historique proprement dite ; elle ne la néglige pas sans doute, pas plus qu'elle ne la remplace ; elle se propose d'en dégager la signification générale conformément à une idée *a priori* de la destination de l'humanité. Recevable ou non en principe, elle ne doit pas être jugée en tout cas comme si elle avait voulu fournir une méthodologie positive de l'histoire[3] ; ce serait plutôt

---

1. Nous avons dit comment l'*Anthropologie* éditée par Starke se terminait par des considérations sur la nécessité qui force l'espèce humaine dans le développement de ses aptitudes à se constituer de plus en plus en société civile régulière. — V. également dans Benno Erdmann, *Reflexionen Kants*, I, p. 205-219, une série de fragments dont le sens concorde pleinement avec celui du dernier chapitre de l'*Anthropologie* de Starke et celui de l'*Idée d'une histoire universelle*.

2. *Idee zur einer allgemeinen Geschichte in weltbürgerlicher Absicht* IV, p. 143-157.

3. Elle ne mérite donc pas d'être condamnée pour certains des motifs qu'a envisagés Lamprecht, *Herder und Kant als Theoriker der Geschichtswissenschaft*, Jahrbücher für Nationalöconomie und Statistik, 1897, XIV (LXIX), p. 161-203. V. l'examen détaillé des arguments de Lamprecht dans le premier des articles de Fr. Médicus cités ci-dessus.

la méthodologie transcendantale qu'elle en fournit. « Qu'avec cette idée d'une histoire universelle, qui a en quelque manière un fil conducteur *a priori*, j'aie voulu supprimer l'élaboration de l'histoire proprement dite, comprise d'une façon simplement *empirique*, ce serait une méprise sur mes intentions ; je ne présente ici qu'une idée de ce qu'une tête philosophique (qui d'ailleurs devrait être très informée en histoire) pourrait tenter à un autre point de vue[1]. » Cet autre point de vue, c'est celui de la raison, qui exige que les événements historiques réalisent par un progrès certain les fins essentielles à l'espèce humaine. Or une certaine façon empirique de traiter l'histoire ne saurait rendre intelligible la suite des faits qui la constituent. A ne considérer en effet que les mobiles qui déterminent la conduite des individus et des peuples, on ne saurait découvrir en eux l'intention directe de se conformer à un ordre d'ensemble ou de le réaliser. Il faut donc admettre qu'en agissant d'après les motifs les plus individuels les hommes agissent comme s'ils avaient en vue un plan raisonnable, autrement dit qu'une loi de la nature détourne en dépit d'eux leurs actions, primitivement aussi discordantes que possible, vers l'accomplissement de fins régulières. Selon le mot qu'emploiera Hegel[2], et qui traduit bien la pensée de Kant, il y a une « ruse » de la raison par laquelle ce facteur irrationnel qui est l'homme produit des effets qui aboutissent à s'enchaîner rationnellement. « Quel que soit le concept que l'on se fait au point de vue métaphysique de la *liberté de la volonté*, les *manifestations phénoménales* de cette liberté, les actions humaines n'en sont pas moins déterminées aussi bien que tout autre événement de la nature, selon des lois naturelles universelles. L'histoire qui s'occupe du récit de ces manifestations, si profondément qu'en soient cachées les causes, ne renonce pourtant pas à un espoir : c'est que,

---

1. IV, p. 156.
2. *Werke*, IX, p. 41. — V. également IX, p. 26 sq. ; VI, p. 382.

considérant en gros le jeu de la liberté de la volonté humaine, elle puisse en découvrir une marche régulière, et que, de la sorte, ce qui dans les sujets individuels frappe les yeux par sa confusion et son irrégularité, dans l'ensemble de l'espèce puisse être connu comme un développement continu, quoique lent, des dispositions originelles. Ainsi, les mariages, les naissances qui en résultent, et la mort, en raison de la si grande influence qu'a sur ces phénomènes la libre volonté des hommes, paraissent n'être soumis à aucune règle qui permette d'en déterminer d'avance le nombre par un calcul ; et cependant les tables annuelles qu'on en dresse dans les grands pays démontrent qu'ils se produisent d'après des lois naturelles constantes, aussi bien que ces incessantes modifications de l'atmosphère, dont aucune ne peut être prévue en particulier, mais qui dans l'ensemble ne manquent pas à assurer dans un train uniforme et ininterrompu la croissance des plantes, le cours des fleuves et tout le reste de l'économie naturelle. Les individus humains et même les peuples entiers ne s'imaginent guère qu'en poursuivant, chacun selon sa façon de voir et souvent l'un contre l'autre, sa fin propre, ils vont à leur insu dans le sens d'un dessein de la nature, inconnu d'eux-mêmes, qui est comme leur fil conducteur, et qu'ils travaillent à l'exécuter, alors que s'ils le connaissaient, ils n'en auraient qu'un médiocre souci. Comme les hommes dans leurs efforts n'agissent pas dans l'ensemble en vertu du seul instinct, tels que les animaux, qu'ils n'agissent pas davantage selon un plan concerté, tels que des citoyens raisonnables du monde, il ne semble pas qu'ils aient une histoire régulièrement ordonnée, comme celle, par exemple, des abeilles et des castors... Il n'y a ici pour le philosophe d'autre ressource que celle-ci : puisqu'il ne peut pas supposer en somme chez les hommes et dans le jeu de leur activité le moindre *dessein* raisonnable qui leur soit *propre*, c'est de rechercher si dans cette marche absurde des choses humaines il ne pourrait pas découvrir un *dessein* de la nature: d'où résulterait pour des créatures qui agissent sans plan à elles la possibilité d'une histoire qui serait cependant conforme à un plan déterminé de la nature. Nous allons voir si nous pouvons réussir à trouver un fil conducteur pour une telle histoire, laissant à la nature le soin de produire l'homme qui soit à même de la comprendre selon cette idée. C'est ainsi qu'elle produisit un Képler, qui soumit d'une façon inattendue les orbites excentriques des planètes à des lois déterminées, et un Newton, qui expliqua ces lois par une cause générale de la nature [1]. »

L'application de la raison à l'histoire est tout d'abord liée à l'affirmation de la finalité. Toutes les dispositions naturelles d'une créature sont déterminées de façon à arriver un jour à un développement complet et conforme à leur but. S'il était possible d'admettre un organe sans usage, une tendance manquant sa fin, la doctrine téléologique de la nature se trouverait contredite; pour un jeu sans dessein, il ne pourrait y avoir d'explication ; il n'y aurait plus que le hasard « désolant ». Mais chez l'homme toutes les dispositions naturelles ont pour but l'usage de la raison : d'où il suit que le développement de ces dispositions ne peut se produire chez lui comme chez les autres êtres vivants. En effet, la raison est la faculté de dépasser les limites de l'instinct naturel ; elle ne peut pas être bornée par avance dans son extension ; au lieu de s'exercer avec une sûreté et une précision immédiates, elle doit tâtonner, s'instruire, se créer des ressources, conquérir lentement sa clairvoyance ; dès lors, pour qu'elle arrive à la plénitude de son développement et de sa fonction, la vie de l'individu apparaît infiniment trop courte ; il faut que son progrès se poursuive à travers des séries innombrables de générations, capables de se transmettre de l'une à l'autre leurs lu-

1. IV, p. 143-144. — Lorsque Kant parle ici d'un dessein ou d'une loi de la nature, qu'il traduit souvent aussi par la sagesse de la Providence, il n'a pas dans l'esprit la nature telle qu'elle est comprise par les catégories, mais pour ainsi dire la nature en Idée, — l'ordre des choses selon la raison, non selon l'entendement.

mières¹. A l'espèce seule sont réservés les pouvoirs et les moyens de faire épanouir les germes originairement déposés en l'homme ; l'espèce seule peut et doit assurer l'avènement définitif de la raison. « Autrement les dispositions naturelles devraient être considérées pour une grande part comme vaines et sans but ; ce qui détruirait tous les principes pratiques et ce qui par là rendrait suspecte d'un jeu puéril en l'homme seul la nature, dont la sagesse doit servir de principe au jugement de tout le reste de l'économie². » D'autre part, en dotant l'homme de la raison et de la liberté, la nature s'est dispensée de pourvoir à tout ce que la raison et la liberté sont en état de procurer ; mesurant ses dons aux stricts besoins d'une existence commençante, elle ne s'est pas préoccupée de rendre l'homme heureux et parfait ; elle a voulu que l'art d'organiser sa vie et de remplir sa destinée lui fût activement confié, et que sa perfection fût son œuvre comme son bonheur. Elle lui a laissé le mérite en même temps que l'obligation de l'effort souvent pénible qui devait l'élever d'une grossièreté extrême à la plus industrieuse habileté ; elle s'est souciée, non qu'il eût une vie aisée et contente, mais qu'il pût s'en rendre digne, elle a voulu qu'il pût conquérir moins des jouissances qu'une estime de lui-même fondée sur la raison³.

Pour le forcer à développer ses dispositions en ce sens, elle use d'un moyen détourné, mais sûr ; elle stimule ces deux penchants contradictoires qu'il y a en lui, et dont l'un le porte à se réunir en société avec ses semblables, dont

---

1. IV, p. 144-145. — Cependant pour Kant les exigences de la finalité, en réservant à l'espèce le pouvoir de développer sur terre les facultés humaines, ne laissent pas de s'appliquer à l'individu ; alors, elles obligent de conclure, selon un argument que Kant a souvent exposé, à la continuation de son existence dans une autre vie. — V. Benno Erdmann, *Reflexionen Kants*, I, n° 680, p. 215. « La disproportion entre nos dispositions naturelles et leur développement en chaque *individu* fournit le principe de la foi en l'immortalité ». Ainsi le même argument sert à justifier la conception transcendante de l'immortalité personnelle et la conception quasi-positiviste de l'immortalité de l'espèce.
2. IV, p. 145.
3. IV, p. 145-146.

l'autre le porte à faire valoir sans réserve ses désirs individuels et par conséquent à menacer de dissolution la société où il est entré. Cette « insociable sociabilité » des hommes est cause qu'ils ne peuvent ni renoncer à la vie sociale, qui d'ailleurs est la condition nécessaire de la culture et des progrès de leurs facultés, ni en accepter d'emblée la règle trop stricte, qui limiterait leurs prétentions à tous en les mettant tous au même niveau. Par les obstacles qu'ils se créent les uns aux autres, ils s'excitent à se dépasser mutuellement ; ils se contraignent au travail, à la mise en valeur de toutes leurs aptitudes[1]. La société civile est l'enclos où l'humanité va laborieusement, mais sûrement, à sa fin. « C'est ainsi que dans un bois, les arbres, justement parce que chacun cherche à ôter à l'autre l'air et le soleil, se forcent l'un l'autre de chercher le soleil au-dessus d'eux et prennent de la sorte une belle et droite croissance, au lieu que ceux qui en liberté et séparés les uns des autres poussent leurs branches à leur gré croissent rabougris, tortus et courbés. Toute culture et tout art, ornement de l'humanité, le plus bel ordre social sont des fruits de l'insociabilité qui est contrainte par elle-même de se discipliner et de développer complètement, par une habileté forcée, les germes de la nature[2]. » Ce labeur incessant d'où résulte, avec la civilisation, un accroissement continu de lumières convertit peu à peu les vagues instincts moraux du début en principes pratiques déterminés ; elle transforme le consentement forcé et, pour ainsi dire, pathologique à la vie sociale en la volonté vraiment morale de s'associer et de former un tout. Ainsi les hommes voient avec le temps tourner à des effets heureux la lutte née de leurs passions. « Sans ces qualités, en soi assurément non aimables, d'insociabilité, d'où provient la résistance que chacun doit nécessairement rencontrer dans ses prétentions égoïstes, ce

---

[1]. IV, p. 146-147.
[2]. IV, p. 148.

serait une vie de bergers d'Arcadie, dans la plénitude de l'union, du contentement et de l'amour réciproque, une vie où tous les talents resteraient éternellement enfouis dans leurs germes ; les hommes, doux comme les agneaux qu'ils font paître, n'assureraient à leur existence guère plus de valeur que n'en a celle de ce troupeau d'animaux domestiques ; ils ne rempliraient pas le vide de la création par rapport à la fin qu'elle a en tant que nature raisonnable. Grâces soient donc rendues à la nature pour les incompatibilités qu'elle suscite, pour l'émulation de la vanité curieuse, pour le désir insatiable de posséder ou encore de commander ! Sans cela, toutes les excellentes dispositions naturelles qui sont dans l'humanité sommeilleraient éternellement enveloppées. L'homme veut la concorde ; mais la nature sait mieux ce qui est bon pour l'espèce ; elle veut la discorde. L'homme veut vivre à l'aise et satisfait ; mais la nature veut qu'il sorte de l'indolence et de l'état de contentement inactif, qu'il se jette dans le travail et dans la peine, de façon qu'il invente aussi des moyens de s'en dégager en retour par son habileté. Les mobiles naturels qui le poussent dans ce sens, les causes originelles de l'insociabilité et de la résistance continuelle, d'où résultent tant de maux, mais qui en revanche provoquent à une nouvelle expansion des forces et par suite à un plus complet développement des dispositions naturelles, décèlent donc sans doute l'arrangement d'un sage créateur, et non pas, semble-t-il, la main d'un esprit malfaisant qui se serait mêlé de gâcher son œuvre magnifique ou l'aurait par jalousie détériorée[1]. »

Que doit-il donc finalement résulter de cet antagonisme de tendances et d'efforts ? Quelle condition fait à l'humanité le progrès auquel la nature la contraint[2] ? Kant, à la

---

1. IV, p. 147-148.
2. Ce progrès, selon l'*Anthropologie* éditée par Starke, ne peut aller que du mal au bien, car le mal se détruit lui-même, n'étant capable de susciter directement que les moyens de le surmonter, tandis que le bien s'étend et s'accroît indéfiniment, p. 369.

différence de Herder qui se plaît à faire ressortir dans leur ensemble tous les facteurs et tous les aspects de la civilisation humaine, ne retient comme produit essentiel de l'évolution des hommes en société que l'idée et le fait d'un système social régulier, c'est-à-dire d'une constitution civile qui fonde et fait régner universellement le droit. Il subordonne en tous cas les autres formes de la vie spirituelle à cette détermination pratique. Le progrès humain a pour terme spécifique l'établissement de la liberté. Mais la liberté, si on la considère en chaque individu, ne peut s'exercer qu'en subissant la limite de la liberté d'autrui ; elle n'échappe à cette contrainte et elle ne conquiert la protection qui lui est due qu'en se disciplinant elle-même, c'est-à-dire en acceptant la règle extérieure, sanctionnée par un irrésistible pouvoir, qui à la fois l'assure la plus grande possible et en circonscrit l'usage pour chacun des membres de la société[1]. C'est précisément cette transition de la liberté sauvage et sans frein à la liberté gouvernée en même temps que garantie par la loi, qu'opère la concurrence forcée des hommes. Ennemi des penchants mêmes que d'abord elle croit servir, la violence doit de plus en plus se réduire elle-même au profit de l'ordre juridique par lequel la volonté générale s'impose aux volontés particulières[2]. Mais toujours prête pendant longtemps à faire de nouveau irruption, elle a besoin d'être contenue par autorité : il faut à l'homme un maître. Cependant ce maître, interprète et garant de la volonté générale, chef suprême de la justice, qu'il soit un ou plusieurs, n'en est pas moins un homme, sujet à se laisser entraîner par les mêmes passions injustes qu'il est chargé de réprimer. Quel maître aura-t-il à son tour pour le forcer à la justice[3] ? Si donc c'est le plus grand problème pour l'espèce humaine d'arriver à l'établissement d'une constitution fondée sur le droit,

---

1. Cf. Starke, *Kant's Menschenkunde*, p. 372.
2. Cf. Starke, *Kant's Menschenkunde*, p. 369.
3. Cf. Starke, *Kant's Menschenkunde*, p. 370. — Benno Erdmann, *Reflexionen Kants*, I, n° 664, p. 299.

c'est un problème dont la solution ne peut être que malaisée et tardive, et ne peut se poursuivre que par des approximations successives. Ce n'est qu'après beaucoup de tentatives infructueuses que peuvent se rencontrer et se combiner dans une suffisante mesure les conditions indispensables à la mise en pratique d'un tel idéal, à savoir : des notions exactes sur la nature d'une constitution possible, une expérience étendue et formée au contact des choses, et par-dessus tout une bonne volonté, prête à reconnaître le meilleur et à le réaliser[1].

Ce qui d'ailleurs complique le problème et en entrave la solution, c'est l'antagonisme des différents États, entre lesquels existe la radicale insociabilité qui exista jadis entre les individus. Mais il est permis de penser que les mêmes maux qui forcèrent les individus à se soumettre à la régularité des lois civiles forceront les États à chercher pour les rapports internationaux une constitution régulière. Le fardeau de plus en plus lourd des dépenses militaires, les misères sans nombre que la guerre engendre, les souffrances de l'industrie et du commerce atteints par les répercussions, quand ce n'est pas par les coups directs de la lutte : tout cela doit peu à peu convaincre les peuples de la nécessité de sortir de la sauvagerie sans loi pour entrer dans une fédération où chacun d'eux, même le plus petit, tiendra ses droits et sa sécurité, non de sa propre puissance ou de sa propre décision, mais de la volonté collective des États légalement organisée. Kant adopte donc, tout en l'appropriant aux conceptions directrices de sa philosophie de l'histoire, cette idée de la paix perpétuelle qui avait déjà séduit avant lui de nobles esprits[2]. Il lui enlève tout caractère d'utopie idyllique en la présentant comme une maxime idéale d'action plutôt que comme une fin prochaine, et il explique comment elle n'est valable et efficace qu'à la condition d'émerger du

---

1. IV, p. 146-149.
2. V. Victor Delbos, *Les idées de Kant sur la paix perpétuelle*, Nouvelle Revue, 1ᵉʳ août 1899, CXIX, p. 410-429.

conflit des peuples, au lieu d'apparaître comme un rêve immédiat de bonheur. « Si chimérique que puisse paraître cette idée, et de quelque ridicule qu'on l'ait poursuivie comme telle chez un abbé de Saint-Pierre ou chez un Rousseau (peut-être parce qu'ils la croyaient trop près de se réaliser), c'est l'inévitable moyen de sortir de la situation où les hommes se mettent les uns les autres, et qui doit forcer les États, quelque peine qu'ils aient à y consentir, de prendre juste la résolution à laquelle fut contraint, tout autant contre son gré, l'homme sauvage : je veux dire renoncer à sa liberté brutale et chercher repos et sécurité dans une constitution régulière[1]. » Ainsi l'histoire de l'espèce humaine serait l'accomplissement d'un plan secret de la nature en vue de produire une constitution politique parfaite, réglant les relations des États entre eux aussi bien que les relations des individus dans un État. La philosophie a son millénarisme, mais qu'elle peut affirmer autrement que par une prophétie de visionnaire ; car, d'une part, l'idée qu'elle annonce peut être dès à présent un principe de détermination pour les volontés ; et d'autre part, il est possible de reconnaître que la marche effective de l'humanité est en ce sens. En effet, la nécessité même de soutenir la lutte contre leurs voisins a forcé les États à assurer le mieux possible toutes les conditions de prospérité intérieure et de contentement général, et parmi ces conditions il n'en est pas de plus importante que la liberté. Par le droit qu'elle reconnaît à chacun de conduire ses affaires comme il l'entend, de professer les croyances qu'il préfère, de concourir pour sa part à la science et à l'œuvre de raison, la liberté civile est une source de satisfaction et d'énergie que l'on ne saurait, dans la concurrence des peuples, resserrer sans dommage ; elle est un intérêt de premier ordre devant lequel s'inclinent forcément les vues ambitieuses des politiques. Il arrive donc que, développée souvent et respectée pour accroître les chances de succès

---

1. IV, p. 150.

dans la guerre, elle fait triompher un principe d'organisation juridique qui n'aura qu'à s'étendre pour limiter la guerre et finalement l'abolir. L'arbitrage qu'offrent spontanément les nations voisines qui, sans participer à la lutte, en subissent pour leur tranquillité et leurs intérêts le désastreux contre-coup, est comme l'essai d'institution de ce grand corps politique, sans modèle dans le passé, que composera la fédération des peuples[1].

Tel est donc le développement de l'espèce humaine, et telle en est la fin. Cette union juridique des hommes, qui doit faire de chacun d'eux un citoyen du monde[2], est l'idée sous laquelle l'histoire universelle doit être traitée, si l'on ne veut pas que la suite des événements qui en sont la matière ne soit qu'un chaos, en complète opposition avec l'ordre qui règne partout ailleurs. En outre, toute tentative philosophique pour la traiter de la sorte, en nous donnant une conscience plus nette de l'idée qu'elle aspire à dégager, en favorise l'avènement et concourt de la sorte aux intentions de la nature[3]. Mais par rapport à cet idéal quel est l'état du temps présent? Nous avons, répond Kant, à un très haut degré cette culture que donnent la science et l'art. Nous avons jusqu'au dégoût cette sorte de civilisation qui travestit l'idée de la moralité dans la dignité extérieure du point d'honneur et dans la politesse conventionnelle des relations sociales. Mais il nous manque cette éducation vraiment morale, faute de laquelle tout n'est qu'apparence et que misère, mais que les États sont peu portés à favoriser, parce qu'elle n'est possible que par un libre usage de la raison et qu'ils voient dans ce libre usage de la raison une res-

1. IV, p. 150-152.
2. Dans l'*Anthropologie* de Starke, Kant exprime avec plus de réserves, — et avec une distinction curieuse, — l'idéal cosmopolitique. Ce sont les chefs d'États qui doivent avoir leur regard fixé, non seulement sur le bien de leur pays, mais sur celui du monde entier. Quant aux citoyens, ils ne peuvent et ne doivent pas avoir de vues cosmopolitiques, à l'exception des savants dont les livres peuvent être utiles au monde, p. 373.
3. IV, p. 153-157.

triction intolérable à leur autorité[1]. Serait-ce donc que le conflit est inévitable entre la puissance légitime de l'État et le légitime exercice de la raison ?

* *

C'est à cette question que Kant répond dans l'article où il s'associe, en l'expliquant, à l'esprit de son temps qui réclame des lumières[2]. A dire vrai, le seul obstacle aux lumières ne vient pas du despotisme des gouvernements. La paresse, l'indolence, le goût des habitudes contractées, le respect des traditions et des formules nous font aimer cette servitude dans laquelle nous sommes quand nous nous en remettons à autrui du soin de diriger nos pensées. Il est si commode, quand il faudrait faire effort pour prendre possession de sa raison, d'accepter la tutelle et de donner procuration. *Sapere aude!* Aie le courage de te servir par toi-même de ta raison : c'est la parole qui est le plus difficile à faire entendre. Les préjugés restent forts et menaçants contre ceux qui, après les avoir partagés, s'en sont affranchis et veulent à leur tour en affranchir leurs semblables. Au surplus, l'action libératrice doit compter avec les circonstances, et ne saurait jamais être trop avisée. Ce n'est pas une révolution qui peut émanciper les esprits, car une révolution ne rompt avec une espèce de préjugés que pour en produire une autre espèce : c'est une réforme tout intérieure qu'il faut, et qui ne peut être que lente. Ceux qui la souhaitent et veulent la préparer n'ont à demander au pouvoir qu'une chose, la liberté.

« Cependant j'entends proclamer de tous les côtés : *ne raisonnez pas!* L'officier dit : ne raisonnez pas, mais faites l'exercice! Le conseiller aux finances : ne raisonnez pas, mais payez! L'ecclésiastique : ne raisonnez pas, mais

---

[1]. IV, p. 152.
[2]. *Beantwortung der Frage: Was ist Aufklärung,* 1784, IV, p. 161-168.

croyez ! Il n'y a qu'un seul prince dans le monde qui dise ; *raisonnez* tant que vous voulez et sur tout ce que vous voulez ; *mais obéissez*[1]. » Ce mot de Frédéric II enferme la vraie solution. Il faut en effet distinguer entre l'usage de la raison qui est permis dans l'exercice d'une fonction civile, l'usage que Kant appelle privé, et l'usage de la raison qui est permis au savant et au critique, l'usage que Kant appelle public. Or les limites que l'État impose justement à l'usage privé de la raison ne doivent pas en borner l'usage public. Le fonctionnaire n'a pas à discuter les ordres de ses chefs quand il les reçoit : ce n'est pas le moment de raisonner, c'est celui d'obéir. Mais il doit avoir le droit de faire, en individu raisonnable, hors de son service, la critique des institutions sociales, et de la fonction même qu'il exerce. L'officier doit pouvoir réclamer dans des études publiques une meilleure organisation militaire, le conseiller aux finances une meilleure répartition de l'impôt, l'ecclésiastique une interprétation plus vraie des dogmes de son Église. La liberté de penser par soi-même sur tous les sujets : voilà le droit essentiel. Toute mesure prise ou toute organisation tentée contre l'usage de ce droit est un crime contre l'humanité.

Au moment où nous sommes, l'humanité est loin d'être éclairée ; mais elle s'éclaire, malgré les obstacles que rencontre ce besoin croissant de lumière ; l'esprit public qui se forme par là peu à peu ne peut que réagir de plus en plus sur les gouvernements et leur faire comprendre qu'il importe de traiter l'homme, qui est plus qu'une machine, selon sa dignité. Nous sommes donc en marche vers l'idéal juridique et moral que la nature a assigné comme fin à l'espèce humaine[2].

Ainsi Kant reprend à son compte l'idée de l'*Aufklärung*, selon laquelle l'humanité ne remplira ses fins que par l'usage

---

1. IV, p. 162.
2. IV, p. 166-168. — Cf. *Was heisst : sich im Denken orientiren*, IV, p. 352-353, note.

de la raison. Mais cet usage de la raison, il l'entend tout autrement. Sa philosophie de l'histoire apporte une solution nouvelle au problème des rapports de la nature à la culture de l'esprit et à la civilisation. La tendance du siècle qui s'était réflétée si fidèlement dans la philosophie *des lumières* portait à croire que la culture de l'esprit et la civilisation doivent conduire de plus en plus sûrement l'homme au bonheur. Rousseau, par ses paradoxes, avait secoué cette crédulité. Il avait montré une opposition radicale là où l'on voyait une harmonie, et il avait paru souhaiter par endroits un retour à cet état de nature si malencontreusement abandonné. Kant s'inspire de Rousseau, mais sans abandonner la conviction rationaliste de son temps ; considérant que la civilisation a rompu avec la nature, il n'admet pas qu'elle puisse avoir pour fin le bonheur que la nature donnait ; c'est même le plus souvent aux dépens du bonheur qu'elle va dans son sens véritable, qui est l'établissement de la liberté dans les relations des hommes ; c'est-à-dire qu'elle doit se réformer de plus en plus en se rattachant à un principe intérieur ; la pure disposition morale doit s'élever de plus en plus au-dessus de la culture intellectuelle et de la civilisation proprement dite ainsi que des biens factices qui en dépendent : là sera le plein usage de la raison. De là une tout autre interprétation que l'interprétation eudémoniste pour l'ordre historique des événements humains. Ainsi que Kant l'a noté[1], pour le plan d'une histoire universelle, ce qui importe, c'est la nature de la constitution civile et de l'État : l'idée qui l'explique, alors même qu'elle ne serait jamais complètement réalisée, c'est l'idée, non du bonheur, mais du droit.

*
* *

Mais ce n'est pas avec le leibnizianisme logiciste et utilitaire des derniers représentants de l'*Aufklärung* que Kant a

---

1. Benno Erdmann, *Reflexionen Kants*, I, n° 695, p. 219.

eu à mesurer expressément sa philosophie de l'histoire ; c'est avec un leibnizianisme de sentiment et d'intuition, mêlé d'un certain spinozisme, et aussi d'un naturalisme à la Rousseau, tel qu'il apparaît dans les *Idées* de Herder *sur la Philosophie de l'Histoire de l'Humanité*[1].

L'ouvrage de Herder se composait à la fois d'explications empruntées aux sciences de la nature et de descriptions historiques. C'est qu'en effet la philosophie de l'histoire qu'il développait s'appuyait tout entière sur cette idée, que l'homme est un rejeton de la nature, le suprême produit de la puissance créatrice de notre planète, et que par conséquent, en dépit de son éminente dignité, les lois historiques ne sont qu'un cas des lois naturelles. Cette idée exigeait donc d'abord une étude des conditions physiques de l'apparition de l'homme sur cette terre, puis des considérations sur les états, les événements, les destinées diverses qu'il a traversées dans la suite des temps. La notion d'humanité, prise dans toute l'extension de son double sens, physique et moral, devait servir de lien aux deux parties : un seul fait avait assigné à l'homme une autre destinée que celle des espèces animales : le fait de la station droite. Mais hors ce fait irréductible, ce sont les mêmes forces qui ont déterminé l'organisation animale de l'homme et qui déterminent son organisation spirituelle, et c'est le plein achèvement des facultés qu'elles enveloppent qui est sa fin suprême. Moralité et religion sont comme les fleurs de la vie spirituelle de l'homme, laquelle n'est que l'épanouissement de sa vie physique.

On conçoit que le sévère criticisme de Kant se soit senti en opposition directe avec ces vues. Il lui dicta, sur la première partie de l'ouvrage de Herder, un compte rendu assez rigoureux[2]. Les éloges même en étaient ironiques, ou

1. V. Victor Delbos, *Le problème moral dans la philosophie de Spinoza et dans l'histoire du Spinozisme*, 1893, p. 285-290.
2. Dans la (*Jenaische*) *Allgemeine Literaturzeitung*, 1785, IV, p. 171-181.

immédiatement suivis de réserves. Kant relevait l'originalité ingénieuse et persuasive de l'auteur, sa pénétration dans la découverte et sa hardiesse souvent fantaisiste dans l'usage des analogies, son art d'assimiler à sa propre façon de penser les matériaux de son travail. C'était donc une tout autre philosophie de l'histoire que celle qu'on entend d'habitude, peu soucieuse de l'exactitude logique dans la détermination des concepts et la vérification des principes, faite surtout de larges aperçus sans cesse variés, de vives et engageantes peintures d'objets maintenus dans un obscur lointain. Après avoir rappelé à grands traits les principales conceptions de Herder, Kant examinait de plus près certaines d'entre elles. Lorsque, par exemple, Herder invoque la marche toujours ascendante des organisations pour conclure à la continuation de l'existence de l'homme après la mort, comment ne voit-il pas que des organisations supérieures à la nôtre peuvent être possibles dans d'autres planètes sans qu'elles continuent précisément les existences d'ici-bas ? Et quand il invoque la transformation de la chenille en papillon, comment ne remarque-t-il pas que la palingénésie suit, non la mort de l'insecte, mais un état de chrysalide ? C'est sur des raisons morales ou, si l'on veut, métaphysiques, non sur des analogies tirées de la création visible, que l'on peut asseoir l'affirmation de l'immortalité. Herder, il est vrai, se défend de toute métaphysique ; mais quand il suppose comme principe des productions organiques tout un royaume de forces invisibles, n'est-ce pas de la métaphysique qu'il fait, et de cette métaphysique très dogmatique, qui consiste à expliquer ce que l'on ne comprend pas par ce que l'on comprend moins encore ? L'unité de la puissance organisatrice qui se manifeste dans toutes les espèces vivantes est une idée qui est hors du champ de l'observation. Enfin, quand il prétend déterminer les rapports qu'il y a entre la figure de l'homme et la conformation de son cerveau d'une part, d'autre part la disposition à la marche droite, il se livre à des recherches qui dépassent tout emploi légitime de la raison aussi bien dans le domaine de la physiologie que dans celui de la métaphysique. Mais ce sont sans doute ces obscures questions d'origine qui expliquent les obscurités de l'ouvrage ; dans la suite l'auteur sera sur un terrain plus ferme ; il faut souhaiter qu'il impose à son génie une plus ferme discipline, qu'il préfère les concepts définis et les lois éprouvées aux brillantes conjectures sans preuves. Tel est le genre de travail qu'exige la philosophie : c'est un travail qui consiste à tailler les pousses jeunes au lieu de les laisser répandre leur sève en des branches luxuriantes.

Herder ressentit vivement la sévérité du compte rendu. Il n'avait sans doute pas une notion très exacte de ce qui le séparait de Kant. Peu attiré par les nouvelles formes scolastiques que la pensée de Kant avait revêtues, il s'était moins attardé à la lecture de la *Critique* qu'à celle de la *Métacritique* de Hamann *sur le purisme de la raison pure*[1]. Il fut défendu contre Kant dans un article du « *Deutscher Merkur* », dont l'auteur était, sous un nom de convention, le futur Kantien Reinhold. Accusé d'avoir opposé à la puissante originalité du livre un étroit esprit et une intolérance d'école, Kant réclame encore pour la discipline que doit s'imposer la raison dans l'interprétation de l'expérience[2]. Mais la réponse directe au compte rendu des *Idées* vint de Herder lui-même qui, dans la seconde partie de son livre, ne se contenta pas de se défendre, mais prit l'offensive contre la philosophie kantienne de l'histoire. Herder s'élevait contre les métaphysiciens qui substituent des abstractions à l'impression vive des choses et aux faits historiques ; d'accord avec Hamann, il affirmait la dépendance de l'esprit humain à l'égard de la nature comme à l'égard de la tradition et de la coutume. Il faisait du bonheur, sous les diverses formes qu'il peut affecter, la fin de l'activité hu-

---

1. A l'une de ses premières pages Herder cite avec admiration un ouvrage de Kant ; mais c'est l'*Histoire universelle de la nature et théorie du ciel*.
2. IV, p. 181-184.

maine. Il critiquait surtout avec énergie la thèse de Kant, selon laquelle l'homme est un animal qui a besoin d'un maître ; il discerne, non sans pénétration, dans cette thèse de Kant les origines de cet « Étatisme » qui en effet s'imposera si fort à la pensée allemande post-kantienne. Il retourne les termes de cette proposition mauvaise ; ce qu'il faut dire, ce n'est pas : l'homme est un animal qui a besoin d'un maître ; mais : l'homme qui a besoin d'un maître n'est plus qu'un animal. Il ne veut donc pas admettre la nécessité de cet État, que Kant conçoit comme une machine extérieure bien montée. Il en revient même, par horreur pour l'institution sociale ainsi comprise, à la glorification de l'état de nature selon Rousseau, qu'il avait cependant qualifié de fiction romanesque. Enfin il déclare inintelligible la conception qui fait résider le progrès humain dans l'espèce : ou l'espèce n'est que la suite concrète des générations qui se succèdent, ou elle n'est qu'une notion générale, sans fondement, aboutissant à une philosophie « averroïste ».

Dans le compte rendu de cette seconde partie Kant maintient ses critiques et répond aux attaques. Il loue sans doute Herder pour la richesse de ses réflexions, pour son art magistral de disposer les notions reçues de divers côtés. Mais il dénonce le manque de discernement rigoureux dans le choix des matériaux, la fantaisie des conjectures, le vague dans lequel restent des concepts comme celui de race. Il parle avec ironie du style de Herder qui cache la pensée sous une extrême abondance d'images poétiques et qui tourne la description scientifique à l'effusion lyrique. Il justifie sa propre thèse, que l'homme a besoin d'un maître : parole légère et mauvaise, dit Herder : légère, sans doute parce que l'expérience de tous les peuples la confirme ; mauvaise, mais c'est plutôt sans doute un mauvais homme qui l'a dite. La nature, selon ce que prétend Herder, n'a pas souci de l'établissement des États, mais du bonheur des individus ; comme si le bonheur, chose aussi variable que possible selon les individus et les époques, pouvait être la mesure des fins de la Providence et le principe de l'intelligence de l'histoire. Ce qui peut servir de mesure, ce qui seul a une valeur absolue, ce n'est pas ce que l'homme sent, c'est ce qu'il est capable de se faire, non le simulacre de bonheur que chacun se forge, mais le progrès de l'activité et de la culture spirituelles. Or ce progrès est lié à l'existence d'une constitution politique fondée sur le droit. Voilà pourquoi l'établissement d'un ordre juridique universel est le but de l'histoire. Voilà pourquoi aussi c'est l'espèce, non l'individu, qui est chargée de remplir la destinée humaine. L'espèce : non pas, comme l'a cru Herder, une entité réalisée, mais la série des générations en tant qu'elle forme un tout dont la loi est autre que celle des parties, en tant qu'elle poursuit dans une marche illimitée une fin idéale. Cette conception d'un progrès indéfini de l'humanité n'est pas, quoi qu'en dise Herder et pour parler sa langue, un acte de lèse-majesté contre la nature. Est-ce de l'averroïsme ? Sans doute Herder, qui jusqu'alors jugeait déplaisant tout ce qui se donnait pour philosophie, a voulu par le fait et l'exemple offrir au monde un modèle dans l'art véritable de philosopher[1].

Cette polémique exprimait bien l'opposition profonde qu'il y avait entre les deux façons de comprendre la philosophie de l'histoire. Dans l'histoire, Kant était surtout porté à reconnaître la loi rationnelle qui la gouverne, qui en convertit la fin en une idée, qui fait de cette fin une fin en soi : d'où un optimisme de pure conception, qui explique pour le mieux, sans le réduire, et même en le justifiant, l'antagonisme des forces agissantes au cours de l'histoire. Herder, au contraire, a l'intuition optimiste de tous les événements humains, la foi dans la valeur suffisante de toutes les époques et de toutes les individualités, l'adhésion de sentiment à tout ce qu'il considère. L'un et l'autre croient à l'avènement de la raison et au progrès de l'huma-

---

1. IV, p. 184-191.

nité. Mais chez Kant la raison traverse l'histoire en faculté militante qui doit conquérir l'empire sur la nature sensible et qui ne le conquiert qu'en mettant cette nature en opposition avec elle-même ; l'humanité n'accomplit son œuvre et ne se réalise comme telle que sous une discipline : elle passe seulement de la discipline qu'elle subit à la discipline qu'elle se donne, et dont l'expression suprême est un ordre juridique universel, effet et condition de sa liberté. Pour Herder, la raison sort d'elle-même de la nature, et tout le développement de la nature tend à la raison : la concurrence et la lutte sont des accidents extérieurs et momentanés ; l'humanité révèle progressivement ses puissances en accord, et si elle ne peut être libre que par relation à un ordre, c'est à l'ordre harmonieux de l'univers, non à l'ordre restrictif de la contrainte légale : elle se reconnaît mieux dans un large sentiment d'équité que dans la pratique de la stricte justice. — Deux esprits et deux manières complètement disparates, dont le hégélianisme opérera la fusion[1].

*
* *

Peu après la publication de la *Grundlegung zur Metaphysik der Sitten*, Kant revint à la philosophie de l'histoire pour compléter sommairement l'esquisse qu'il avait tracée. Il

---

1. V. Haym, *Herder*, II, 1885, p. 260. — On trouve chez Wundt (*Logik*, II, 2, 2ᵉ éd., 1895, p. 422-425) un parallèle entre ces deux conceptions de la philosophie de l'histoire. Les idées générales de Wundt, en particulier son idée de la *Volksseele*, devaient assez naturellement l'incliner à une préférence pour Herder. Bien que Herder ait abusé des analogies spécieuses et des combinaisons de concepts logiquement insoutenables, bien qu'il ait trop concédé à la foi en des fins transcendantes, il a eu le mérite d'avoir le premier une conception génétique de l'histoire, de n'avoir fait entrer en ligne d compte que des forces immanentes à l'humanité, et d'avoir assigné comme fi à l'évolution humaine le développement du contenu tout entier des puissance de l'esprit. Kant avait beau jeu pour signaler les faiblesses de Herder ; mais s propre conception est tout à fait partielle et exclusive : au lieu de considérer la culture humaine dans son ensemble, elle la subordonne à un idéal politiqu — et à un idéal politique purement individualiste, malgré les apparences car la société n'est pour Kant, comme pour Rousseau, que l'œuvre des libert qui se reconnaissent et se limitent réciproquement.

appliquait au problème des origines les conceptions mêmes qu'il avait appliquées au problème de la fin de l'histoire. Seulement, remarquait-il, si, pour déterminer la fin de l'histoire, il est possible et indispensable de s'appuyer sur les documents et sur les faits, il n'en est pas de même quand il s'agit d'en déterminer les origines. A défaut d'un récit exact, que peut-on ? Oser des conjectures qui vaudront surtout si elles se donnent comme telles, et si elles se développent en suivant le fil conducteur de la raison unie à l'expérience. Les *Conjectures sur le commencement de l'histoire de l'humanité*[1] sont une interprétation de la *Genèse*, suggérée peut-être par celle que Herder avait présentée dans le X° livre de ses *Idées* et écrite certainement pour s'opposer à elle. Elles tentent d'expliquer rationnellement ce moment de crise radicale où l'homme a rompu avec la nature et inauguré son histoire. Sans prendre l'homme au degré le plus rudimentaire où l'on peut le supposer, on peut se le représenter d'abord comme capable de se tenir debout, de marcher, de parler, et, dans une certaine mesure, de penser, mais encore guidé dans l'exercice de ces diverses opérations par le seul instinct. Il obéit alors à la voix de la nature, et il s'en trouve bien. Mais la force secrète de sa raison l'agite, et l'incline à rechercher pour la satisfaction de ses penchants d'autres objets que ceux que lui avaient indiqués ses besoins. Ainsi se produisit la tentation, d'où résulta la chute. Car la raison ne peut intervenir dans la satisfaction des instincts qu'en les contrariant ; excitée par l'imagination, elle crée des désirs artificiels, d'autant plus impérieux, qu'ils détournent vers des objets infiniment variés et accrus l'impulsion des objets naturels. Ainsi l'homme a voulu choisir sa nourriture, au lieu de s'en tenir à la règle instinctive qui lui permettait certains aliments et lui en interdisait d'autres. Ainsi il a soustrait l'appétit sexuel à sa loi première de périodicité et d'uniformité, en apprenant à

---

[1]. *Muthmasslicher Anfang der Menschengeschichte*, 1786, IV, p. 315-336

ajourner et à se faire refuser ce que son penchant réclamait ; par là d'ailleurs il reconnut indirectement la liberté réciproque des sexes ; du désir physique il fut conduit à l'amour, par l'amour, de l'impression de l'agréable au goût de la beauté, d'abord dans l'espèce humaine, puis dans la nature ; avec le sentiment de la pudeur, il se prépara des jouissances plus libres et plus vives, en même temps qu'il témoignait d'un empire sur lui-même et d'une délicatesse intime qui annonçaient en lui un être fait pour la véritable vie sociale et pour la moralité. Ainsi il devint encore un être préoccupé de l'avenir, appliquant sa réflexion à le deviner et à l'ordonner, éclairé par sa prévoyance même sur la nécessité et l'incertitude de son effort, n'apercevant pour terme du labeur auquel il est contraint et de l'inquiétude qui l'agite que la mort, — la mort, sort commun des animaux, mais objet d'effroi pour l'homme seul, qui seul la sait d'avance inévitable. Enfin, lorsqu'il s'est servi des animaux pour sa nourriture et ses besoins, il a montré par là qu'il n'était plus de leur société, qu'il était une fin de la nature, et il a pressenti également que, dans la société nouvelle qu'il formait, aucun de ses semblables ne devait servir d'instrument, et que tous devaient être traités comme des fins en soi. « Ainsi il était préparé de loin aux limitations que la raison devait un jour imposer à sa volonté dans son rapport avec ses semblables : préparation beaucoup plus nécessaire à l'établissement de la société que la sympathie et l'amour[1]. » Voilà comment s'achève l'affranchissement de la raison, qui n'est plus au service des désirs, mais qui en fondant l'égalité de tous les êtres raisonnables apparaît comme un principe par lui-même suffisant[2].

Vainement l'homme, au milieu des chagrins de la vie, se retourne vers le paradis perdu, c'est-à-dire vers l'état primitif de simplicité, d'ignorance et de paix ; l'inexorable

1. IV, p. 320.
2. IV, p. 315-321.

loi qui le pousse au développement de ses facultés met entre ses regrets et la légendaire demeure une barrière infranchissable. Au fond une scission s'est produite entre la destinée de l'individu et celle de l'espèce. L'individu, pour avoir usé de sa liberté contre l'instinct, s'est rendu physiquement et moralement misérable ; mais l'espèce, elle, profite des peines et même des fautes de l'individu, et c'est elle qui progressivement réalise les aptitudes de l'humanité. Rousseau a bien vu que le grand problème était de résoudre, par l'éducation autrement comprise et par la société autrement constituée, l'opposition qui existe entre les deux destinées différentes de l'homme. Ainsi « l'histoire de la nature commence par le bien, car elle est l'œuvre de Dieu, l'histoire de la liberté par le mal, car elle est l'œuvre de l'homme[1] ». Et le mal qu'a ainsi introduit la liberté ne s'est pas seulement manifesté par la dure nécessité du travail, mais encore par la nécessité infiniment plus affligeante de la guerre. Seulement il faut savoir reconnaître jusque dans l'horreur des luttes sanglantes l'indispensable moyen par lequel la Providence a tiré l'homme d'un état de stagnation et de corruption. « Il faut avouer que les plus grands maux qui pèsent sur les peuples civilisés nous sont attirés par la *guerre*, et non pas tant par la guerre passée ou présente que par les *préparatifs* ininterrompus et même sans cesse multipliés à la guerre future... Mais y aurait-il donc cette culture, cette étroite union des classes de la république pour la conquête réciproque de leur bien-être, et l'accroissement de la population, et même ce degré de liberté, qui quoique très resserré par des lois subsiste encore, si cette guerre toujours redoutée n'imposait pas même aux chefs d'État ce *respect de l'humanité* ! Qu'on en juge par la Chine, qui par sa situation peut redouter sans doute quelque incursion imprévue, mais non un ennemi puissant, et où en conséquence toute trace de liberté est anéantie. Au

---

1. IV, p. 321-322.

degré donc de culture où l'espèce humaine se trouve encore, la guerre est un moyen indispensable de la conduire encore plus avant ; et ce n'est qu'après une culture achevée (qui le sera, Dieu sait quand) que la paix perpétuelle nous serait salutaire, et ne serait d'ailleurs possible que par elle[1]. » De même, la brièveté de la vie est cause que l'homme s'abandonne moins à lui-même, qu'il surveille davantage, dans ses rapports avec autrui, les sollicitations dépravées de certains de ses penchants. En tout cas les maux dont nous nous plaignons ne sont imputables qu'à nous en tant qu'individus, et il y aurait injustice de notre part à en accuser la Providence ; ils ne résultent pas d'un péché primitif qui se transmettrait comme une disposition héréditaire ; car des actions volontaires ne peuvent provenir de l'hérédité ; ils résultent du mauvais usage que chacun de nous fait de sa raison ; dans l'histoire de la chute primitive nous reconnaissons notre propre histoire ; en d'autres termes nous confessons, sondant nos cœurs, que dans les mêmes circonstances nous n'aurions pas agi autrement. A titre individuel, nous sommes donc bien les auteurs du mal dont nous subissons les conséquences ; mais il ne suffit point que par là la Providence soit mise hors de cause ; il faut reconnaître qu'elle a tourné au bénéfice de l'espèce le mal accompli par l'individu[2].

Que l'on compare ce *providentialisme* à l'optimisme leibnizien que Kant tenait de son éducation philosophique et que naguère encore il juxtaposait à sa théologie morale : l'inspiration en est certainement tout autre. Il résulte d'une application de la pensée rationaliste, non plus seulement à ce contenu de la religion naturelle qu'elle-même avait contribué à produire, mais au contenu de la religion positive : c'est un premier essai pour comprendre la religion dans les limites de la pure raison. Cependant la raison reçoit

---

1. IV, p. 327.
2. IV, p. 321 ; p. 329.

elle-même de cet objet nouveau une autre façon de se concevoir et de se déterminer ; au lieu de mettre hors d'elle les apparences du mal en les réduisant de plus en plus, elle se reconnaît comme la cause effective du mal réel, à la suite de sa rupture avec la nature. Mais en même temps elle s'est posé comme loi de ne tenir que d'elle-même le principe de son développement.

***

La philosophie de l'histoire a eu une extrême importance dans la constitution de la philosophie pratique de Kant. Issue d'observations exprimées dans les leçons d'anthropologie, elle avait été pour la plus grande part publiée et en tout cas pleinement conçue avant la *Grundlegung*. Elle est une combinaison singulière des influences que Kant avait reçues, et elle joue pour la morale kantienne un rôle médiateur entre les conceptions éparses de la période antecritique et le système critique de la raison pratique. Elle se présente d'abord avec toutes les apparences d'une spéculation métaphysique et, comme telle, elle ne peut qu'avoir beaucoup retenu de l'esprit rationaliste. De fait, elle pose, comme expression suprême de la finalité, la nécessité pour la raison de se réaliser ; elle admet en conséquence une loi de progrès qui gouverne les actions humaines, en dépit des motifs individuels dont elles résultent, et pour laquelle elle n'a pas craint, même plus tard, de prendre à son compte la formule stoïcienne : *fata volentem ducunt, nolentem trahunt*[1]. Cependant elle ne saurait être interprétée littéralement, comme si la *Critique de la Raison pure* n'avait pas été conçue avant elle ou en même temps qu'elle ; il serait donc inexact sans doute de voir dans cette loi des événements autre chose qu'un fil conducteur, comme le redit Kant, qu'une idée régulatrice ou une maxime : d'où

1. *Zum ewigen Frieden*, VI, p. 432.

il résulte, en vertu de la connexion qu'il y a entre l'usage théorique propre aux idées et leur usage pratique, que la loi des actes humains, envisagée théoriquement comme une nécessité idéale, peut et doit pratiquement être représentée comme obligation. C'est par explication de l'esprit de la *Critique* que la philosophie de l'histoire se convertit en philosophie pratique : plus tard, dans la *Critique du Jugement*[1], elle se dépouillera de sa forme métaphysique pour revêtir la forme criticiste, et elle se subordonnera à cette même philosophie pratique qu'elle a si puissamment contribué à déterminer.

En effet ce que l'histoire, rationnellement comprise, manifeste, fournit la matière pure et cependant réelle de l'obligation : à savoir, l'avènement de la liberté par l'union juridique des individus, qui, sous l'aspect du droit, deviennent des personnes. Si cet avènement de la liberté, dans le cours de l'histoire, paraît tenir à l'empire des circonstances extérieures, la raison qui le conçoit comme devant être dans l'avenir, en pose actuellement l'idée : elle exprime en idée, par suite en le dotant d'une valeur pratique absolue, ce qu'elle admet comme fin du développement historique : elle établit l'idéal obligatoire avec l' « humanité fin en soi », avec le « règne des fins ». On voit donc en quel sens il faut interpréter cette juste remarque, que la conscience morale chez Kant revient à être une anticipation de la fin du développement historique[2]. Du moment que la position du règne des fins est l'acte propre de la raison dans son usage pratique, elle doit s'exprimer dans le langage qui convient à la pratique et être dite un acte de volonté ; la volonté, — la volonté pure, — c'est le nom de la raison pratique. Ainsi la volonté apparaît comme le sujet de la législation qui établit la liberté par l'ordre juridique des personnes : voilà donc constitué le concept de

---

1. *Kritik der Urtheilskraft*, V, p. 314-315.
2. Höffding, *Rousseaus Einfluss auf die definitive Form der kantischen Ethik*, Kantstudien, II, p. 16.

l'autonomie de la volonté. En même temps la liberté transcendantale et la liberté pratique se relient, en un sens que la *Critique de la Raison pure* n'avait fait qu'indiquer : le véritable monde intelligible, en fonction de la causalité de l'Idée, c'est la société des êtres raisonnables se réalisant sous les lois universelles qu'ils ont instituées. La vieille conception platonicienne prend, par l'intermédiaire de Rousseau, une signification pratique nouvelle.

Mais il y a une autre pensée que Kant doit à Rousseau, plus ou moins librement compris, et qui, mêlée à des impressions ou à des souvenirs de son éducation chrétienne et piétiste, a traversé, même quand il a cru la surmonter, sa doctrine morale ; c'est la pensée d'un antagonisme entre la destinée de l'homme comme individu et sa destinée comme espèce[1]. A cette pensée est due ce qu'il y a de spécifiquement pratique dans son criticisme, l'opposition de la moralité et de la nature, et par là une bonne part du pessimisme que l'on a relevé dans sa philosophie[2]. Une doctrine morale doit avoir pour but la conciliation des deux destinées différentes de l'homme, non par la méconnaissance du dualisme irréductible de la nature et de la raison ou par le rêve chimérique d'une nouvelle fusion de la raison dans la nature, mais par la constitution du système intégral de la raison pratique. Ce système, sous le nom de loi morale, identifie à l'idée de l'impératif, tel qu'il s'impose à la conscience du sujet individuel, l'idée de la loi de l'humanité telle qu'elle a été dégagée des vues sur la fin de l'espèce. D'où, dans le kantisme, deux tendances qui tra-

1. V. les objections que M. Renouvier a faites, selon son criticisme, à l'idée de l'antagonisme entre la destinée de l'individu et celle de l'espèce. *Introduction à la philosophie analytique de l'histoire*, Nouvelle édition, 1896, p. 37.
2. V. Ed. von Hartmann, *Zur Geschichte und Begründung des Pessimismus*, 2ᵉ éd., p. xv-xx, p. 164-137 ; *In welchem Sinne war Kant ein Pessimist*, Philosophische Monatshefte, xix, 1883, p. 463-470. — Volkelt, *Die pessimistischen Ideen in der kantischen Philosophie*, Beilage zur Allgemeinen Zeitung, 1880, n° 301, n° 303 (27 et 29 octobre); Schopenhauer (Frommanns Klassiker), 1900, p. 230.

vaillent à s'unir, mais qui s'accompagnent chacune d'un cortège d'idées assez différentes, la tendance éthico-juridique et la tendance éthico-religieuse. La même philosophie de l'histoire, qui a déterminé la prépondérance de l'une d'elles dans la constitution d'une morale telle que la présente la *Grundlegung*, a contenu aussi le principe de leur dualisme.

CONCLUSION

« Il n'y a rien d'étonnant, lorsque nous jetons en arrière un regard sur toutes les tentatives faites jusqu'à ce jour pour découvrir le principe de la moralité, à ce qu'elles aient dû toutes nécessairement échouer. On voyait l'homme lié par son devoir à des lois; mais on ne s'avisait pas que c'est *seulement à sa législation propre*, législation néanmoins aussi *universelle* qu'il est soumis, et qu'il n'est obligé d'agir qu'en accord avec sa propre volonté, mais à sa volonté constituant selon la fin de la nature une législation universelle[1]. » Voilà donc établi, par la reconnaissance d'une connexion intime et indissoluble entre la liberté et la loi, le principe sur lequel va définitivement se fonder la philosophie pratique de Kant; mais à l'établissement de ce principe ont concouru des pensées et des tendances dont la diversité ne laissera pas d'apparaître à travers l'unité, méthodiquement élaborée, du système.

Ce sont d'abord diverses conceptions de la loi qui ont été ainsi unies.

En premier lieu, la conception de la loi comme commandement absolu: elle tient à l'intensité du sentiment moral chez Kant, tel que le lui avait inculqué sans doute son éducation, tel que l'avait réveillé la lecture de Rousseau, et en même temps à l'examen critique de l'idée wolffienne

---

1. *Grundlegung zur Metaphysik der Sitten*, IV, p. 280.

de l'obligation. C'est celle-là qu'ont surtout considérée ceux qui, depuis Schopenhauer, ont vu dans la morale de Kant une morale de l'obéissance, une transposition du décalogue[1]. *Sic volo, sic jubeo*: c'est la prescription impérative avec laquelle il ne faut pas discuter, qui réclame sans condition le respect d'elle-même et pour tout mobile la volonté de la suivre. L'inclination intérieure de conscience à se représenter ainsi la loi s'est exprimée ou fortifiée par les réflexions logiques qui ont introduit, de bonne heure, à propos de l'idée trop indéterminée d'obligation, la distinction de la nécessité problématique et de la nécessité légale, formule presque adéquate de la future distinction des impératifs hypothétiques et de l'impératif catégorique.

Ensuite, la conception de la loi comme principe d'explication du jugement moral; elle ne peut bien s'entendre que si l'on observe que dans le kantisme la « raison pratique » recouvre une dualité de sens; elle paraît envelopper à la fois les principes déterminants de l'action morale et la théorie de ces principes; elle reste donc, à bien des égards, spéculative. Il s'agit de définir quelles sont les conditions *a priori* de la moralité comme on a défini quelles sont les conditions *a priori* de la science; une métaphysique des mœurs est aussi indispensable et aussi légitime, qu'une métaphysique de la nature. Ainsi la recherche de la loi *a priori* de la moralité répond aux exigences de la *Critique de la raison* pure qui, dans les limites de nos facultés, doit poursuivre un système explicatif universel. Seulement cette loi, destinée à fonder la possibilité de la conscience morale commune qui prononce, non d'après ce qui est, mais d'après ce qui doit être, ne peut résider dans l'entendement, qui, dans son application normale, est tourné vers les objets de l'expérience; elle réside dans la Raison proprement dite, seule capable de définir un objet, autrement que

---

[1]. V. ces objections renouvelées dans l'article de M. Brochard, *La morale ancienne et la morale moderne*, Revue philosophique, janvier 1901, LI, p. 8-9.

par un rapport immédiat à l'être donné, comme un *devoir-être* (*ein Sollen*).

Enfin, la conception de la loi comme l'ordre des rapports réguliers pratiques qui doivent exister entre les êtres raisonnables, membres d'une même société : elle a été originairement due au rapprochement qui s'est opéré dans l'esprit de Kant entre l'idée métaphysique de la cité de Dieu ou du règne de la grâce, et l'idée, produite avec tant de retentissement par Rousseau, d'une république où la loi instituée par les citoyens est souveraine. Cette conception s'est déterminée plus complètement pour Kant dans sa philosophie de l'histoire, d'où elle est revenue pour fournir à la loi morale son contenu pratique le plus plein et sa signification définitive.

Ces diverses conceptions de la loi, Kant les a combinées, tantôt en les mêlant, tantôt en les liant. Ce qui a permis de les combiner, c'est d'abord la considération de la nature subjective de l'homme, qui fait que la loi morale doit s'opposer aux penchants sensibles et prendre la forme d'une contrainte, que la loi de la moralité doit s'élever au-dessus de l'expérience et la limiter comme n'étant que l'apparence, que la législation de la république des fins doit gouverner ceux-là même qui n'ont pas la puissance de l'établir ou la volonté de s'y conformer. En cette nature subjective de l'homme le rationalisme antérieur avait déjà vu l'origine de ce qu'il entre d'imperfection ou de mal dans les actes humains ; mais comme il l'avait souvent traitée comme l'expression simplement confuse d'une naturelle intellectuelle objective, il avait manqué à fonder ce qui a pour Kant, théoriquement et pratiquement, une importance suprême : la distinction du sensible et de l'intelligible. D'autre part, ces diverses conceptions de la loi se sont combinées autrement que par cet exclusif caractère commun ; elles ont pour trait positif essentiel l'universalité. En outre, que chacun doive au même titre se considérer comme le sujet de la loi : voilà ce qui rapproche la première et la troisième de ces conceptions. Que l'explication de la moralité par une philosophie *pure*, au sens rationnel de l'idéalisme formel, s'accorde avec la représentation de la loi dans toute sa pureté, au sens moral, de la « sainte loi morale »; voilà ce qui rapproche la première et la seconde de ces conceptions[1]. Qu'enfin, ce soit une législation idéale qui vaille pour la perfection de la société des hommes et qui fasse une cité de sages ou d'hommes libres : voilà ce qui rapproche, par un lien que dès longtemps le rationalisme a établi, la seconde conception de la troisième.

A ces conceptions diverses de la loi répondent des conceptions diverses de la liberté.

D'abord, la conception de la liberté comme volonté absolument bonne : elle exprime bien avant tout le sentiment que Kant avait de la vérité du christianisme en matière morale. Elle est l'affirmation de l'indépendance de la conscience, et de la pleine suffisance de la maxime qui s'en inspire à qualifier moralement l'action. Elle a trouvé un concours plus ou moins direct dans l'esprit d'opposition, suscité par les Anglais et surtout par Rousseau, à l'intellectualisme des philosophes, qui fait de la moralité un privilège nécessairement conféré par la science, et qui met le sujet moral sous l'empire des objets suprêmes de la spéculation. La liberté, c'est la pure disposition du cœur également affranchie des désirs sensibles et du besoin d'une grâce extérieure; à la limite, c'est la sainteté.

En second lieu, la conception de la liberté comme détermination positive et en un sens justificative de la raison. Cette conception exprime la possibilité de constituer un

---

[1]. Il y a tel passage qui montre bien le rapprochement établi par Kant entre ces deux conceptions : « Si c'est seulement dans une philosophie pure que l'on peut chercher la loi morale dans toute sa pureté vraie (ce qui est précisément en matière pratique le plus important), il faut donc qu'une métaphysique précède : sans elle il ne saurait y avoir de philosophie morale. Celle même qui mêle les principes purs avec les principes empiriques ne mérite pas le nom de philosophie..., et bien moins encore celui de philosophie morale, puisque par ce mélange même elle altère la pureté de la moralité même et va contre son propre but. » *Grundlegung zur Metaphysik der Sitten*, IV, p. 238.

système complet de la raison pure en accord avec les exigences et les restrictions de la *Critique*. La raison peut et doit présupposer les choses en soi, elle ne peut pas remonter au delà d'elle même pour les atteindre. Au lieu de s'orienter vers cette détermination impossible, elle doit s'orienter vers la détermination de ses idées propres, qui expriment pour elles l'inconditionné ; or, les idées ne peuvent se déterminer que par un certain usage immanent, et parmi ces idées, une seule, l'idée de liberté, peut recevoir, du fait de la loi pratique, un usage immanent constitutif, en même temps qu'elle ne suppose pas son objet par delà le sujet, mais au contraire l'identifie avec lui. De la sorte, la liberté devient la clef de voûte de tout le système de la raison pure. Cette conception a rencontré un obstacle dans le dualisme, longtemps irrésolu, du transcendantal et du pratique ; elle a triomphé du jour où le principe d'un ordre universel des personnes est apparu comme la preuve de la causalité efficace de l'idée.

Enfin, la conception de la liberté sous la forme du droit qu'a tout membre d'une société idéale d'être législateur : c'est par cette conception que l'idée d'autonomie a été essentiellement définie ; elle nous présente, en effet, en termes pleinement clairs pour notre intelligence, et sous une forme réalisable ici-bas par notre volonté, la réciprocité de fonction par laquelle le sujet institue la loi à laquelle il obéit, obéit à la loi qu'il institue.

Ces diverses conceptions de la liberté, Kant les a également combinées ; il a soutenu l'une par l'autre l'idée de l'indépendance à l'égard des penchants sensibles, l'idée de l'indépendance à l'égard du mécanisme de la causalité naturelle, l'idée de l'indépendance à l'égard de l'autorité despotique d'un chef. Il a appelé du même nom de volonté, de volonté pure parfois, le fait de mettre tout son bien dans la bonté de l'intention, la détermination pratique suprême de la raison, l'acte de constituer la législation du règne des fins. La bonne volonté implique en elle la propriété de dicter des lois universelles: par où l'on peut entendre également quelque chose comme un ordre de la nature, au sens où l'idéalisme formel conçoit cet ordre selon la raison, et un ordre pratique des volontés, au sens du règne des fins; un ordre de la nature selon la raison n'est lui-même pratiquement déterminable que par le système des êtres raisonnables qui le composent et qui eux-mêmes ne sont positivement concevables pour nous que comme fins en soi.

Les divers aspects sous lesquels Kant a présenté dans sa doctrine l'idée d'autonomie résultent de la relation étroite qu'il a établie entre ces diverses significations respectives de la liberté et de la loi. C'est, nous l'avons vu, la dernière de ces significations qui a permis de définir les autres; mais elle n'a pas, tant s'en faut, pleinement effacé la différence des points de vue auxquels elles sont justifiées. Le sujet de l'impératif catégorique est autonome, surtout en ce qu'il ne cherche pas pour la loi morale un principe supérieur et étranger à elle, en ce qu'il place dans le seul respect de cette loi le motif de son action: en cela, remarque Kant, la morale chrétienne n'est ni théologique, ni hétéronome, puisqu'elle ne donne pas la connaissance de Dieu et de sa volonté pour fondement au devoir[1]. D'autre part, l'autonomie de la volonté, considérée dans la *Grundlegung*, comme l'expression pratique du monde intelligible conçue par la raison, devient plus décidément, dans la *Critique de la raison pratique*, l'autonomie de la raison pure pratique; et c'est sous cette forme que se révèle bien l'intention spéculative qui restait malgré tout dans l'esprit de Kant lorsqu'il découvrait dans l'usage immanent pratique de l'idée de liberté le moyen de fonder un système complet de la raison pure. Il n'est pas jusqu'à la disposition matérielle du livre premier de la *Critique de la raison pratique*, avec la suite ordonnée de ses

---

1. *Kritik der praktischen Vernunft*, V, p. 134 sq.

définitions, de ses théorèmes, de ses corollaires et de ses scholies, qui ne rappelle, appropriée à d'autres exigences, l'ancienne ambition des métaphysiciens. Les plus hardis d'entre eux avaient rêvé d'identifier le principe générateur de leur système avec l'acte autonome de la pensée. Ils s'étaient mépris sur la puissance qu'ils s'attribuaient d'atteindre les objets en soi de la pensée, quand c'est l'acte même de la raison qu'ils auraient dû approfondir jusqu'à trouver le plein usage immanent qu'il comporte. Dès lors, ce qui peut et ce qui doit seul servir de principe premier, c'est la liberté inconditionnée et la loi pratique absolue, unies comme des concepts corrélatifs, ou plutôt expressions distinctes d'une même vérité fondamentale. A partir de là, un système de la raison pure est possible, en écartant très délibérément tout mode d'intuition supra-sensible : et c'est au système lui-même que peut convenir le nom d'autonomie. Dans une des nombreuses notes et esquisses fragmentaires par lesquelles il préparait, vers la fin de sa vie, le grand ouvrage qui sous le titre de « *Point de vue suprême de la philosophie transcendantale* » devait résumer et achever sa doctrine, Kant écrivait : « La philosophie transcendantale est autonomie, à savoir une raison marquant d'une façon déterminée ses principes synthétiques, son extension et ses limites dans un système complet[1]. » Cette conception de l'autonomie de la raison pure pratique, comme principe d'un système autonome, enveloppe les deux autres expressions plus immédiatement pratiques de l'idée d'autonomie.

A chacune de ces dernières se rattache d'ailleurs dans le développement de la morale kantienne un ordre de pensées différent. La moralité est tour à tour envisagée dans son rapport avec l'intention morale du sujet individuel et dans son rapport avec la notion de la personnalité qui doit

---

1. Reicke, *Ein ungedrucktes Werk von Kant aus seinen letzten Lebensjahren*, Altpreussische Monatsschrift, XXI (1884), p. 355.

fonder un ordre social nouveau parmi les hommes; distinction qui reste au cœur de la doctrine, malgré les liaisons ou les enchevêtrements d'idées qui doivent l'effacer ou la réduire, et qui répond assez à celle que Hegel établira plus tard entre la *Moralität* et la *Sittlichkeit*. Ces deux sortes de morale excluent l'eudémonisme, mais pas au même degré, ni par les mêmes motifs. Celle qui l'exclut le plus complètement, c'est la morale du règne des fins, ce qui n'a rien de surprenant, si l'on s'en rappelle les antécédents directs dans la philosophie de l'histoire: le bonheur n'a de sens que pour les individus : il n'en a pas pour l'espèce en tant que telle, et ne saurait par conséquent s'insinuer dans la loi qui en régit le progrès; à ce point de vue, le souverain bien, c'est le droit. Les idées qui chez Kant servent à fonder la philosophie du droit, qui visent à l'établissement d'un ordre juridique philosophique remplaçant l'ordre juridique traditionnel, celles mêmes qui expriment à nouveau le vœu de la paix perpétuelle parmi les hommes, ne font pas appel aux mobiles du bonheur, ni aux inclinations de la philanthropie, mais toujours à la seule notion d'une constitution régulière de la justice. C'est pour la morale du sujet individuel que le bonheur reste ici dans une certaine mesure un droit; le sujet individuel doit à coup sûr s'abstraire pour l'action morale, de tout autre motif que le pur respect du devoir; mais il ne peut s'abstraire, être fini qu'il est, du besoin et de l'espérance du bonheur: de telle sorte qu'ici la finalité de la raison exige que dans le souverain bien une proportion soit établie entre le bonheur et la vertu; la moralité consiste, non pas à chercher d'être heureux, mais à se rendre digne de l'être; cette formule, reprise des *Leçons sur la métaphysique*, de la *Méthodologie de la Critique de la Raison pure*, rattache, en deçà de l'idée pure d'autonomie, la doctrine des postulats aux vues antérieures sur la liberté comme fait d'expérience ou objet de croyance, et sur la validité des convictions pratiques qui se rattachent immédiatement à la loi morale; en dépit d'une épuration du concept d'immortalité, d'un effort même pour faire coïncider les postulats avec les idées rationnelles de la dialectique, c'est plutôt le fait de la croyance, directement relié à l'intention du sujet moral, qui prévaut ici ; c'est la tendance éthico-religieuse en un contenu déjà ancien qui s'adapte aux formes techniques du système sans en être essentiellement renouvelée. Ce qui la renouvellera, ce sera la combinaison de l'idée, selon laquelle l'intention du sujet a une valeur infinie, avec l'idée déjà entrevue dans les *Conjectures sur le commencement de l'histoire*, selon laquelle le mal a été le fruit du premier usage de la liberté. *La Religion dans les limites de la pure raison*, en affirmant l'existence d'un mal radical, produit par la liberté supra-sensible de l'homme, et qui ne peut être vaincu que par une conversion radicale, œuvre de cette même liberté, en représentant l'avènement de la cité de Dieu sous l'idée de sainteté, et non plus sous l'idée du droit juridique des personnes, révélera bien la dualité des points de vue auxquels Kant a considéré l'homme comme sujet de la moralité.

Ce qui domine ces directions de pensées et ce qui concorde avec elles, c'est le développement du système de Kant sous l'idée de la liberté dans son usage pratique. Cette idée tient de ses origines métaphysiques la tendance à rester, même pratiquement déterminée, un principe d'explication spéculative. Mais dans cette fonction qu'elle remplit de plus en plus, elle se libère malgré tout davantage des relations qu'elle avait primitivement avec l'existence et les attributs de la chose en soi. Là-dessus, d'ailleurs, l'évolution de la pensée kantienne a été singulière, moins simple et moins logique qu'on ne serait porté à se la figurer. Du jour où dans les *Prolégomènes* la chose en soi a été plus positivement intégrée dans la doctrine, liée de plus près à l'affirmation des limites du monde sensible, elle a beaucoup moins fortement agi sur le sens des déterminations légitimes des idées. Tout spécialement l'idée de la liberté, au lieu de participer encore de la *res aeterna*, a négligé cet au delà d'elle-même pour tenir tout son sens réel de la relation qu'elle établit entre le monde intelligible et le monde sensible : la fusion croissante de la liberté transcendantale et de la liberté pratique en est un des témoignages. Dès lors, le monde intelligible n'est plus guère apparu que comme l'idée en acte de la liberté, ne comprenant positivement qu'elle et que, par rapport à elle, les objets supra-sensibles, auxquels est lié son exercice. Il s'est plié de plus en plus complètement à l'intérêt et aux réquisitions légitimes de nos facultés, se proportionnant même à la diversité des aspects sous lesquels Kant considérait la moralité. Déjà la *Critique de la Raison pure* admettait, semble-t-il, cette disparité d'usages : mais elle ne semblait l'admettre que par défaut de cohérence systématique parfaite, et surtout elle présentait le monde intelligible comme monde de *choses en soi*. En devenant par son union avec la loi pratique inconditionnée principe d'explication universel, l'idée de liberté a plus directement autorisé, sans le souci de l'ancienne unité dogmatique, tout recours au monde intelligible qui serait exigé ou supposé par tel caractère essentiel du sujet moral et de l'action morale, et elle a admis qu'à chacun de ces appels le monde intelligible n'apporterait que ce qui serait réclamé de lui. C'est ainsi que par une suprême opposition à la liberté transcendantale de la *Critique de la Raison pure*, qui a un caractère intelligible éternel, par suite immuable, l'acte intelligible de liberté, qui selon la *Religion dans les limites de la pure raison*, a produit le mal radical, est suivi dans le même sujet d'un autre acte intelligible, d'où résulte la régénération.

Voilà comment dans le kantisme l'idée d'une autonomie de la raison pure pratique, avec la diversité même des tendances et des réflexions qui ont contribué à la constituer, a réduit de plus en plus le rôle et effacé de plus en plus les vestiges de l'ancienne métaphysique : mais l'ancienne métaphysique n'a pas été seulement l'éducatrice de Kant : elle lui a fourni, par tout son système de concepts, les formes essentielles dans lesquelles il a saisi la virtualité d'applications plus positives, plus proches de la science et de l'action proprement dites, plus immanentes.

Vu et lu,
En , Sorbonne le 13 septembre 1902,
Par le Doyen de la Faculté des Lettres
de l'Université de Paris,
A. CROISET.

Vu et permis d'imprimer :
Le Vice-Recteur de l'Académie de Paris,
GRÉARD.

TABLE DES MATIÈRES

Pages.

Avant-propos. . . . .

INTRODUCTION

Chapitre premier. — Les antécédents de la Philosophie pratique de Kant. Le piétisme et le rationalisme.. 3

Chapitre II. — La personnalité morale et intellectuelle de Kant.. . 34

Chapitre III. — Le mode de formation du système. 54

PREMIÈRE PARTIE

Les Idées morales de Kant avant la Critique.

Chapitre premier. — Les premières conceptions morales de Kant. . 73

Chapitre II. — Les éléments de la philosophie pratique de Kant (de 1760 à 1770) — La critique de la Métaphysique. — L'influence des Anglais et de Rousseau. — Les pressentiments d'une Métaphysique nouvelle. 91

Chapitre III. — Les éléments de la philosophie pratique de Kant (de 1770 à 1781). — La préparation de la Critique. — La détermination des principaux concepts métaphysiques et moraux. . 150

DEUXIÈME PARTIE

La Constitution de la Philosophie pratique de Kant.

Chapitre premier. — La Critique de la Raison pure. 191

Chapitre II. — Les Prolégomènes à toute métaphysique future. —
  Les Leçons sur la doctrine philosophique de la Religion. . . . 247

Chapitre III. — La Philosophie de l'histoire. 264

Conclusion. 299

CHARTRES. — IMPRIMERIE DURAND, RUE FULBERT.

CHARTRES. — IMPRIMERIE DURAND, RUE FULBERT.

www.ingramcontent.com/pod-product-compliance
Lightning Source LLC
Chambersburg PA
CBHW060359170426
43199CB00013B/1922